Gerd Wolfram

Bürokommunikation und Informationssicherheit

Programm Angewandte Informatik

Herausgeber:
Paul Schmitz
Norbert Szyperski

Wulf Werum / Hans Windauer:
PEARL, Process and Experiment Automation Realtime Language

Wulf Werum / Hans Windauer:
Introduction to PEARL
Process and Experiment Automation Realtime Language

Joachim Kanngiesser:
Die Abrechnung von ADV-Systemleistungen

Eric D. Carlson / Wolfgang Metz / Günter Müller /
Ralph H. Sprague / Jimmy A. Sutton:
Display Generation and Management Systems (DGMS)
for Interactive Business Applications

Bernd Rosenstengel / Udo Winand:
Petri-Netze, Eine anwendungsorientierte Einführung

Norbert Szyperski / Erwin Grochla / Ursula M. Richter /
Wilfried P. Weitz (Eds.):
Assessing the Impacts of Information Technology

Paul Schmitz / Heinz Bons / Rudolf van Megen:
Software-Qualitätssicherung — Testen im Software-Lebenszyklus

Christina Tiedemann:
Kostenrechnung für Rechenzentren

Norbert Szyperski / Margot Eul-Bischoff:
Interpretative Strukturmodellierung

Günther Becher:
Datenverarbeitung im Luftverkehr

Gerd Wolfram:
Bürokommunikation und Informationssicherheit

Gerd Wolfram

Bürokommunikation und Informationssicherheit

**Die Gestaltung
eines Informationssicherheitssystems
als Herausforderung für die Unternehmung
in der Bürokommunikation**

Springer Fachmedien Wiesbaden GmbH

1986

© Springer Fachmedien Wiesbaden 1986
Ursprünglich erschienen bei Friedr. Vieweg & Verlagsgesellschaft mbH, Braunschweig 1986

ISBN 978-3-528-03604-1   ISBN 978-3-322-89420-5 (eBook)
DOI 10.1007/978-3-322-89420-5

Vorwort der Herausgeber

Die Problematik des Schutzes von Informationssystemen ist so alt wie die automatisierte Datenverarbeitung. Die rapide Verbreitung der Informationsverarbeitung und die zunehmende Verknüpfung von Aufgaben bringt neuartige Gefährdungspotentiale. Die Wirkungen von Störungen des Informationssystems können bis zu einem totalen Zusammenbruch der betreffenden Unternehmung bzw. zu ganz erheblichen wirtschaftlichen Verlusten bei Einbrüchen in das Sicherungssystem führen, wenn nicht in kürzester Zeit das Informationssystem wieder in Gang gesetzt werden kann.
Die Wirkung dieser Gefährdungen und die Notwendigkeit, entsprechende Maßnahmen zu erarbeiten, wird in der Praxis zunehmend erkannt. Wegen fehlender umfassender Sichtweisen im Sinne integrierter Sicherheitssysteme sind die getroffenen Maßnahmen häufig völlig unzureichend.
In der vorliegenden Arbeit wird eine umfassende Darstellung eines Sicherheitssystems gegeben. Den Ausgangspunkt bildet eine Analyse der Risiken bei integrierten Bürokommunikationssystemen. Im Anschluß daran folgt die Zielformulierung als Maßstab des Sicherheitssystems. Weiter werden die Rahmenbedingungen für die Gestaltung von Sicherheitssystemen, nämlich die organisatorisch-technischen Bedingungen, die Eigenschaften des zu schützenden Informationssystems, die Eigenschaften der personellen Aktionsträger und die Umweltbedingungen erarbeitet. Es folgt dann die Darstellung von Maßnahmenkategorien und Komponenten eines Sicherheitssystems mit praktischen Hinweisen zur Auswahl geeigneter Maßnahmen. Die Arbeit schließt mit Hinweisen zur organisatorischen Gestaltung eines Sicherheitssystems.
Das Buch zeigt zum Themenbereich grundlegende Aspekte auf und leistet eine Hilfestellung für die Entwicklung individueller Sicherheitssysteme. Zielgruppen sind Leiter der DV-Abteilungen und Organisation, Revisoren, die sowohl in privaten als auch in öffentlichen Unternehmungen bei der Planung und Einführung von neuen Technologien im Büro mitwirken.

Paul Schmitz, Norbert Szyperski

Vorwort des Verfassers

Die Gestaltung und Implementierung .integrierter Bürosysteme im Büro- und Verwaltungsbereich industrieller und öffentlicher Unternehmungen bringt neben technischen und sozialen Problemen in entscheidendem Maße auch organisatorische Probleme mit sich. Insbesondere ergeben sich durch den Einsatz neuer Technologien vermehrte und neuartige, bisher nicht beachtete aber auch nicht bekannte Gefahren und Risiken für den Schutz und die Sicherheit von Informationen jeder Art in den Unternehmungen.

Dieser Problemstellung wurde bisher in Literatur und Praxis nur wenig Beachtung geschenkt. Es fehlen sowohl empirische Grundlagen als auch Handlungsvorschläge bzw. -anweisungen für den Praktiker. Daß mit den neuen Verfahren und Systemen der Bürokommunikation ein qualitativer Sprung in der Schutz- und Sicherungsproblematik vollzogen wird, ist eine Erkenntnis, die sich noch auf einen engen Expertenkreis beschränkt. Die vorliegende Arbeit versucht daher einen Beitrag zur pragmatischen Behandlung dieses Bereiches Informationssicherheit zu liefern. Sie möchte auf der einen Seite Hilfestellungen für den Anwender neuer Technologien im Bürobereich liefern, die Sicherheit von Informationen sicherzustellen, und auf der anderen Seite den Herstellern neuer Geräte und Systeme der Bürokommunikation Hinweise liefern, welche Sicherungsanforderungen an ihre Produkte gestellt werden. Das Gesamtziel besteht im Aufzeigen und Erarbeiten potentieller Risikofelder für den Schutz und die Sicherung von Informationen bei integrierten Bürokommunikationssystemen und die Entwicklung von Maßnahmen bzw. eines integrierten Informationssicherheitssystems - bestehend aus systemtechnischen, organisatorischen, personellen und versicherungstechnischen Maßnahmen -, das diese Risiken beseitigt bzw. vermindert. Bei der Gestaltung eines derartigen Informationssicherheitssystems sind seine Komponenten in Form von Zielen, unternehmungsspezifischen Bedingungen und Risiken zu beachten. Durch ein solches umfassendes Sicherheitssystem kann ein Beitrag zur Beherrschung der Informationstechnologie in der Unternehmung geleistet werden.

Zur weiteren Einarbeitung in diese Thematik wird auf die angegebene Literatur verwiesen. Für Anregungen zu Inhalt und Aufbau der Arbeit bin ich dankbar.

Das vorliegende Buch entstand auf der Grundlage meiner Diplomarbeit, die ich bei Herrn Prof. Dr. Dr. h.c. mult. Erwin Grochla am Lehrstuhl für Betriebswirtschaftliche Organisationslehre an der Universität zu Köln im November 1983 angefertigt habe. Die Diplomarbeit wurde in enger Anlehnung an ein wissenschaftliches Projekt geschrieben, das das BIFOA (Betriebswirtschaftliches Institut für Organisation und Automation an der Universität zu Köln) durchführte. In diesem Zusammenhang möchte ich Herrn Jörg Breithardt und Herrn Dr. Heiko Lippold für die gute Betreuung, Unterstützung und Diskussionsbereitschaft danken, die sie für meine Arbeit aufgebracht haben. Ferner bin ich Frau Patricia Schmidt für das Anfertigen von Zeichnungen und Korrekturen dankbar, die sie im Zuge der Überarbeitung gemacht hat. Mein Dank gilt auch meiner Frau, die durch ihr Verständnis, ihre Motivation und ihren Optimismus einen erheblichen Anteil am Gelingen der Arbeit hatte. Nicht zuletzt danke ich den Herausgebern des Buches für die Möglichkeit einer Veröffentlichung in der Reihe der 'Angewandten Informatik'.

Köln, im Mai 1985   Gerd Wolfram

Inhaltsverzeichnis

Seite

Abkürzungsverzeichnis...XI
Anmerkung zur Zitierweise..XIII

A. Einführung...1

    I. Problemstellung...2
    II. Ziel der Arbeit und Vorgehensweise......................3
    III. Inhalt und Abgrenzung der Begriffe.....................7
        a) Informationsverarbeitung im Büro....................7
        b) Integrierte Bürokommunikationssysteme...............10
        c) Informationsschutz, Informations-
           sicherung, Informationssicherheit....................14
        d) Informationssicherheitssystem.......................18

**B. Analyse der Risiken bei integrierten Büro-
kommunikationssystemen**...20

    I. Stellung der Risikoanalyse innerhalb des
       Risikomanagements..21
    II. Ansätze und Methoden der Risikoanalyse..................23
    III. Analyse der Schwachstellen............................26
        a) Konzeptionelle und organisatorische
           Schwachstellen.......................................27
        b) Personelle Schwachstellen...........................30
        c) Technische Schwachstellen...........................31
           1) Benutzernahe Ebene.............................33
           2) Netzwerkebene..................................35
           3) Hintergrundebene...............................48
    IV. Analyse der Gefahren...................................51
        a) Zufällige Gefahren..................................52
        b) Bewußt herbeigeführte Gefahren......................54
    V. Risikobewertung...56
        a) Auswirkungen der Risikoereignisse...................56
        b) Eintrittswahrscheinlichkeiten der
           Risikoereignisse.....................................58
        c) Schadensausmaß von Risikoereignissen................59

C. Ziele als Maßstab des Sicherheitssystems..............60

    I. Sachziele...62

      a) Gewährleistung von Informations-
         sicherheit...63

      b) Wahrung der Schutzrechte und In-
         teressen der Betroffenen...........................64

      c) Gewährleistung einer störungsfreien
         Informationsverarbeitung...........................67

      d) Erkennung und Verhinderung von Ri-
         sikoereignissen....................................70

    II. Formalziele..71

      a) Ordnungsmäßigkeit und
         Rechtmäßigkeit.....................................71

      b) Wirtschaftlichkeit................................75

      c) Angemessenheit...................................77

      d) Benutzerfreundlichkeit............................78

    III. Zielsysteme..80

**D. Rahmenbedingungen für die Gestaltung eines
Sicherheitssystems**.......................................82

    I. Organisatorisch-technische Bedingungen...................83

      a) Eigenschaften des zu schützenden
         Informationssystems................................83

      b) Risiken und ihre Wirkungen........................87

      c) Stand der Sicherungsmethoden......................87

      d) Finanzielle Restriktionen.........................90

    II. Eigenschaften der personellen
    Aktionsträger..91

      a) Sicherheitsbewußtsein.............................92

      b) Qualifikation der Mitarbeiter.....................93

      c) Benutzerakzeptanz.................................96

    III. Umweltbedingungen.....................................98

      a) Normen des Datenschutzes und der
         Datensicherung.....................................99

      b) Normen der Rechnungslegung.......................103

      c) Sonstige Normen..................................106

E. Maßnahmenkategorien und Komponenten eines Sicherheitssystems..107

    I. Risikovermeidung...108

    II. Risikoverminderung......................................108

       a) Systemtechnische Maßnahmen..........................109

       b) Organisatorische Maßnahmen..........................112

       c) Personelle Maßnahmen................................114

    III. Risikoakzeptanz..115

    IV. Risikoüberwälzung.......................................116

       a) Sachversicherungen..................................116

       b) Folgeschadenversicherungen..........................117

       c) Personenbezogene Versicherungen.....................118

       d) Umfassender Versicherungsschutz.....................119

    V. Auswahl geeigneter Maßnahmen............................120

       a) Wirksamkeit von Maßnahmen...........................120

       b) Wirtschaftlichkeitsanalyse..........................122

F. Organisatorische Gestaltung eines Sicherheitssystems...124

    I. Voruntersuchung...125

    II. Detailuntersuchung und Konzeption eines Sicherheitssystems................................128

    III. Realisierung eines Sicherheitssystems..................129

    IV. Einführung, Kontrolle und Weiterentwicklung des Sicherheitssystems.............................130

G. Schlußbetrachtung...132

Literaturverzeichnis...135

Anhang...166

Abkürzungsverzeichnis

Abb.	Abbildung
Abs.	Absatz
ADV	Automatisierte Datenverarbeitung
AktG	Aktiengesetz
AO	Abgabenordnung
Art.	Artikel
BetrVG	Betriebsverfassungsgesetz
BDSG	Bundesdatenschutzgesetz
BFH	Bundesfinanzhof
BGB	Bürgerliches Gesetzbuch
BGBl.	Bundesgesetzblatt
BIFOA	Betriebswirtschaftliches Institut für Organisation und Automation an der Universität zu Köln
bspw.	beispielsweise
BStBl.	Bundessteuerblatt
bzgl.	bezüglich
bzw.	beziehungsweise
DBP	Deutsche Bundespost
DEVO	Datenerfassungsverordnung
d.h.	das heißt
DÜVO	Datenübermittlungsverordnung
DV	Datenverarbeitung
Ed.	Editor
EDV	Elektronische Datenverarbeitung
EStDVO	Einkommensteuerdurchführungsverordnung
EStG	Einkommensteuergesetz
EStR	Einkommensteuerrichtlinie
etc.	et cetera
evtl.	eventuell
f	folgende
ff	fortfolgende
GenG	Genossenschaftsgesetz
GG	Grundgesetz
ggf.	gegebenenfalls
GmbHG	GmbH-Gesetz
GoB	Grundsätze ordnungsmäßiger Buchführung
GoDs	Grundsätze ordnungsmäßigen Datenschutzes
GoS	Grundsätze ordnungsmäßiger Speicherbuchführung
HGB	Handelsgesetzbuch
Hrsg.	Herausgeber

i.d.R.	in der Regel
i.e.S.	im engeren Sinn
i.S.	im Sinne
i.w.S.	im weiteren Sinn
Kbit/s	Kilobit pro Sekunde
max.	maximal
Mbit/s	Megabit pro Sekunde
m.E.	meines Erachtens
o.a.	oben angeführte(n)
oHG	offene Handelsgesellschaft
p.	page
pp.	pages
RFH	Reichsfinanzhof
S.	Seite
sog.	sogenannte(r)
Sp.	Spalte
s.u.	siehe unten
TÜV	Technischer Überwachungsverein
u.a.	unter anderem
u.a.m.	und andere mehr
UStDB	Umsatzsteuerdurchführungsverordnung
usw.	und so weiter
UWG	Gesetz gegen unlauteren Wettbewerb
Vgl.	Vergleiche
z.B.	Zum Beispiel
Ziff.	Ziffer

Anmerkung zur Zitierweise

Alle wörtlich oder sinngemäß verwendeten Stellen fremder Schriften sind in den Fußnoten durch Angabe des Verfassers bzw. der Verfasser, des Kurztitels und der jeweiligen Seitennummer kenntlich gemacht. Bei Schriften desselben Autors, die den gleichen Titel tragen, wurde zur Unterscheidung die Jahreszahl des Erscheinungsjahres in Klammern hinzugefügt.

Im Literaturverzeichnis sind diese Schriften mit ihrem vollen Titel und den erforderlichen bibliographischen Angaben aufgeführt, wobei der Kurztitel durch Unterstreichung hervorgehoben worden ist.

"Der Datenschutz scheitert nicht am
Büro der Zukunft,
das Büro der Zukunft scheitert nicht
am Datenschutz,
wenn ausreichende Datensicherungs- und
Kontrollmaßnahmen getroffen werden."[1]

A Einführung

Hinter dem Begriff "Büro der Zukunft" oder "Büro der 80er Jahre" ver-
birgt sich der Tatbestand umfangreicher Rationalisierungsbemühungen im
Büro. Der Bürobereich - lange Zeit aus Rationalisierungsüberlegungen
ausgeschlossen[2] - wird zur Zeit zunehmend zum Ziel des Einsatzes von
Geräten und Systemen der Informations- und Kommunikationstechnik. Mit
deren Hilfe soll eine Verbesserung der Produktivität im Bürobereich angestrebt werden.

Die Rationalisierungsbemühungen[3] besitzen verschiedene Ursachen[4]:
Einmal ist die absolute Zunahme des Aufgabenvolumens im Bürobereich an-
zuführen, die sich in einer wachsenden Informationsflut äußert. Weiterhin traten strukturelle Verschiebungen in der Arbeitswelt auf, die sich
in einer Erhöhung der Zahl der im Büro tätigen abhängig Beschäftigten
in der Bundesrepublik Deutschland von 35 % im Jahre 1950 auf 45 % im
Jahre 1979 zeigten[5]. Bis zum Jahr 2000 werden in den westlichen In-
dustrieländern 75 % der Erwerbstätigen im Verwaltungsbereich beschäftigt sein[6]. Als letztes sei auf das vielfältige Angebot an Bürotechnik hingewiesen, das auf erhebliche Fortschritte im Bereich der Mikroelektronik und Gerätemechanik sowie auf die Erschließung neuer Techniken (z.B. Sprachverarbeitung) zurückzuführen ist. Mit Hilfe der Mikro-

---

1) WEISE, Karl-Theodor: Datenschutz im Büro, S. 263.
2) Vgl. GROCHLA, Erwin: Das Büro als Zentrum, S. 19.
3) Rationalisierung ist die wirksame Anwendung von Methoden und Mitteln, die sich zur Verbesserung des Verhältnisses von Ergebnis zu
   Aufwand eignen. Als Ansatzpunkte zur Rationalisierung lassen sich
   technologische und organisatorische Maßnahmen nennen. Zum Begriff
   'Rationalisierung' vgl. GAUGLER, Eduard; ALTHAUSER, Ulrich; KOLB,
   Meinulf; MALLACH, Angelika: Rationalisierung und Humanisierung,
   S. 5f.
4) Vgl. REICHWALD, Ralf: Einsatz (Teil 1), S. 10; ARANDA, Rembert: Office Computing, p. 6.
5) Vgl. WARNECKE, Hans-Jürgen; BULLINGER, Hans-Jörg; SCHLAUCH, Rolf:
   Auswirkungen neuer Technologien, S. 1397.
6) Vgl. LEISTER, Rolf-Dieter: Bürokommunikation, S. 42; MORGENBROD,
   Horst G.; SCHWÄRTZEL, Heinz G.: Rationelle Organisation, S. 11f.

prozessoren ist es heute möglich, maschinelle Intelligenz in großem Umfang einzusetzen und bis an den einzelnen Büroarbeitsplatz zu bringen. Vor allem bisher getrennt arbeitende Geräte der Datenverarbeitung, Textverarbeitung und Nachrichtentechnik werden zu integrierten Bürokommunikationssystemen[1] verbunden und vernetzt. Dies führt beim Anwender dazu, daß sich Trends, wie eine der Organisationsstruktur angepaßte Dezentralisierung von Informations- und Kommunikationstechnologien unter Beibehaltung kosteneffizienter zentraler Stabsfunktionen wie z.B. Rechenzentren, der Einsatz hochwertiger, zum Teil multifunktionaler Peripherie, die arbeitsplatznahe Anwendungen erlaubt, und die Einbeziehung neuer Anwendergruppen, wie Management und qualifizierte Sachbearbeiter etc., durchsetzen werden.

I. Problemstellung

An integrierte Bks stellen sich aus Anwendersicht eine Reihe von Anforderungen, wie z.B. die Forderung nach Funktionalität, Flexibilität, Leistungsfähigkeit, Arbeitsqualität, die Möglichkeit der Erweiterbarkeit und die Forderung nach Informationssicherheit[2]. Gerade bezüglich des Schutzes und der Sicherheit von Informationen ergeben sich im Zusammenhang mit der Planung und Einführung integrierter Bks im Büro bisher nicht beachtete und auch neuartige Probleme. Die Ursachen für diese Veränderung sind folgende:

o Einmal erlaubt es die technische Entwicklung, komplexe und wenig transparente Systeme im Büro einzuführen, wobei dem Vorteil der Leistungssteigerung auch vielfältige Risiken z.B. Störanfälligkeit und Ausfall gegenüberstehen.

o Daneben stellen Individuen und Gesellschaft hohe Sicherheitsansprüche, besonders bezogen auf personenbezogene Informationen, die in Unternehmungen verarbeitet werden. Aber auch von der Unternehmungsleitung gehen Forderungen nach Sicherheit der Informationen aus und dies um so stärker, je mehr Aufgaben der Führung und Administration sowie der Leistungserstellung in der Unternehmung mit Hilfe integrierter Bks unterstützt und abgewickelt werden. Die Qualität der Informationen, die sie verarbeitenden Prozesse sowie die quantitativen Anforderungen, die sich aus den Aufgabenerfüllungsprozessen ergeben, stellen in diesem Zusammenhang die grundlegenden Problembereiche dar.

---

1) Im folgenden Text wird der Begriff 'Bürokommunikationssystem(e)' durch Bks abgekürzt.

2) Vgl. KREIFELTS, Thomas: Anwenderanforderungen, S. 14; TOST, Ronald: Merkmalskatalog, S. 62/63; KRÜCKEBERG, Fritz; WISSKIRCHEN, Peter: Terminologie, S. 29/30.

o Als letzte Ursache gilt das unüberschaubare Angebot an Sicherheitstechnik und -maßnahmen. Dabei führen punktuell und unübersichtlich
   angelegte Maßnahmen dazu, daß neue Risiken entstehen.

Diese Ausführungen verdeutlichen, daß andere Techniken der Informationsverarbeitung im Büro auch andere, komplexere und verfeinerte Siche-
rungstechniken erforderlich machen[1]. Die lokale Verteilung von Be-
triebsmitteln, Programmen und Informationen birgt gegenüber dem phy-
sisch abkapselbaren Rechenzentrum neue Sicherheitsrisiken[2]. Diesen
Risiken für die Informationen in integrierten Bks kann nur durch ein
umfassendes, systematisch geplantes und eingeführtes Sicherheitssystem
begegnet werden. Ziel des Sicherheitssystems ist es, mit Hilfe geeigneter Gestaltungsinstrumente (z.B. Sicherungsspezifikationen, organisatorischen Regelungen) eine "Gewährleistungsarchitektur"[3] zu schaffen,
die die Anforderungen nach Ordnungsmäßigkeit, Rechtsverbindlichkeit,
Verfahrenstreue, Informationsschutz, gewerblichem Rechtsschutz und Han-
delsschutz, also nach Informationssicherheit erfüllt. Dabei gilt es,
die praktischen Erfahrungen, die bisher mit Datenverarbeitungssystemen
gesammelt wurden, in geeigneter Form auf integrierte Bks zu übertragen.

II. Ziel der Arbeit und Vorgehensweise

Die Planung und Einführung eines solchen angesprochenen Sicherheitssystems gilt als komplexe organisatorische Gestaltungsaufgabe[4]. Ziel
dieser Arbeit ist es, die wesentlichen Einflußgrößen bzw. Komponenten,
die den Aufbau des Systems bestimmen, zu skizzieren und sie in einem
Konzept darzustellen. Der konzeptionelle Teil zeichnet sich dadurch
aus, daß er Beziehungen, Einflußmöglichkeiten und -wirkungen zwischen
den Komponenten aufzeigt. Es wird angestrebt, im Rahmen dieser Arbeit
ein möglichst umfassendes Sicherheitssystem - anzusehen als Maximalan-
forderung - darzulegen. Ein weiteres Anliegen besteht darin, der Praxis
in Wirtschaft und Verwaltung Anregungen und Lösungsmöglichkeiten zur
Realisierung von Informationssicherheitssystemen zu vermitteln. Als
wissenschaftlich fundierte Entscheidungshilfen für die Praxis und damit
als praxeologisch können Aussagen dann gelten, wenn sie folgenden Kri-

---

1) Vgl. GROCHLA, E.; WEBER, H.; ALBERS, F.; WERHAHN, Th.: Informationsschutzsystem, S. 188; RUPPENTHAL, Norbert: Datensicherung, S. 48.
2) Vgl. MERTENS, Peter; WEIGAND, Ludwig: Vorteile, S. 750.
3) KRÜCKEBERG, Fritz: Gewährleistungsarchitektur, S. 163.
4) Vgl. NAGEL, Kurt: Datensicherung, S. 1.

terien genügen[1]:

o   Präzisierung der Komponenten der Gestaltungsentscheidungen und der
    zwischen ihnen betrachteten Beziehungen.

o   Die in den Aussagen enthaltenen Zusammenhänge zwischen den Gestal-
    tungskomponenten sind in der Realität hinreichend oft bestätigt.

o   Die ermittelten Gesetzmäßigkeiten zwischen Zielen, Bedingungen
    und Maßnahmen sind konzeptionell so aufbereitet, daß sie dem Prak-
    tiker exakte Hinweise zur Lösung seines Problems liefern.

Die beim derzeitigen Entwicklungsstand möglichen Aussagen halten diesen
Anforderungen allerdings nicht stand. Das Fehlen einer ausreichenden
empirischen Basis und der Mangel an Gestaltungsmethoden zur simultanen
Berücksichtigung der einzelnen Einflußfaktoren ermöglicht lediglich die
Erarbeitung funktionsfähiger, zufriedenstellender Lösungen. Daher werden im Rahmen der vorliegenden Arbeit die erstellten Aussagen in Form
von Hypothesen formuliert, ohne daß eine empirische Bestätigung erfolgt. Um geeignete Hilfen zu bieten, wird auf die Informativität der
Aussagen und teilweise auch auf die entscheidungstechnische Verwendbar-
keit, also auf die Verarbeitung der Komponenten hinsichtlich einer spä-
teren Verwendung bei organisatorischen Entscheidungen, Wert gelegt.

Die Gestaltung eines Sicherheitssystems vollzieht sich als mehrdimen-
sionales Problem: Die **strukturelle Betrachtung** soll die Bestimmungsfaktoren für den Aufbau eines Informationssicherheitssystems
benennen. Es gilt, die vorkommenden Größen so zu beschreiben, daß ihre
jeweilige Bedeutung als Komponenten, d.h. als Ziele, Bedingungen (Restriktionen), Maßnahmen und Wirkungen organisatorischen Handelns er-
kennbar wird, sowie ein System von Maßnahmen und Regeln - systemtechnischer, organisatorischer, personeller und versicherungstechnischer Art
- zu entwickeln, das Informationssicherheit dauerhaft gewährleistet.
Weiterhin werden ihre Wirkungszusammenhänge aufgezeigt und Handlungs-
spielräume für die organisatorische Gestaltung abgegrenzt. Zum anderen
wird die **prozessuale Gestaltungsaufgabe**, d.h. der Planungs-
und Einführungsprozeß eines Sicherheitssystems, betrachtet, die Voraussetzungen für gute Gestaltungsergebnisse schafft.

---

1) Vgl. GROCHLA, Erwin: Grundzüge, S. 51f.

Als Ausgangspunkt der Betrachtung dient eine Risikoanalyse **(Kapitel B)**, die potentielle Risikofelder für den Schutz und die Sicherung von Informationen in integrierten Bks aufdeckt. Wo Schwachstellen und Gefahren aufeinandertreffen entsteht ein Risiko[1]. Daher sind Schwachstellen- und Gefahrenanalyse als Voraussetzung für ein Sicherheitskonzept die wichtigsten Punkte der Risikoanalyse. In der abschließenden Risikobewertung geht es darum, die Risiken zu bewerten, um ihre Bedeutung und Stellung im Informationssicherheitssystem aufzuzeigen. Die systematische Aufbereitung der Risiken erscheint notwendig, um im Verlauf der Arbeit entsprechende Maßnahmen ableiten und beurteilen zu können. Weiterhin lassen sich auf der Basis der skizzierten Risikokategorien unter Bestimmung ihrer Ausprägungen entsprechende Ziele eines umfassenden Sicherheitskonzeptes ableiten[2].

Daran schließt sich die Diskussion der Zielsetzungen des Informationssicherheitssystems an **(Kapitel C)**, die als Handlungsanweisungen bzw. Aufgaben angesehen werden können. Ziele geben über jene Zustände Aufschluß, welche als Ergebnis der Implementierung und des Betriebes eines Informationssicherheitssystems angestrebt werden. Als oberstes Ziel gilt die Erreichung von Informationssicherheit. Daneben existieren eine Reihe von Teilzielen, wie z.B. Wirtschaftlichkeit, Angemessenheit, Benutzerakzeptanz und die Erfüllung effektiver Kommunikationsprozesse, die die Grundlagen für die Planungs- und Sicherheitsintensität darstellen[3] und als Orientierungsgrößen für die Auswahl geeigneter Maßnahmen und als notwendige Voraussetzung für rationale Gestaltungshandlungen dienen.

Die Festlegung der Ziele und die Auswahl der Maßnahmen unterliegen der Beeinflußung durch Gestaltungsbedingungen oder Restriktionen **(Kapitel D)**. Diese müssen vor der Gestaltung identifiziert werden und engen den Handlungsspielraum des Organisators als nicht veränderbare Bedingungen teilweise erheblich ein. Zum einen handelt es sich um Bedingungen in der Unternehmungsumwelt, d.h. es wirken Restriktionen von außen auf die Unternehmung ein (z.B. in Form des Bundesdatenschutzgesetzes, Normen der Rechnungslegung oder technologischen Veränderungen).

---

1) Vgl. O.V.: Katastrophenabwehrplanung, S. 2.
2) Vgl. ALBERS, Felicitas: Bürocomputer, S. 14.
3) Vgl. O.V.: Katastrophenabwehrplanung, S. 2.

Andererseits ergeben sie sich aus der jeweiligen Systemspezifik, d.h.
sie gehen von der Unternehmung selbst bzw. den Eigenschaften der personellen und maschinellen Aktionsträger aus (z.B. eine bestimmte Sicher-
heitsphilosophie, finanzielle Beschränkungen oder Aspekte der Benutzerakzeptanz).

Daran anschließend werden mögliche Schutz- und Sicherungsmaßnahmen aufgeführt - untergliedert in systemtechnische, organisatorische, personelle Maßnahmen und Versicherungen - und innerhalb bestimmter Risikostrategien[1] betrachtet **(Kapitel E)**. Zur Entwicklung einer
Sicherheitskonzeption für integrierte Bks gehört die Darstellung der
Maßnahmen zusammen mit ihren Wirkungen im Hinblick auf die definierten
Gestaltungsziele. Als Ergebnis entsteht ein System von Maßnahmen, das
durch seine Geschlossenheit die Gewähr für die Erreichung des Oberzie-
les Informationssicherheit und der daraus abgeleiteten Teilziele bietet. Das Konzept zeigt auch auf, welche Maßnahmen im einzelnen zusammenwirken, wie die Komponenten zu harmonisieren sind und welche Möglichkeiten der Selektion von Maßnahmen bzw. -kategorien bestehen. Alternativen erleichtern es dem Organisator, optimal auf die betriebsspe-
zifischen Probleme einzugehen und die Entscheidungsqualität zu verbessern. Das System muß so umfassend angelegt sein, daß es alle Risiken in
einem durchdachten und effizienten Rahmen abdeckt, denn bei allen komplexen Systemen kann Sicherheit nur durch die ausgewogene Integration
einander sich ergänzender Maßnahmen erreicht werden.

Der Aufbau eines Sicherheitssystems bedarf einer systematischen Planung, denn "je umfassender die durchzuführenden Maßnahmen, desto wesentlicher wird das Wissen um die Vorgehensweise für den Erfolg des
Systems"[2]. Daher geht es hierbei um die sorgfältige Regelung des organisatorischen Prozesses 'Planung und Einführung eines Sicherheitssystems' **(Kapitel F)**. Im einzelnen fallen darunter die Benen-
nung der Gestaltungsträger und die sinnvolle Aufteilung bzw. Koordination einzelner Tätigkeiten. Dabei ist zu beachten, daß das Sicherheitssystem nicht als aufgepfropfter Überbau zum integrierten Bks geschaffen

---

1) Vgl. FORRER, Christian: Vorgehenskonzept, S. 251.
2) NAGEL, Kurt: Datensicherung, S. 5.

wird, sondern sich in organischer Weise in die Systemarchitektur und die Organisation eingliedert[1]. Gerade bei der Einführung sind oft technisch, organisatorisch und psychologisch begründete Schwierigkeiten zu überwinden. Dies erscheint nur möglich, wenn das Sicherheitssystem bei der Planung und Einführung eines integrierten Bks mitberücksichtigt wird, da alle Teilkonzepte zur Entwicklung eines integrierten Bks - das "Konzept für die Anwendungsverfahren auf der administrativen Ebene der betrieblichen Hauptfunktionen, das Konzept zur Bestimmung und Auswahl des Kommunikations- und Verarbeitungsequipments einschließlich der erforderlichen Netzwerke, Konzept zur Sicherung des Kommunikations- und Informationssystems"[2] - erhebliche Interdependenzen aufweisen.

Die o.a. Vorgehensweise ist in Abb. 1 im Anhang (alle weiteren Abb., auf die verwiesen wird, befinden sich im Anhang) nochmals dargestellt.

III. **Inhalt und Abgrenzung der Begriffe**

Angesichts der Vielzahl unverbundener und mit vielfältigen Inhalten verwendeter Begriffe im Bereich der Informationsverarbeitung erscheint es erforderlich, eine Klärung der in dieser Arbeit häufig verwendeten Begriffe sowie eine Erläuterung der mit ihnen verbundenen Zusammenhänge voranzustellen. Obwohl Bezeichnungen wie 'Informations- und Kommunikationssystem' oder 'Informationsverarbeitung' Eingang in den allgemeinen Sprachgebrauch fanden, kann dies vom Bereich des Informationsschutzes und der Informationssicherung und -sicherheit nicht behauptet werden. Deshalb wird im folgenden versucht, diese Lücke zu füllen und eine begriffliche Weiterentwicklung ausgehend von den allgemein gebräuchlichen Begriffen des 'Datenschutzes' und der 'Datensicherung' vorzunehmen. Ausgangspunkt dieser Betrachtungen bildet der Büro- und Verwaltungsbereich.

a) **Informationsverarbeitung im Büro**

Der Begriff 'Büro' entstammt der französischen Sprache[3] und hat sich als Bezeichnung für den Ort in der Unternehmung durchgesetzt, der als

---

1) Vgl. KRÜCKEBERG, Fritz: Gewährleistungsarchitektur, S. 163; SCHMIDT, Egon: Digitale Unterschrift, S. 19.
2) BUSCH, Ulrich: Konzeption, S. 220.
3) Zurückverfolgen läßt sich die Bedeutung des Wortes 'Büro' vom franz. bureau über altfranz. bure bis zu burra (lat.).

Arbeitsstätte für vorwiegend geistig Tätige und deren Mitarbeiter
dient. Trotzdem kann das Büro nicht schlechtweg als eine 'Räumlichkeit'
angesehen werden, sondern ist als virtuelle Zusammenfassung von Arbeiten an geistigen Objekten zu verstehen[1] bzw. als bestimmte Art der
Tätigkeit in der Unternehmung, die sich durch ihre spezifische Zwecksetzung von anderen Tätigkeiten unterscheidet[2].

Gedanklich lassen sich in der Unternehmung zwei funktionale Subsysteme
unterscheiden. Durch Differenzierung der aus der Unternehmungsgesamt-
aufgabe abgeleiteten Aufgaben in Realisations- und Entscheidungsaufga-
ben[3] bzw. in ausführende (objektbezogene) und dispositive Aufgaben
oder in die zu ihrer Erfüllung notwendigen Prozesse in Operationsvoll-
zugs- und Steuerungsprozesse ergeben sich als funktionale Teilsysteme
der Unternehmung das Entscheidungs-, Steuerungs- oder Planungssystem
(Informationssystem) und das Basissystem. Im Basissystem vollzieht sich
die Aufgabenerfüllung, die sich auf die Bearbeitung realer Objekte bezieht. Im Informationssystem laufen die mit der Vorbereitung und Abwicklung von Planungs- bzw. Entscheidungs-, Steuerungs- und Kontroll-
prozessen verbundenen Informationsverarbeitungsaufgaben ab.

Die Bürotätigkeiten stellen also Informationsverarbeitungsprozesse dar,
die die sich im Basissystem der Unternehmung vollziehenden Realisati-
onsakte steuern. Sie begleiten die Vorgänge der primären Leistungserstellung und -distribution und bilden somit "die informatorische Infrastruktur für die primären Leistungsprozesse"[4]. Typische Büroaufgaben sind das Fixieren (in Form von Schreiben und Sprechen), übermitteln (hinsichtlich einer räumlichen und zeitlichen Diskrepanz) und Aus-
werten von Informationen[5]; letztendlich stehen dadurch aufbereitete
und verarbeitete Informationsinhalte im Büro zur Verfügung. Da die im
Bürobereich zu erbringenden Leistungen sehr umfangreich und unterschiedlich sind, hat sich eine weitgehende Arbeitsteilung unter den Be-

---

1) Vgl. SZYPERSKI, Norbert; GROCHLA, Erwin; HÖRING, Klaus; SCHMITZ,
   Paul: Bürosysteme, S. 6.
2) Vgl. SZYPERSKI, Norbert: Analyse, S. 81.
3) Vgl. GROCHLA, Erwin; MELLER, Friedrich: Datenverarbeitung, Grundlagen, S. 21.
4) REICHWALD, Ralf: Neue Systeme, S. 11.
5) Vgl. SCHMITZ, Paul; SZYPERSKI, Norbert; HÖRING, Klaus: Bürokommunikation, S. 504; JARRETT, Dennis: The electronic office, p. 6.

schäftigten entwickelt[1]. Als natürliche Folge der Arbeitsteilung ergab sich die Notwendigkeit der Kommunikation zwischen den am Vorgang der Informationsverarbeitung Beteiligten. Hieraus wird ersichtlich, daß die Kommunikation ein wesentlicher Bestandteil der Büroarbeit ist.

Kommunikation stellt einen Prozeß dar, bei dem Informationen zwischen Personen oder Personen und Maschinen ausgetauscht werden. Es existieren also immer mindestens zwei Kommunikationssubjekte, die Kommunikationsobjekte mit Hilfe eines Kommunikationsmittels austauschen[2]. Ein Kommunikationsprozeß beginnt beim intuitiven begrifflichen und modellhaften Denken einer Person, die etwas übertragen will und endet im Denkprozeß der empfangenden Person[3]. Entsprechendes gilt für den Computer. Informationstechnologisch gesehen fallen dabei neben Übertragungsprozessen auch Verarbeitungs- und Speicherungsprozesse (menschliche und maschinelle) an[4]. Daher erscheint es gerechtfertigt, eher von 'Kommunikation im Büro' als von 'Informationsverarbeitung im Büro' zu sprechen, da dieser Begriff umfassender ist und sich in der Praxis weitgehend durchgesetzt hat.

Der Terminus **'Bürokommunikation'** beschreibt in diesem Sinn die Arbeit im Büro und kennzeichnet den Prozeß, bei dem Informationen zwischen verschiedenen im Büro tätigen Menschen bzw. zwischen Menschen und Maschinen ausgetauscht werden und der aus allen Teilprozessen der Kommunikation besteht.

Die Büroarbeit wird heute durch technische und informationstechnische Einrichtungen bzw. Technologien unterstützt. Bei den Unternehmungen existieren drei isolierte Technologieausprägungen, die sich mit der Informationsverarbeitung befassen:

o Datenverarbeitungstechnologien (DV)

o Textverarbeitungstechnologien (TV)

o Nachrichtenübertragungstechnologien

---

1) Vgl. KRÜCKEBERG, Fritz: Bürokommunikation, S. 97.
2) Vgl. MAG, Wolfgang: Kommunikation, Sp. 1032.
3) Vgl. SCHMITZ, Paul; SZYPERSKI, Norbert; HÖRING, Klaus: Bürokommunikation, S. 504.
4) Vgl. SZYPERSKI, Norbert: Planung zukünftiger Bürosysteme, S. 3.

Die Prozesse, die sie unterstützen, sind aber im Rahmen der Büroarbeit stark integriert (vgl. die weite Betrachtungsweise des Begriffs 'Bürokommunikation'). Damit verbindet sich die Forderung nach einer Integration der technischen Systeme[1] mit dem Ziel, die Aufgabenerfüllungsprozesse der personellen Aufgabenträger im Bürobereich durch arbeitsplatz-orientierte Systeme bzw. integrierte Bks zu erleichtern. Integrierte Bks unterstützen die jeweiligen Kommunikationspartner in allen Teilphasen der Bürokommunikation. Daher stellen integrierte Bks ein wesentliches, die Büroarbeit unterstützendes Instrument dar, auch unabhängig davon, welche speziellen Techniken solchen Systemen zugrunde liegen.

b) Integrierte Bürokommunikationssysteme

Integrierte **Bürokommunikationssysteme**[2] stellen Computersysteme bzw. informationstechnische Systeme dar, die die Arbeit im Büro unterstützen.

Sie bestehen aus personellen Aktionsträgern und den Menschen unterstützenden technischen und/oder informationstechnischen Aktionsträgern[3]. Im Sinne dieses Begriffsverständnisses sind integrierte Bks also soziotechnische Systeme, denn der Mensch wird als integraler Bestandteil der Systeme angesehen. Als weitere Bestandteile eines solchen Systems gelten das Maschinen-, das Aufgaben- und das Betriebssystem[4].

Den Ausgangspunkt für die Gestaltung und Anwendung eines integrierten Bks bildet das **Aufgabensystem.** Es enthält alle (aus dem Aufgabensystem des Bürobereiches abgeleiteten) Anwendungsprogramme, die zur rechnergestützten Abwicklung von Büroaufgaben dienen. Darunter fallen diejenigen Informationsverarbeitungsaufgaben im Bürobereich, die programmierbar und automatisierbar sind; dies sind einmal solche Aufgaben, die vollständig auf das Maschinensystem übertragen werden können

---

1) Dazu ausführlicher: HENKEL, Norbert; SCHARFENBERG, Heinz: Integrierte Bürotechnologie, S. 15f; BERNAU, Gerhard: Organisatorische und technische Probleme, S. 3f.
2) Synonym für den Begriff Bürokommunikationssystem verwendet die Literatur auch die Bezeichnungen Bürosystem, Büroinformationssystem und Büroautomationssystem.
3) Vgl. KRÜCKEBERG, Fritz: Bürokommunikation, S. 100; SZYPERSKI, Norbert; ESCHENRÖDER, Gerhard: Unterstützung, S. 55/56.
4) Vgl. GROCHLA, Erwin: ADV-Systeme, Sp. 275.

(vollautomatisierte Aufgaben) und solche, deren Erfüllung durch das integrierte Bks unterstützt wird (teilautomatisierte Aufgaben)[1]. Voraussetzung für die Automatisierbarkeit einer Tätigkeit ist ihre Formalisierbarkeit, d.h. die Tätigkeit kann mit Hilfe von Algorithmen und Anweisungen beschrieben werden. An Hand des Formalisierungsgrades lassen sich Hinweise auf die Eindringtiefe von Geräten und Systemen ableiten. Das Spektrum der Tätigkeiten, die im Büro maschinell unterstützt werden können, reicht von der organisierten Textbe- und -verarbeitung über die lokale arbeitsplatzbezogene Datenverarbeitung bis zur Unterstützung von Konferenzen, der gemeinschaftlichen Erzeugung umfangreicher Berichtstexte, der Abwicklung von formulargebundenen Arbeitsschritten sowie vielfältigen Möglichkeiten der Nutzung verschiedener Medien zur Darstellung von Informationen. Durch Übertragung dieser Tätigkeiten auf ein integriertes Bks, entsteht das Anwendungsprogrammsystem als eine der Komponenten des Computersystems.

Die Gesamtheit aller personellen Aktionsträger, die zur Erfüllung der ihnen übertragenen Aufgaben im Büro direkt oder indirekt mit dem Computersystem interagieren müssen und die untereinander in Verbindung stehen, läßt sich als Benutzer bzw. **Benutzersystem** zusammenfassen[2]. Hierzu können grundsätzlich auch Personen aus der Umwelt der Unternehmung gezählt werden, wie z.B. Kunden, Lieferanten, externe Systemberater etc. Zunächst jedoch stehen diejenigen personellen Aktionsträger im Mittelpunkt des Benutzersystems, die bei der Erfüllung der ihnen übertragenen Aufgaben Informationen verwenden, die mit Hilfe des Systems verarbeitet werden. Dies sind im wesentlichen Führungskräfte, Fachkräfte, Sachbearbeiter und Assistenzkräfte[3]. Weiterhin gelten als personelle Aktionsträger innerhalb des integrierten Bks jene Personen, die zum Betrieb des Systems benötigt werden, wie Operateure etc. Aber auch solche Personen gehören zum Benutzersystem, die an der Systemgestaltung mitwirken, wie Programmierer, DV-Organisatoren etc.

---

1) Vgl. HEINEN, Edmund; SABATHIL, Peter: Informationswirtschaft, S. 895/896.
2) Vgl. GROCHLA, Erwin; MELLER, Friedrich: Datenverarbeitung, Grundlagen, S. 28.
3) Zur Typisierung der Büroarbeit ausgehend von den Basisfunktionen Führungsaufgaben, Fachaufgaben, Sachaufgaben, Unterstützungsaufgaben und Einteilung der im Büro Tätigen vgl. PEUCKERT, Heribert: Kommunikationssysteme, S. 269f; AKADEMIE FÜR ORGANISATION (Hrsg.): Zukunftsperspektiven, S. 6.

Neben den beiden angesprochenen Komponenten besteht jedes integrierte Bks aus zwei weiteren Bestandteilen, dem Maschinen- und dem Betriebssystem.

Das **Maschinensystem** umfaßt alle physikalischen Bestandteile (Hardware) des Systems einschließlich der peripheren Geräte und Übertragungskanäle bzw. alle "in ihrer Aufgabenstellung und ihrer realtechnischen Konkretisierung unterschiedlichen Sachmittel..."[1]. Als technologische Bestandteile bzw. Elemente integrierter Bks lassen sich folgende unterscheiden[2]:

o Multifunktions-Terminals, die funktional gegliedert sind (z.B. Tastatur, Drucker, Bildschirm, digitaler Fernsprechapparat)[3].

o Spezielle Peripheriegeräte, die von mehreren Arbeitsplätzen aus angesteuert werden können und eine besondere Dienstleistung anbieten (z.B. intelligente Kopierer/Drucker, Server[4], Klarschriftleser).

o Lokale Netzwerke bzw. Local Area Networks (LANs)[5]. Lokale Netzwerke besitzen folgende Merkmale[6]:

- Lokale Netzwerke ermöglichen Telekommunikation frei von den Leistungsbegrenzungen der öffentlichen Netze innerhalb eines räumlich eingegrenzten Bereiches. Die räumliche Begrenzung ist durch die eingeschränkte Größe des 'Hoheitsbereiches' einer juristischen Person festgelegt, d.h. der Einsatzbereich des lokalen Netzes erstreckt sich auf das Privatgelände einer Firma

---

1) GROCHLA, Erwin; MELLER, Friedrich: Datenverarbeitung, Grundlagen, S. 128.
2) Eine Darstellung der technologischen Elemente enthalten auch die Beiträge von MUSIOL, Achim: Organisatorische Aspekte, S. 213f; BERNAU, Gerhard: Organisatorische und technische Probleme, S. 14; PAUSCH, Rainer: Zwischenbericht, S. 331.
3) Vgl. LORENZ, Gert: Bürokommunikation, S. 26; KARCHER, Harald B.: Büro der Zukunft, S. 113ff.
4) Zu den Servern, die allen Arbeitsplatzterminals zur Verfügung stehen, zählen u.a. Datei-Server, Druck-Server, Kommunikations-Server. Ausführlicher dazu: BAHR, Knut: Technologische Trends, S. 85f sowie S. 48ff dieser Arbeit.
5) Mit dem gleichen Begriffsinhalt werden in der Literatur die Bezeichnungen 'Lokales Kommunikationsnetzwerk', 'Inhouse-Netz', 'Büro-Netzwerk', 'Lokales Netz', 'Lokales Rechnernetz', 'Local Network' verwendet. In dieser Arbeit werden lokales Netzwerk, lokales Netz und LAN synonym gebraucht.
6) Eine Beschreibung der verschiedenen Komponenten der lokale Netze befindet sich in Kapitel B.III.c.

oder Institution1) und unterliegt daher vollständig der Anwenderverantwortung2). Die typischen Entfernungen reichen von einigen hundert Metern (Bürogebäude) bis zu einigen Kilometern (Werksgelände)3) (siehe Abb. 2).

- Über sog. Gateways oder Bridges erhalten die lokalen Netze Zugang bzw. Verbindung zu öffentlichen oder anderen Netzen4).

- Lokale Netze lassen die Übertragung von Informationen in unterschiedlichen Darstellungsarten (Daten, Text, Sprache, Fest- und Bewegtbild) zu5) und tragen den unterschiedlichen Anforderungen der Medien hinsichtlich Verkehrsverhalten und Durchsatzleistung Rechnung6). Das führt dazu, daß Übertragungsraten von etwa 100 Kbit/s benötigt werden7) (siehe Abb. 3). Die Datenübertragung erfolgt bitseriell8).

- Lokale Netze verbinden unabhängige Endgeräte (Multifunktionale Arbeitsplatzsysteme, spezialisierte Dienstleistungssysteme) untereinander9). Die Benutzung des Übertragungsweges kann durch einige zehn bis zu einigen hundert eigenständigen Endgeräten erfolgen10), wobei die Heterogenität der verbundenen Stationen oft sehr groß ist.

- Gegenwärtig bieten verschiedene Hersteller zahlreiche LANs an. Die Systeme unterscheiden sich hinsichtlich ihrer Netzstruktur, Kanalkapazität, den Übertragungsverfahren, der Zahl der anschließbaren Geräte, der maximalen Übertragungsentfernung und der Kompatibilität.

Der Betrieb eines integrierten Bks setzt neben den maschinellen, hardwaretechnischen Einrichtungen ein **Betriebssystem** voraus, das zwischen Maschinensystem, Anwendungssystem und den Benutzern des Systems eine vermittelnde Funktion ausübt, indem es auf der einen Seite maschinellen Eigenarten, auf der anderen Seite menschlichen Eigenschaf-

---

1) Vgl. BERNAU, Gerhard: Büro-Netzwerke, S. 60; BOELL, Hans-Peter: Gefragt sind, S. 64.
2) Vgl. MOERIKE, Michael: Lokale Netze, S. 27.
3) Vgl. STEMBERGER, K.: Lokales Rechnernetz, S. 168; ROMMEL, Hans-Martin: Local Area Networks, S. 25.
4) Vgl. LORENZ, Gert: Bürokommunikation, S. 26; SCHRÖDER, Wolfgang: Lokale Netze, S. 43; ADELMANN, M.: LAN, S. 97.
5) Vgl. MUSIOL, Achim: Organisatorische Aspekte, S. 215.
6) Vgl. SCHRÖDER, Wolfgang: Lokale Netze, S. 43.
7) Vgl. STEMBERGER, K.: Lokales Rechnernetz, S. 168; KOCH, Andres: Dezentralisierung, S. 35.
8) Vgl. MOERIKE, Michael: Lokale Netze, S. 27.
9) Vgl. PRICE, S.G.: Introducing, p. 24; BERNAU, Gerhard: Büro-Netzwerke, S. 60.
10)Vgl. ROMMEL, Hans-Martin: Local Area Networks, S. 25.

ten gerecht wird[1]. Das Betriebssystem besteht aus Programmen verschiedener Art (Steuer-, Übersetzungs- und Dienstprogramme). Aufgrund der engen Verbindung zwischen Maschinen- und Betriebssystem werden diese beiden Komponenten häufig als Einheit betrachtet und u.a. als Rechnerkomponente bzw. realtechnische Komponente bezeichnet[2].

Die o.g. Komponenten bilden bei der Gestaltung integrierter Bks die Bezugsobjekte von Analyse-, Entwurfs- und Implementierungsprozessen. Das generelle Wissen über die Beschaffenheit aller vier Systemkomponenten dient als Grundlage der Gestaltung. Davon ausgehend werden alternative Konzeptionen durch Kombination und Integration der Komponenten entwikkelt und als Ergebnis ein individuelles betriebliches integriertes Bks implementiert und realisiert. Innerhalb dieser Komponenten und bei der Gestaltung integrierter Bks ist auch der Bereich Informationsschutz und Informationssicherung zu betrachten.

c) Informationsschutz, Informationssicherung, Informationssicherheit

Fragen und Probleme des Schutzes und der Sicherung von Daten werden teilweise unter den viel allgemeineren Begriffen des Persönlichkeitsschutzes und der Sicherung gegenüber Betrug oder Verarbeitungsfehlern (i.w.S.) schon länger diskutiert, zu menschlichen Verhaltensnormen geprägt oder zum Gegenstand staatlicher Gesetzgebung erhoben[3].

Während der heute verwendete Begriff des Datenschutzes die rechtliche Seite kennzeichnet und ein komplexes Gefüge von Rechten und Pflichten zwischen Datengrund (dem Betroffenen), dem Bestandsführer (dem für die DV Verantwortlichen) und dem Benutzer von Daten anspricht, bezeichnet der Begriff Datensicherung den betriebswirtschaftlich-organisatorischen Bereich[4]. Der vom Gesetzgeber verwendete Datenschutzbegriff deckt allerdings nur den Schutz der personenbezogenen Daten[5] ab. Er wird deshalb auch als Datenschutz i.e.S. bezeichnet. Die weiteren zu

---

1) Vgl. BECKER, Robert: Der Wandel, S. 40.
2) Vgl. GROCHLA, Erwin; MELLER, Friedrich: Datenverarbeitung, Grundlagen, S. 210.
3) Vgl. HELLFORS, Sven; SEIZ, Manfred: Praxis, S. 1.
4) Vgl. GROCHLA, Erwin: Datensicherung, S. 3.
5) Das BDSG versteht darunter Einzelangaben über persönliche oder sachliche Verhältnisse einer bestimmten oder bestimmbaren natürlichen Person. Vgl. 1. Abschnitt, § 2 Satz 1 im BDSG vom 27. Januar 1977 im BGBl., S. 201ff.

schützenden Tatbestände, wie Amts- und Geschäftsgeheimnisse von Behörden, Parteien, Unternehmungen etc. erfaßt der allgemeiner und weiter
gefaßte Datenschutzbegriff (i.w.S.), der die Daten über alle schutzwürdigen Tatbestände bei manueller und maschineller Datenverarbeitung mit
in die Betrachtung einbezieht[1].

Die Datensicherung umfaßt die "Summe aller Vorkehrungen und Methoden,
mit denen sowohl die Tatbestände der Privatsphäre natürlicher und juristischer Personen als auch die nicht zur Privatsphäre zählenden zu
schützenden Tatbestände gesichert werden"[2]. Damit fallen alle Maßnahmen und Vorkehrungen darunter, die der existenziellen Sicherung der
verfügbaren Datenbestände und damit auch der Sicherung des Gesamtsystems der Datenverarbeitung dienen. Auch bei der Datensicherung läßt
sich also eine enge (Sicherung der Daten) und eine weite Fassung (Sicherung des ganzen Systems) unterscheiden. Die Beziehungen zwischen den
jeweiligen Begriffsauffassungen verdeutlicht Abb. 4.

Die Weiterentwicklung der Informations- und Kommunikationstechnologie
und die Einführung integrierter Bks eröffnet neue Dimensionen und Qua-
litäten und macht es notwendig, den Bereich Datenschutz und -siche-
rung nicht mehr schwerpunktmäßig als ADV-Problem anzusehen, sondern eine begriffliche Weiterentwicklung zum 'Informationsschutz' bzw. der
'Informationssicherung' zu vollziehen[3].

Der Begriff 'Datum' wird in der Literatur häufig für die für sich nur
selten aussagekräftigen Aufzeichnungen von Einzelfakten als Abbildungen
von Sachverhalten und Vorgängen des realen Bereiches verwendet. Neben der Verarbeitung von Daten erlauben integrierte Bks aber auch die
Verarbeitung von Texten, Bildern/Grafiken und Sprache. Als Oberbegriff
dieser Darstellungsarten hat sich die Bezeichnung 'Information' herausgebildet. Der Begriff der 'Information' wird in der Literatur unterschiedlich interpretiert. Die Informationstheorie versteht unter Informationen den Inhalt einer Nachricht, die zwischen Menschen oder Menschen und Maschinen ausgetauscht wird[4], wobei für ihre praktische
Nutzung hauptsächlich die Präsentation und Darstellungsart von Bedeu-

---

1) Vgl. BODE, Albrecht; DREWS, Hans-Ludwig: Die Auswirkungen, S. 3.
2) NAGEL, Kurt: Datensicherung und Datenschutz, Sp. 478.
3) Vgl. GROCHLA, E.; WEBER, H.; ALBERS, F.; WERHAHN, Th.: Informationsschutzsystem, S 188.
4) Vgl. KLAUS, Georg; LIEBSCHER, Heinz: Kybernetik, S. 289.

tung ist[1]. Während der Begriff der 'Nachricht' lediglich eine durch Signale konkretisierte Form von Gedanken oder Tatbeständen bezeichnet, stellt die Information gewissermaßen eine höhere Form der Nachricht dar, indem zu dem zunächst neutralen Tatbestand, der Nachricht, eine Zweckorientierung hinzukommt[2]. Die Information wird somit zu einer zweckbezogenen Nachricht oder zu zweckorientiertem Wissen, das der Vorbereitung des Handelns dient[3].

Mit den Termini 'Datum', 'Text', 'Bild' und 'Sprache' wird also jede durch Zeichen oder Signale konkretisierte Form von Gegebenheiten bezeichnet, ohne daß bereits eine Orientierung auf eine Entscheidung vorliegt. Der Begriff 'Information' hingegen wird verwandt, wenn die zur Entscheidung benötigten codierten Sachverhalte unter dem Blickpunkt des Entscheidungsprozesses betrachtet werden; diese stellen im allgemeinen das Ergebnis der Verarbeitung[4] bzw. das Ergebnis von Tätigkeiten der Wissensgewinnung, -übermittlung und -verarbeitung dar[5]. Die Begriffe Datenschutz und -sicherung beziehen also auch immer die Ergebnisse der Verarbeitung mit ein - den Schutz und die Sicherung von Informationen. Aus diesem Grund und der engen Anlehnung der Begriffe an die Datenverarbeitungstechnologie erscheint es terminologisch sinnvoller, von Informationsschutz und Informationssicherung zu sprechen.

Informationsschutz bezieht sich auf die Rechte von Personen und Institutionen, die selbst bestimmen, wann, wie und zu welchem Zweck sensitive Informationen von ihnen an andere übermittelt werden[6]. Der Begriff beschreibt einmal die Aufgabe der Gesellschaft und juristischer Personen, die Privatsphäre jeder natürlichen Person (personenbezogene Informationen) vor unzulässigen Eingriffen zu bewahren und andererseits die Aufgabe juristischer Personen der Wirtschaft und Verwaltung, andere

---

1) Vgl. LUTZ, Theo: Informationsverarbeitung, S. 63.
2) Zur Abgrenzung der Begriffe 'Datum', 'Nachricht', 'Information' vgl. MEFFERT, Heribert: Informationssysteme, S. 11f.
3) In betriebswirtschaftlicher Sicht hat sich eine von WITTMANN geprägte Definition allgemein durchgesetzt. Vgl. WITTMANN, Waldemar: Information, Sp. 894.
4) Vgl. NAGEL, Kurt: Datensicherung, S. 20.
5) Es bleibt festzuhalten, daß die Unterscheidung zwischen Information und Datum in der Theorie umstritten ist, wobei die einzelnen Abgrenzungen auf die jeweiligen Betrachtungsstandpunkte und den speziellen Untersuchungsgegenstand zurückzuführen sind.
6) In Anlehnung an den im Amerikanischen verwendeten Begriff 'Privacy'. Vgl. MARTIN, James: Security, Accuracy, and Privacy, p. 5.

sensitive Informationen vor unzulässigen Eingriffen zu bewahren[1].

Demgegenüber steht im Mittelpunkt der **Informationssicherung** das Ziel, Gefährdungen bzw. Risiken von den sensitiven Informationen und ihrer Verarbeitung fernzuhalten und abzuwehren. Hier wird also der Komplex der Sicherung von Informationen gegen zufälligen oder intendierten Einblick durch unbefugte Personen oder gegen unautorisierte Manipulationen oder Zerstörung oder Preisgabe an Unbefugte angesprochen[2]. Die Informationssicherung umfaßt alle Regeln und Maßnahmen, die Informationen und das Informationsverarbeitungssystem in ihrem Bestand und ihrer Verfügbarkeit erhalten und ihre unberechtigte Verwendung verhindern. Maßnahmen, die geeignet sind, Gefahren abzuwehren oder ihre Auswirkungen zu verhindern, werden im folgenden unter dem Begriff **Informationssicherungsmaßnahmen** zusammengefaßt.

Den Begriffen Informationsschutz und -sicherung steht nun der Begriff 'Informationssicherheit' gegenüber. Das Ergebnis bzw. Ziel, das mit Hilfe geeigneter und ausreichender Informationssicherungsmaßnahmen und Schutzaktivitäten erreicht werden soll, ist die **Informationssicherheit.** Die Informationssicherheit gewährleistet, daß sensitive Informationen und deren Verarbeitung keinen schädigenden Einflüssen ausgesetzt sind. Sie stellt ein Maß für den Zustand des Nichtvorhandenseins von Risiken und Beeinträchtigungen dar[3], bei dem die Maßnahmen der Informationssicherung verwirklicht sind.

Unter **sensitiven Informationen** sind jegliche Informationen zu verstehen, die eines bestimmten Schutzes bedürfen und nicht allgemein verfügbar sein sollten und deren Verlust, Verfälschung etc. dem Informationshalter einen entsprechenden Schaden zufügen. Ob eine Information in integrierten Bks als sensitiv zu bezeichnen ist, hängt von ihrem Informationsinhalt ab. Hinsichtlich ihres Inhaltes können

---

1) Vgl. GROCHLA, Erwin; BREITHARDT, Jörg; LIPPOLD, Heiko: Informationsschutz, S. 5; KRAUS, Wolfgang; NAGEL, Kurt: EDV Checklisten-Sammlung, S. 95.
2) Entspricht dem Begriff 'security'. Vgl. MARTIN, James: Security, Accuracy, and Privacy, p. 5.
3) Vgl. RABICH, Adalbert: Datenträgervernichtung, S. 78; DITTRICH, Klaus: Schutz, Sicherung, S. 339; HERRMANN, G.; LINDEMANN, P.; NAGEL, K.: Begriffserklärung, S. 9; HEILMANN, Wolfgang: Datensicherungssystem, S. 234.

- Geschäftliche Informationen, wie

  - allgemeine geschäftliche Informationen (Anfragen, Auskünfte, Einladungen...),

  - spezielle geschäftliche Fachinformationen (Organisatorische Regelungen, juristische Vorgänge, Verträge, Personalakten, Gutachten...),

  - spezielle Informationen zur operativen Aufgabenabwicklung (Angebote, Aufträge, Rechnungen...),

- Zahlungsverkehr (Scheck, Wechsel, Überweisungen),

- allgemeine politische und wirtschaftliche Informationen,

- allgemeine Fachinformationen (über Produkte...)[1]

unterschieden werden.

Generell läßt sich hervorheben, daß neben den personenbezogenen Informationen der Zahlungsverkehr und die geschäftlichen Informationen besonderes Augenmerk hinsichtlich Schutz und Sicherung verdienen. Die Vielzahl der verarbeiteten Informationen und die Komplexität der integrierten Bks geben den Sicherheitsfragen eine neuartige Blickrichtung.

d) Informationssicherheitssystem

Die Behandlung von Sicherheitsfragen im Bürobereich erscheint umso wichtiger, je größer der Grad der Komplexität und die Varietät des integrierten Bks ist und je mehr technische Systeme zur Abwicklung von Büroaufgaben eingesetzt werden, sodaß die Benutzer und Anwender immer abhängiger von ihnen werden. Bei allen komplexen Systemen wird Sicherheit nicht durch einseitige Maßnahmen (z.B. technischer Art) erzielt, sondern durch "die ausgewogene Integration einander sich ergänzender Sicherungsmaßnahmen"[2] innerhalb eines umfassenden Sicherheitssystems. Ein solches System ist auch für integrierte Bks zu fordern.

Die heute im Einsatz befindlichen Datenverarbeitungssysteme basieren meist nicht auf der Grundlage umfassender Sicherheitsmodelle[3]. Um den Anforderungen des Bundesdatenschutzgesetzes zu genügen, sind die Anwender oft gezwungen, nachträgliche Verbesserungen der Sicherheitsvorkehrungen vorzunehmen. Daraus entsteht häufig inkonsistentes System-

---

1) Vgl. SZYPERSKI, Norbert; GROCHLA, Erwin; HÖRING, Klaus; SCHMITZ, Paul: Bürosysteme, S. 24f.
2) BAYER, Rudolf: Sicherheitsanalyse, S. 69.
3) Vgl. HERDA, Siegfried: Datensicherung und Datenschutz, S. 1.

verhalten und die Systeme werden für Sicherheitsverletzungen anfäl-
lig. Dagegen ermöglicht ein integrales Sicherheitssystem, das komplexe Gefüge von Sicherheitsproblemen logisch aufzugliedern und dabei
einzelne für eine detaillierte Untersuchung herauszugreifen.

Ein **Informationssicherheitssystem** stellt wie jedes andere
System eine Ganzheit dar, die sich aus Elementen (Personen und Sachmitteln) und Teilsystemen zusammensetzt, die miteinander in bestimmten Relationen verbunden sind[1]. Der Begriff 'Informationssicherheitssystem' beschreibt die umfassende, geordnete, in sich mit allen Komponenten stimmige Lösung von Sicherheitsfragen im integrierten Bks. Als Komponenten lassen sich Ziele, Bedingungen, Maßnahmen (organisatorischer,
personeller, systemtechnischer und versicherungstechnischer Art) identifizieren. Nur dieses ausgewogene Konzept, das alle Bereiche berücksichtigt, kann das Gesamtrisiko der Informationsverarbeitung verringern
und die vielfältigen gesetzlichen und anderen Anforderungen nach Informationssicherung erfüllen[2]. Für die Unternehmungen bedeutet dies,
daß sie versuchen müssen, die Maßnahmen entsprechend den Zielen und den
zu berücksichtigenden Bedingungen in ein System einzuordnen und alle
Komponenten aufeinander abzustimmen (siehe Abb. 5). Weiterhin sind die
Beziehungen zwischen den Maßnahmen zu beachten. Alle diese Einflußfaktoren wirken auf das Verhalten des Sicherheitssystems ein und tragen
bei positiver Ausprägung zum regelgerechten Verhalten des Systems, d.h.
zur Erfüllung der Informationssicherheit, bei.

Das oben angesprochene Informationssicherheitssystem stellt einen Teil
des allgemeinen betrieblichen Sicherheitssystems dar, welches als betriebliches Gesamtschutzkonzept verschiedene Teilschutzkonzepte, wie
z.B. den Werkschutz, Brandschutz, Unfallschutz, Personenschutz etc. beinhaltet[3] (siehe Abb. 6).

---

1) Vgl. JIRASEK, Johann: Das Unternehmen, S. 17.
2) Vgl. ROOS, Günter: Möglichkeiten, S. 139.
3) Vgl. HAMMACHER, Norbert: Datenschutz und Werkschutz, S. 1ff; BET-
   SCHART, Franz: Sicherheitskonzepte, S. 258.

B Analyse der Risiken bei integrierten Bürokommunikationssystemen

Mit dem Ausbau und der Einführung von integrierten Bks treten Probleme in Erscheinung, die die der einzelnen Systemkomponenten (Netz-, Zentral- und Endeinheiten) weit überschreiten. Denn bei den neuen Entwicklungen "handelt es sich um äußerst riskante Systeme mit Folgen für das Individuum und die Gesellschaft insgesamt, die noch kaum abschätzbar sind"[1]. Durch die Möglichkeit der Kommunikation "jeder mit jedem"[2], d.h. durch das Konzept des offenen Systems,[3] welches mit Hilfe der Standardisierung von Protokollen sowie zunehmender Kompatibilität und Integration der computergestützten Informationsverarbeitung in alle betrieblichen und öffentlichen Bereichen[4] erreicht wird, erhöhen sich die Gefahren des Informationsmißbrauches. Das Mißbrauchspotential wächst mit der Benutzerfreundlichkeit der Technologie und der Anzahl der Benutzer, die angesichts des Trends zur dezentralen Verarbeitung und Integration der Technologie in der Sachbearbeitung stark zunimmt. Die Zunahme der Kommunikationswege zu einer Zieladresse erschwert die Kontrollierbarkeit der Vorgänge und Teilnehmer und somit die Realisierung des Informationsschutzes. Die Verbilligung, Verkleinerung und Leistungssteigerung von Hardware bewirkt, daß reichlich Speichermöglichkeiten zur Verfügung stehen und mehr und mehr elektronisch abgespeicherte Informationen entstehen, die von einer wachsenden Anzahl von Benutzern abgerufen werden. Darüber hinaus entstehen qualitativ neue Gefährdungspotentiale, wie bspw. das des Datenaustausches in integrierten Bks[5].

Alle oben angeschnittenen Probleme führen letztendlich zu wachsender Komplexität der Systeme und damit zu einer mangelnden Kontrollierbarkeit und Überschaubarkeit des integrierten Bks, die es ermöglicht, daß Risikoereignisse auftreten und der Unternehmung Schaden zufügen.

---

1) KREIBICH, Rolf: Datenschutz, S. 29.
2) SPOHN, J. Peter: Datenschutz, S. 32.
3) Das Konzept des 'offenen Systems' ergibt sich aus sog. offenen Objekten, d.h. Teilnehmern und Anwendungsprozessen, die wahlweise in Verbindung mit ihresgleichen treten können. Vgl. dazu RIHACZEK, Karl: Kommunikationssysteme, S. 275.
4) Vgl. O.V.: Mehr Sicherheit, S. 13.
5) Vgl. ALBERS, Felicitas: Datenschutz, S. 5.

Voraussetzung zur Ableitung und Entwicklung von Maßnahmen bzw. Sicherheitskonzepten, um diese Risikoereignisse zu verhindern oder ihr Schadensausmaß zu verringern, ist eine Risikoanalyse, die es im folgenden zu beschreiben gilt.

Dabei wird zuerst auf das Risikomanagement, d.h. den Prozeß der Identifikation von Risiken und deren Bewältigung[1], und die Stellung der Risikoanalyse innerhalb dieses Prozesses eingegangen. An die Darstellung verschiedener Methoden der Risikoanalyse schließen sich die beiden Teile der Risikoanalyse, die Schwachstellenanalyse und die Gefahrenanalyse, an. Den Abschluß des Kapitels bildet die Risikobewertung, die u.a. die Grundlage für die Auswahl geeigneter Risikostrategien bzw. Maßnahmen (siehe Kapitel D, S. 107ff) bildet.

I. Stellung der Risikoanalyse innerhalb des Risikomanagements

Eine Vielzahl von Risiken und Gefahren bedroht die Existenz der gespeicherten Informationen und Programme des lokalen Netzes sowie den störungsfreien Betrieb des integrierten Bks. Das Risikomanagement stellt eine Methode dar, diesen Risiken zu begegnen und sie zu handhaben. "Risk management is ... (1) identifying and analysing the loss exposures, (2) determining what to do about these exposures, (3) implementing the decisions made, and (4) monitoring the decisions made and, when necessary, modifying them."[2] Die Methode geht von der Risikoidentifikation aus, die die Erkennung, Analyse und Berechnung von Risiken enthält, um darauf aufbauend die besten Methoden und Maßnahmen auszuwählen, um diese Risiken zu handhaben[3]. Diese Vorgehensweise ist in Abb. 7 schematisch dargestellt, wobei in diesem Kapitel die Risikoidentifikation und im Kapitel D die Risikohandhabung behandelt wird.

Jede Problemstellung setzt voraus, daß ein Problem überhaupt bewußt ist. Daher gibt es ohne umfassende und systematische **Risikoerkennung** auch kein Risikomanagement. Diese Erkenntnis wird jedoch durch den Umstand erschwert, daß Risiken kaum sichtbar sind. Die Risi-

---

1) Vgl. BRÜHWILER, Bruno: Methoden, S. 257.
2) SMITH, James E.: Risk management, p. 7.
3) Vgl. LENZ, Matthew Jnr.: Risk management Manual, p. 1; PRITCHARD, John Arthur Thomas: Risk management, p. 3; WOOD, Michael B.: Introducing, p. 83.

koerkennung ist eine Frage des allgemeinen Risikobewußtseins, der Erfahrung und auch der Intuition. Mit Hilfe von Betriebsbesichtigungen und formalen Methoden wie Checklisten, Schaubildern etc. lassen sich Risiken erkennen[1]. Weiteren Aufschluß liefert aber erst die Risikoanalyse, die die Grundlage jedes Informationssicherheitssystems darstellt, und die aufgrund technologie- und anwendungsspezifischer Risiken stets eine auf den Einzelfall bezogene Risikoanalyse sein muß[2].

Die Quantifizierung der Risiken mittels Risikoanalyse erlaubt erstens die objektive Erfassung der effektiven Risikolage der Unternehmung. Zweitens lassen sich dadurch Sicherheitsziele und Prioritäten aufstellen[3]. Weiterhin ermöglicht die Risikoermittlung den Vergleich zwischen mehreren, auch verschiedenartigen Risiken und gestattet die Ermittlung des Beitrags und der Auswahl einzelner Maßnahmen bzw. Maßnahmenstrategien im Rahmen der Risikohandhabung[4].

Unter eine **Risikoanalyse** fallen also alle diejenigen Aufgaben, die zum Ziel haben, einerseits die Risikoursachen und andererseits die Risikowirkungen zu ermitteln. Dabei ist der Begriff 'Risiko' als "Gefahr einer negativen Zielabweichung"[5] bzw. als inhaltlich beschreibbares Schadensereignis im Sinne einer Wagniskategorie[6] anzusehen. Die Wertigkeit eines Risikos läßt sich ermitteln aus den beiden Komponenten Eintrittswahrscheinlichkeit und Schadenspotential bzw. -höhe[7]. Dabei bezieht sich die Eintrittswahrscheinlichkeit auf die Risikoursachen und gibt die Intensität an, mit der eine Störung bzw. der Eintritt des Risikoereignisses zu erwarten ist. Das Schadenspotential beschreibt das Ausmaß der Risiko(aus)wirkung auf das Informationssystem und die Unternehmung.

Ein **Risiko** liegt immer dann vor, wenn mögliche Bedrohungen (innere und äußere Einwirkungen), die latente Gefahren für die In-

---

1) Vgl. BRÜHWILER, Bruno: Risk Management, S. 80; CARTER, R.L.: Handbook of insurance, p. 1.1-09.
2) Vgl. ALBERS, Felitcitas: Bürocomputer, S. 14.
3) Vgl. HOFFMANN, Horst-Joachim: Securicom '83, S. 4.
4) Vgl. HAUTER, Adolf: Ein Weg, S. 513; BERG, Thomas; BIERIG, Günter: Ordnungsmäßigkeit, S. 33.
5) MÖHR, Christian; BRÜHWILER, Bruno: EDV-Risiken, S. 309.
6) Vgl. GROCHLA, Erwin: Datenschutz, S. 14.
7) Vgl. BRÜHWILER, Bruno: Sicherheitsplanung, S. 126.

formationsverarbeitung darstellen, in einem bestimmten Einzelfall auf
eine existierende Schwachstelle im integrierten Bks treffen[1]. Der
Begriff 'Gefahr' beinhaltet zunächst einmal eine unkonkrete, nicht ge-
genwärtige Bedrohung. Ebenso wertneutral im Hinblick auf die Informationssicherung und den -schutz verhält sich der Begriff 'Schwachstelle', wenn die Schwachstelle als Element eines Systems angesehen wird,
"das entweder eine beabsichtigte (geforderte) Leistung nicht erbringt
oder eine nicht beabsichtigte (nicht geforderte) Leistung erbringt"[2]. Erst wenn sich eine Schwachstelle negativ auswirkt, und
zwar bezogen auf die Informationssicherung, läßt sie negative Merkmale
erkennen. Solche negative Merkmale oder Auswirkungen sind immer dann
zu erwarten, wenn der Schwachstelle eine - zumindest potentielle - Gefahr gegenübersteht. Erst in diesem Augenblick, wenn Gefahr und
Schwachstelle aufeinandertreffen, entsteht ein Risiko. Tritt das Risiko
tatsächlich ein, so führt dies zu einer Beeinträchtigung, d.h. zu einem
nachteilig empfundenen, also unerwünschten Zustand oder Zustandsüber-
gang - einem Schaden[3] (siehe Abb. 8). Zu den Risiken gehören somit
alle Ereignisse, die die Informationen in ihrer Existenz und Darstel-
lungsform, die Programme, das physische System sowie die Umgebung des
integrierten Bks beeinträchtigen.

Daher enthält die Risikoanalyse zwei wesentliche Bestandteile:

o Die umfassende Analyse aller Schwachstellen innerhalb des integrierten Bks und

o die Analyse der potentiellen Gefahren, die für den beim Anwender
   vorliegenden Einzelfall relevant sind.

II. <u>Ansätze und Methoden der Risikoanalyse</u>

In der Literatur finden sich zahlreiche Ansätze für ein systematisches
Vorgehen bei der Risikoanalyse[4]. Zwei unterschiedliche Gruppen von

---

1) Vgl. STRIEWISCH, Karl F.: Aus der Sicht, S. 357; GLISS, Hans: Datenverarbeitung, S. 6.
2) DIERSTEIN, Rüdiger: Datensicherung, S. 2.
3) Vgl. DITTRICH, Klaus: Schutz, Sicherung, S. 338.
4) Vgl. GARBE, Helmut: Inhalt und Wirkungen, S. 19ff; FUTH, Horst: Rationalisierung, Bd. VII, S. 51ff; KARGL, Herbert: Risiko und Sicherheit, S. 181ff; SCHÄFER, Georg: Schwachstellenanalyse, S. 192ff;
   MEYNA, Arno: Einführung, S. 6ff.

Ansätzen haben sich herausgebildet[1]:

o Die deduktiven Ansätze und

o die induktiven Ansätze.

Die **deduktiven** Ansätze untersuchen auf der Grundlage einzelner Risikotypen und den daraus erwachsenden Gefahren die Auswirkungen auf das Informationsverarbeitungssystem[2]. Hier geht es darum, mittels bestimmter Methoden Gefahren bereits in jenem Stadium zu erkennen, in denen die Risiken noch beeinflußbar sind. Der Einsatz dieser analytischen Methoden verlangt Kenntnisse und Erfahrungen ihrer Anwender. Beispiele solcher Methoden sind die Fehlerbaum-, die Ausfalleffekt-, die Flow-Chart-Analyse und die MORT-Methode.

(1) Fehlerbaum-Analyse und MORT-Methode:

Die Fehlerbaum-Analyse erlaubt es, einen erkannten Systemfehler bzw. ein unerwünschtes Ereignis auf seine Ursachen hin zu untersuchen, wobei die Stärke der Fehlerbaum-Analyse in der Aufdeckung der Abhängigkeiten von Systemkomponenten und Risikoursachen liegt. Hierbei wird stets nur ein unerwünschtes Ereignis betrachtet und in all seine potentiellen Ursachen zerlegt (siehe Abb. 9). Den einzelnen Ursachen lassen sich mit Hilfe von Erfahrungswerten bzw. subjektiven Schätzungen Eintrittswahrscheinlichkeiten zuordnen, die Aufschluß über die Dringlichkeit der Ursachenbehandlung geben.

Während die Fehlerbaum-Analyse sich hauptsächlich auf den technischen Bereich bezieht und zur Untersuchung komplexer technischer Systeme verwandt wird, stellt die MORT-Methode einen integrierten Ansatz dar. MORT (Management Oversight and Risk Tree) schließt neben den herkömmlichen Unfallursachen auch all jene Faktoren mit ein, die eine Folge von Managementversehen oder Führungsfehlern sind (siehe Abb. 10).

(2) Ausfalleffekt-Analyse:

Die Ausfalleffekt-Analyse konzentriert sich auf die Wirkungen möglicher Risikoereignisse. Dabei wird das Gesamtsystem in seine Einzelteile zer

---

1) Vgl. KRAUS, Wolfgang: Datensicherungsmaßnahmen, S. 83.
2) Vertreter dieses Ansatzes sind u.a. GARBE, Helmut: Inhalt und Wirkungen, S. 19ff; HAUTER, Adolf: Datenschutz-Datensicherung, S. 1ff;
   MÜHLEN, Rainer A.H. von zur: Computer-Kriminalität, S. 13; MARTIN,
   James: Security, Accuracy, and Privacy, p. 11; NAGEL, Kurt: Datensicherung, S. 156ff; FUTH, Horst: Rationalisierung, Bd. VII, S. 51ff.

legt und die Auswirkungen von Fehlern etc. auf das Gesamtsystem untersucht. Dadurch lassen sich kritische Punkte im System, gefährliche Zustände und potentielle Störfaktoren erkennen.

(3) Flow-Chart-Methode:

Diese Methode dient zur Schätzung von Folgeschäden, d.h. der Risikoauswirkungen. Die Grundüberlegung besteht darin, daß sich Risikoereignisse
nach ihrem Eintreten fortpflanzen und den Betriebsablauf stören. Dabei
wird das zu quantifizierende Ereignis genau definiert, örtlich eingegrenzt und in den Zusammenhang mit der Leistungserstellung gebracht,
sodaß sich die Ausbreitung der Störung erfassen und bestimmen läßt.

Mit Hilfe der deduktiven Ansätze können zwar potentielle Risiken umfassend dargestellt und Ursachen-Wirkungszusammenhänge verdeutlicht werden, jedoch bestehen Nachteile aufgrund der Komplexität und des Aufwandes. Die **induktiven** Ansätze basieren auf Erfahrungen und empirischen Analysen. Mit Hilfe empirischer Mittel werden typische
Schwachstellen aufgezeigt, um diesen 'Sicherheitslücken' Risikobedingungen und Wirkungen gegenüberzustellen[1]. Auf diesem Gebiet kann mit
Erfahrungsmethoden gearbeitet werden[2], die sich auf eingetretene
Schadensfälle beziehen, wie Statistiken und Einzelschadenanalysen.

(1) Statistiken:

Statistiken gestatten unter gewissen Bedingungen einen tiefen Einblick
in die Risikoursachen und -wirkungen. Dabei muß allerdings eine genügend große Anzahl von Beobachtungen vorliegen und zwischen den von der
Statistik erfaßten und den zu beeinflussenden Sachverhalten mindestens
ähnliche Verhältnisse gegeben sein. Neben unternehmungsinternen Statistiken gibt es auch viele überbetriebliche Erhebungen von Versicherungsgesellschaften, Verbänden oder staatlichen Institutionen[3]. Allerdings ist es nicht unproblematisch, aus allgemeinen Erkenntnissen auf
ähnliche Situationen des eigenen Erfahrungsbereiches Rückschlüsse zu
ziehen.

---

1) Dieser Ansatz wird z.B. vom AWV angewandt. Vgl. dazu FASSBENDER,
   Wolfgang: Datensicherungskatalog, S. 86ff.
2) Vgl. BRÜHWILER, Bruno: Methoden, S. 258.
3) Vgl. CAULFIELD INSTITUTE OF TECHNOLOGY (ED.): Computer Abuse; PRIT
   CHARD, John Arthur Thomas: Computer Security, pp. 1-51.

<u>(2) Einzelschadenanalyse:</u>

Die Einzelschadenanalyse bezweckt die genaue Erfassung eines Risikoereignisses, seiner Ursachen und Wirkungen. Die gewonnenen Erkenntnisse
lassen sich auf gleiche oder ähnliche Sachverhalte übertragen. Bei der
Anwendung der Einzelschadenanalyse steht die genaue Abklärung des Hergangs des Risikoeintritts im Vordergrund. Daran schließt sich die Ursachenanalyse an, wobei alle möglichen technischen, organisatorischen und
personellen Gefahrenquellen in Betracht gezogen werden (siehe Abb. 11).
Die abschließende Analyse der Risikowirkungen ermöglicht die Erfassung
der Ursache-Wirkungskette, die Grundlage der notwendigen risikomindernden Maßnahmen ist. Der Vorteil dieser Methode liegt in ihrer Einfachheit, der Nachteil in ihrem punktuellen Charakter, da von der Gesamtheit der Risiken nur diejenigen betrachtet werden, die eingetreten
sind.

Die induktiven Ansätze weisen jedoch zwei gewichtige Nachteile auf:
Einmal ist die Risikohandhabung aufgrund der empirischen Methoden erst
im Nachhinein möglich und zum anderen kann die Nichtberücksichtigung
der konkreten Gegebenheiten der Unternehmung dazu führen, daß ein völlig falsches Bild der Risikosituation entsteht. Letzlich kann das Ziel
einer Risikoanalyse, durch Sicherungsmaßnahmen auf der Basis bestimmter
Eintrittswahrscheinlichkeiten   möglichen   Risiken   entgegenzuwirken,
selbst unter Berücksichtigung der konkreten organisatorischen Gegebenheiten der Unternehmung wegen zu großer Unsicherheitsfaktoren und subjektiven Einflüssen nur schwer erreicht werden. Trotzdem liefert eine
Risikoanalyse wertvolle Anhaltspunkte bei der Auswahl entsprechender
Sicherungsmaßnahmen und bringt etwas Transparenz in die komplexe Sicherheitsproblematik.

III. <u>Analyse der Schwachstellen</u>

Die Schwachstellenanalyse befaßt sich mit der gezielten und konsequenten Analyse und Beschreibung aller Mängel und Fehler innerhalb des integrierten Bks, die Ziele möglicher Gefahren sein können. Sie macht
Aussagen über spezielle integrierte Bks, ohne zunächst einen bestimmten
Einsatz - und damit auch bestimmte Sicherheitsanforderungen - zu berücksichtigen. Dieser Teil der Schwachstellenanalyse muß allerdings von
einer anwendungsspezifischen Zusatzanalyse vervollständigt werden, da

wesentliche Schwachstellen erst bei der Implementierung eines integrierten Bks in einer bestimmten Unternehmung auftreten. Im folgenden
wird eine allgemeine Schwachstellenanalyse durchgeführt, wobei verein-
zelt auf spezielle integrierte Bks eingegangen wird. Für die Durchführung erscheint es zunächst erforderlich, einzelne Sicherungsbereiche
abzugrenzen (z.B. nach funktionalen Kriterien oder nach Eingabe-, Ver-
arbeitungs- (Speichern, Übermitteln, Verändern, Löschen) und Ausgabebe-
reich). Ein Verfahren zur Schwachstellenanalyse beschreibt WONG[1],
der zwölf Bereiche (vulnerable areas) innerhalb der Unternehmung identifiziert:

1) Nature of business: corporate objectives
2) Economic environment
3) Physical environment
4) Supply of essential services
5) Company structure
6) Management structure
7) Structure of data processing functions
8) Information flow inside data processing department
9) Information flow between data processing and user
    department
10) Assets: Supply, replacement and management
11) In-house computer services
12) Outside services

Für jeden Bereich gibt er eine Tabelle der Gefahren und Mittel zu ihrer
Identifizierung sowie eine Liste möglicher Maßnahmen an. Innerhalb der
folgenden Analyse erfolgt eine Unterteilung in einen organisatorischen,
personellen und technischen Schwachstellenbereich.

a) Konzeptionelle und organisatorische Schwachstellen

Sicherheitssysteme bzw. Sicherungsmaßnahmen bilden das Ergebnis gesetzlicher Auflagen (z.B. des BDSG) und betrieblicher Sicherheitsinteres-
sen. Obwohl allgemein die Notwendigkeit von Sicherungsmaßnahmen in den
Unternehmungen erkannt wird, ist das Sicherheitsdenken und -bewußtsein
noch weitgehend unterentwickelt. Hieraus resultierend fehlen Schutz-
und Sicherungssysteme bzw. -konzepte für die Informationsverarbeitung[2]. Diese Schwachstelle **konzeptioneller** Art wird oft-
mals noch dadurch vergrößert, daß von der Unternehmungsleitung keine

---

1) Vgl. WONG, Ken: Risk analysis, pp. 5-42.
2) Vgl. MARTIN, James: Securtiy, Accuracy, and Privacy, p. 19; KRAUSS,
   Leonard I.; MAC GAHAN, Aileen: Computer Fraud, p. 35; WOOLDRIDGE,
   Susan; CORDER, Colin R.; JOHNSON, Claude R.: Security Standards,
   p. 3/4.

Orientierungshilfen über das anzustrebende Verhältnis organisatorischer, systemtechnischer, personeller und versicherungstechnischer Maßnahmen zur Informationssicherung und über die Schutzbedürftigkeit der Informationen vorliegen.

Existiert allerdings in der Unternehmung ein Sicherheitssystem, so führen mangelnde Leistungsfähigkeit und unzureichende Praktikabilität des Sicherheitssystems dazu, daß sich Schwachstellen eröffnen. Dies kommt vor allem dann vor, wenn im Sicherheitssystem auf wenige Sicherungsmaßnahmen besonderer Wert gelegt wird, während andere völlig vernachlässigt werden. Dies führt zu Kriterien, die eine geschlossene und entwicklungsfähige Sicherheitskonzeption zu beachten hat[1]. Sie sollte

o   auf die Gegebenheiten der Unternehmung (Größe, Branche, Anwendung) und ihre Sicherheitsbedürfnisse zugeschnitten sein (Dimensionierung),

o   sich den Änderungen der Tatbestände und Sicherungsbedürfnisse der Unternehmung anpassen (Flexibilität),

o   möglichst alle Risiken abdecken und keine Sicherheitslücken offenlassen (Geschlossenheit) und

o   nachprüfbar (Transparenz) sein.

Fehlende Kontrolle der Sicherheitsaspekte, sowie unterlassene Weiterentwicklung und Anpassung der Maßnahmen oder fehlende Katastrophenpläne können zu weitreichenden Folgen führen. Weiterhin erlauben unzureichende Dokumentation und Protokollierung, daß Angriffe auf das System und Manipulationen der Informationsbestände unentdeckt bleiben. Gerade bei der Komplexität der integrierten Bks bildet die Kontrollierbarkeit einen besonders wichtigen Punkt. Sind bspw. die Vermittlungseinrichtungen im Bks programmgesteuert, lassen sich die möglichen und denkbaren Verbindungen zwischen den einzelnen Ressourcen nur schwer nachvollziehen. Nur eine überschaubare Dokumentation der Informationsbestände, die Offenlegung der tatsächlichen und potentiellen Informationsflüsse, Beschreibung der Vernetzung der Systemkomponenten etc. verbessern die Transparenz des Systems und verhindern Schwachstellen.

Neben den konzeptionellen Schwachstellen bestehen Schwachstellen **organisatorischer** Art. Allerdings sind die Auswirkungen der integrierten Bks auf die Unternehmung und insbesondere auf die Aufbau- und Ablauforganisation aufgrund nur weniger Anwendungen in der Bundes-

---

1) Vgl. FUTH, Horst: Organisation, S. 6.

republik Deutschland noch nicht untersucht worden[1]. Es wird zwar deutlich, daß die Rationalisierungsprozesse im Büro- und Verwaltungsbereich i.d.R. nicht nur mit Ausstattungsentscheidungen, sondern auch mit Änderungen der Organisationsstruktur verbunden sind; wie diese konkret aussehen, läßt sich aufgrund der jeweiligen Eigenarten der Unternehmungen noch nicht sagen. Die Aufbauorganisation einer Unternehmung wird sicherlich nicht grundsätzlich verändert, obwohl einzelne Abteilungen hinzukommen oder neu gebildet werden. Die zunehmende Verbreiterung der materiellen Kontrollspanne, d.h. die Vergrößerung des Zuständigkeits- und Verantwortungsbereiches des Vorgesetzten, hervorgerufen durch die immer größer werdende Funktionsbündelung auf der ausführenden Ebene und deren wachsendes Aufgabenspektrum, und die Komprimierung der personellen Kontrollspanne können zu Schwachstellen in integrierten Bks führen, die heute noch nicht abzusehen sind[2].

Eine weitere organisatorische Schwachstelle stellt die mit wachsender Verteilung zunehmend wichtiger werdende Koordination in integrierten Bks dar. Die Bewältigung dieses Problems wird - vor allem vor dem Hintergrund der Dezentralisierungstendenzen auf der technischen Ebene - i.d.R. völlig unterschätzt. Organisatorisch sind die Zuständigkeiten in den Unternehmungen noch immer gegliedert nach den Einzeltechniken in den verschiedenen Organisationseinheiten, z.B. Organisation, Datenverarbeitung, Textverarbeitung, Kommunikations- oder Nachrichtentechnik, Personal, Hausverwaltungen und Sonstiges[3] (siehe Abb. 13). Als weitere Konsequenz aus diesen verteilten Zuständigkeiten ergibt sich, daß zusammenfassende Übersichten über alle eingesetzten technischen Mittel und alle benutzten Dienste fehlen.

Daneben liegt eine weitere Schwachstelle in der mangelnden Kompetenzverteilung und -zuordnung im Bereich Informationsschutz und -sicherung. "Wer für die Sicherung der Informationen zuständig ist (oder besser für

---

1) Solche integrierte Bks auf der Basis lokaler Netzwerke sind in Westeuropa nur wenig verbreitet (siehe Abb. 12). Vgl. SCHELLHAAS, Holger; SCHÖNECKER, Horst: Kommunikationstechnik, S. 37. Ein erstes Pilotprojekt mit einem Basisbandbussystem ist bei der Lufthansa abgelaufen. Die Begleituntersuchungen führte das BIFOA durch. Vgl. dazu O.V.: Lufthansa als Pionier; O.V.: Schwachstellen.
2) Vgl. GHISLETTI, Aldo: Büroautomation (Teil 2), S. 24; SZYPERSKI, Norbert: Auswirkungen, S. 23.
3) Vgl. SCHELLHAAS, Holger; SCHÖNECKER, Horst: Kommunikationstechnik, S. 93; SAUER, Dieter F.: Ist Platz, S. 11.

den Informationsverlust), klärt sich oft erst dann, wenn ein krasser Fall meist fahrlässiger oder deliktischer Art bekannt wird."[1]

Als letzte organisatorische Schwachstelle sei auf die unzureichende organisatorische Implementierung von integrierten Bks hingewiesen. Ein wichtiger Grund hierfür liegt in den zur Zeit noch fehlenden praxisnahen Orientierungshilfen und Konzepten[2] und Strategien für die Bürokommunikation. Darüber hinaus gibt es noch eine Reihe von organisatorischen Einzelproblemen, die regelungsbedürftig sind, wie die mangelnde zeitliche Abstimmung der Teilnehmer am lokalen Netzwerk, die Prioritätenvergabe, die Frage der Zugangsberechtigung, die Benutzererkennung, die Berechnung der Kosten, die Fehlerbehandlung sowie die jeweiligen Ansprechpartner[3].

b) **Personelle Schwachstellen**

Subjektbezogene Gefährdungen für integrierte Bks beruhen zum größten Teil auf fahrlässigen oder grob fahrlässigen Handlungen bzw. Unterlassungen der Benutzer sowie auf deliktischen Handlungen unternehmungsinterner wie auch -externer Personen. Schwachstellen in diesem Bereich ergeben sich einmal durch eine Erhöhung des Anforderungsniveaus der Mitarbeiter, die nicht nur durch die vermehrte Bündelung von Funktionen am Arbeitsplatz, sondern auch durch eine damit verbundene Ausweitung des Aufgabenbereiches hervorgerufen wird. Eng damit zusammen hängt das Problem des mangelnden Wissenstandes der Benutzer von Bks hinsichtlich der Leistungsmerkmale (z.B. Software-Eigenschaften) wie auch der Schutz- und Sicherungsanforderungen und -vorkehrungen.

Daneben eröffnen fehlende Abgrenzungen im Büro - aufbau- und ablauforganisatorischer Art - weitere Schwachstellen. So kann z.B. ein Systementwickler beim Aufbau des integrierten Bks Manipulationsmöglichkeiten einbauen, die ihn später als Systembenutzer in die Lage versetzen, sich Vorteile zu verschaffen, wenn er mehrere verschiedene Funktionen in seiner Person vereinigt. Weitere Schwachstellen ergeben sich aus fehlender Akzeptanz integrierter Bks.

---

1) HAUTER, Adolf: Sicherung der Informationen, S. 262.
2) Vgl. GHISLETTI, Aldo: Büroautomation (Teil 1), S. 24; BERNAU, Gerhard: Organisatorische und technische Probleme, S. 8; O.V.: Der Anwender, S. 5.
3) Vgl. SCHMITZ, Paul: Kommunikationssysteme, S. 8.

c) <u>Technische Schwachstellen</u>

Bevor die Schwachstellen beim Einsatz von integrierten Bks auf technischer Ebene, d.h. im Bereich der lokalen Netzwerke betrachtet werden,
sind einige Aspekte anzusprechen, die mehr übergreifenden Charakter besitzen.

Die Fülle und Vielfalt der auf dem Markt angebotenen Geräte und Systeme
und eine hohe Innovationsrate bei den jeweiligen Konzepten erschweren
dem Anwender die Auswahlentscheidung. "In der momentanen Situation ist
es für den Anwender außerordentlich schwierig, 'hersteller'gerechte von
bedarfsgerechten technischen Lösungen zu unterscheiden."[1] Der Mangel
an Markttransparenz und fehlende Vergleichskriterien können zu Fehlent-
scheidungen, d.h. zu unkompatiblen und nicht austauschbaren Systemen,
führen.

Ähnlich verhält es sich mit der Auswahl von Software auf dem Netzwerk-
sektor[2]. Den größten Komplex bildet hier die System- und die Anwen-
dungs- sowie die Schnittstellensoftware. Die Systemsoftware (Betriebs-
programme, Betriebssysteme) umfaßt alle vom Hersteller bzw. von einem
Softwarehaus für die Steuerung des betreffenden Systems zur Verfügung
gestellten Programme. Die Anwendungssoftware beschreibt denjenigen Teil
der Software, der unmittelbar der Lösung betrieblicher Aufgaben dient.
Neben steigenden Kosten für Entwicklung und Wartung der Software, mangelnder Akzeptanz von Standard-Softwarelösungen und unzureichender An-
wendernähe bei sog. Branchen-Software liegt ein wesentlicher Faktor für
den Software-Engpaß in der fehlenden Kommunikations-Software, mit der
erst einmal eine integrierte Technik und vernetzte Anwendungskonzepte
realisiert werden kann. Drei Eigenschaften der Software werden immer
wichtiger: Transparenz, Zuverlässigkeit und Änderungsfähigkeit[3].
Weitere Anforderungen an die in Netzen einzusetzende Software beschreibt KISTNER[4]. Die Portabilität der Programme auf andere Rechner
liegt aufgrund mangelnder Schnittstellenstandards meist nicht vor. Es
ist heute allerdings schon möglich, Anwender-Software so zu entwik-

---

1) SCHELLHAAS, Holger; SCHÖNECKER, Horst: Kommunikationstechnik,
   S. 32.
2) Vgl. KOCH, Andres: Dezentralisierung, S. 39.
3) Vgl. MARX, Günter: Probleme, S. 141.
4) Vgl. KISTNER, Bernd: Software, S. 355/356.

keln, daß sie ohne merklichen Aufwand in neuer Umgebung – meist beim Ersatz von bisherigen Komponenten gegen technologisch fortschrittlichere – wieder zum Einsatz gebracht werden kann[1]. Werden diese Probleme nicht beachtet, entstehen inkompatible Lösungen, die tendenziell mehr Schwachstellen aufweisen als aufeinander abgestimmte und verträgliche Systemkomponenten.

Kompatibilität soll hier "als Verträglichkeit zwischen der Hardware und Software eines Kommunikationsgerätes/systems und der Hard- und Software eines anderen Kommunikationsgerätes/systems"[2] verstanden werden. Vor dem Hintergrund der vielfältigen technischen Lösungen bezieht sich diese Verträglichkeitsanforderung auf die Anschlüsse der Geräte und Systeme verschiedener Hersteller aneinander und an öffentliche Netze. Dabei sind die Schnittstellen am Übergang zwischen den Endgeräten und den Übertragungseinrichtungen ausschlaggebend und zwar nicht nur in Bezug auf ihre rein physische Ausgestaltung, sondern auch auf die benutzten Protokolle[3]. Protokolle fixieren z.B. die Aufbau- und Abbaumodalitäten und die Vereinbarungen für den Datenaustausch und steuern damit den Kommunikationsablauf. Angesichts des aufkommenden Wirrwarrs von unterschiedlichen Protokollen hat die internationale Standardorganisation ISO (International Standards Organization) einen Vorschlag für eine Standarddefinition vorgebracht und das sog. ISO-Modell für offene Systeme in Form eines 7-Schichten-Modells (OSI= Open Systems Interconnection) definiert. Hierbei wird ein hierarchisches Rechnernetzkonzept zugrunde gelegt, das in verschiedene Ebenen aufgeteilt (partitioniert) ist. Auf die Datenübertragung zwischen Systemen angewendet, führten diese Partitionen zur Definition von insgesamt sieben sog. Schichten (Layer). Die Definition jeder dieser Schichten umfaßt Eigenschaften und Verfahren im Verhältnis zu den übergeordneten und untergeordneten Schichten und allgemein für generelle Aspekte der Datenübertragung. Die sog. Schichtenprotokolle dienen zum Austausch von schichtenspezifischen Steuer- und Nutzdaten, während die Dienstprotokolle den Datenaustausch zwischen benachbarten Ebenen regeln (siehe Abb. 14). Die einzelnen

---

1) Vgl. EMMERT, Hans Walter: Kompatible Schnittstellen, S. 223.
2) KARCHER, Harald B.: Büro der Zukunft, S. 243.
3) Protokolle sind Sätze von Regeln zum Austausch von Steuer- und Nutzdaten. Vgl. dazu SCHMITZ, Paul; HASENKAMP, Ulrich: Rechnerverbundsysteme, S. 103.

Schichten[1] bzw. Ebenen übernehmen bestimmte Funktionen. Trotz dieses Vorschlages der ISO hat die relativ junge Technologie der lokalen Netzwerke bereits mannigfaltige Entwicklungsrichtungen der Hersteller hervorgebracht, die einen Überblick erschweren. Die Standardisierungs- bzw. Normungsarbeit, deren Ziel es sein sollte, hier Abhilfe zu schaffen, steckt noch in den Anfängen und wird darüber hinaus dadurch behindert, daß sich heute ein Dutzend Institutionen mit möglichen Standards für lokale Netzwerke befassen wie die ISO, CCITT, IFIP, IEC, CEPT, ECMA, IEEE, ANSI, DIX, NBS, NUA[2]. Sie bringen heterogene Ansätze hervor, die erst im Laufe der Zeit zu einheitlichen Konzepten führen können. Ergebnisse liegen bis jetzt nur in Form von Regelungen bzgl. der Übertragungsmedien und -technologien, jedoch nicht für die anwendungsbezogenen Dienstaspekte vor[3].

Zur weiteren Behandlung der technischen Schwachstellen lassen sich die lokalen Netzwerke in einer kommunikationsorientierten Betrachtungsweise in drei Ebenen – in die benutzernahe Ebene, die Netzwerkebene bzw. Kommunikationsebene und Hintergrund- bzw. Versorgungsebene[4] – unterteilen (siehe Abb. 15).

1) Benutzernahe Ebene

Die benutzernahe Ebene stellt den eigentlichen Büroarbeitsplatz im integrierten Bks dar, an dem die verschiedenartigsten Informationen und

---

1) Zur detaillierten Behandlung des ISO-Schichtenmodells sei auf SCHICKER, P.: Datenübertragung, S. 188ff; KAFKA, Gerhard: Lokale Netzwerke, S. 72f; BAUKNECHT, Kurt; ZEHNDER, Carl August: Grundzüge, S. 274; TRENCSENI, S.: Lokale Rechnernetze, S. 34ff verwiesen.
2) Die Abkürzungen bedeuten: ISO=International Standards Organization, CCITT=Comité Consultatif International Télégraphique et Téléphonique, IFIP=International Federation for Information Processing, IEC=International Electrotechnical Commission, CEPT=Committee of European Post and Telecommunications, ECMA=European Computer Manufacturer's Association, IEEE=Institution of Electrical and Electronic Engineers, ANSI=American National Standards Institute, DIX=Digital Equipment/ Intel/Xerox, NBS=National Bureau of Standards, NUA=Network Users' Association.
3) Vgl. SPIEGEL, Klaus: Standardisierung, S. 16ff.
4) Diese Unterteilung wird so oder ähnlich von zahlreichen Autoren getroffen. Vgl. dazu u.a. DUGGEN, Peter; ISKANDER, Armin; POHL, Wilfried: Information, S. 66; HAMM, M.: Sperrylink Office System, S. 517; DARAZS, Günter: Datensicherungs-Möglichkeiten, S. 202f; HENKEL, Norbert; SCHARFENBERG, Heinz: Integrierte Bürotechnologie, S. 17.

Informationsarten be- und verarbeitet werden. Die Erhöhung der Anzahl der Geräte und Erweiterung der Funktionen und Bedienungsfähigkeit der Terminals macht es notwendig, diesem Bereich unter Sicherheitsaspekten besondere Aufmerksamkeit zu schenken.

Die Möglichkeit, dem Benutzer an seinem Arbeitsplatz einen 'intelligenten' Arbeitsplatzrechner z.B. in Form eines Personalcomputers mit Verbindung zum Netzwerk anzubieten, führt zwangsläufig zu steigenden quantitativen und qualitativen Sicherheitsrisiken[1] und eröffnet neuartige Schwachstellen im Sicherheitsgefüge des integrierten Bks. Bei dieser Organisationsform wird gewährleistet, daß mit dem Arbeitsplatzterminal auf zentrale Datenbestände zugegriffen werden kann, Daten- und Textverarbeitungsfunktionen wahrgenommen werden können, ein Zugangsmedium für interne und externe Übertragungsdienste (Electronic mail, Teletex etc.) besteht und daß es ebenso selbständig und 'stand alone' arbeitsfähig ist. Die Möglichkeit, Informationen in begrenztem Umfang auf peripheren Speichereinheiten (Datenkassetten, Disketten, Fest-, Wechsel- oder Winchesterplatten) abzulegen, bringt außerdem die Schwachstelle mit sich, daß dezentral kleine Datenbestände entstehen, die Teil der zentral verwalteten Dateien sind und nicht mehr den zentral durchgeführten Update-Routinen unterliegen.

Der Personalcomputer am Arbeitsplatz, der über einen eigenen Prozessor, Hauptspeicher, Peripheriespeicher, Programmbibliothek etc. und ggf. eigenen Drucker verfügt und darüber hinaus programmierbar ist, eröffnet dem Fachmann, aber auch dem Laien, Einwirkungsmöglichkeiten auf System- und Anwendungsprogramme, bspw. mit der Möglichkeit der Auswertung unbefugt erlangter Informationen am Arbeitsplatz sowie Abspeicherung auf einem externen Datenträger, und verleitet schnell zum Mißbrauch für nicht betriebliche Anwendungen[2]. Das Problem des 'Rechenzeitdiebstahls' taucht wieder auf, lediglich mit dem Unterschied, daß der Mißbrauch jetzt auch von Nicht-EDV-Personal durchgeführt werden kann und die Anzahl der Mißbräuche mit der Anzahl der eingesetzten Arbeitsstationen steigt[3]. Der Personalcomputer als Zugangsmedium zu externen Diensten birgt die Gefahr, daß bewußt oder unbewußt falsche Nachrich-

---

1) Vgl. ALBERS, Felicitas: Bürocomputer, S. 14.
2) Vgl. O.V.: Neue Gefahren, S. 3.
3) Vgl. HEILIGENSTADT, Rainer: Personal Computer, S. 22.

ten versandt werden, Nachrichten unbefugt mitgehört werden oder verlorengehen[1]. Eine weitere Schwachstelle in diesem Zusammenhang stellt der Mangel an zuverlässigen Methoden zur Erkennung von benutzerbezogenen als auch terminalbezogenen Berechtigungen oder Übereinstimmungen in lokalen Netzwerken dar.

2) **Netzwerkebene**

Die Netzwerk- oder Kommunikationsebene stellt die Gesamtheit aller Transportwege für Informationen dar, die die Verbindungen von Benutzer zu Benutzer und vom Benutzer zu internen und externen Diensten herstellen. Unterscheiden lassen sich die lokale Kommunikation (innerhalb einer Unternehmung) und die öffentliche Kommunikation, d.h. die Kommunikation über öffentliche Netze. Die öffentliche Kommunikation[2] wird im folgenden weniger intensiv behandelt, da diese Informationsübermittlung über öffentliche Einrichtungen erfolgt, die der Verantwortung der Deutschen Bundespost unterliegen. Diese ist weder für den Inhalt der übertragenen Daten verantwortlich, noch nimmt sie diesen in irgendeiner Weise zur Kenntnis. Jedoch treten auch in diesem Bereich Schwachstellen auf, vor allem hinsichtlich der Nichtverfügbarkeit von Leitungen, Leitungsunterbrechungen, sog. 'interrupts', 'linecuts' und 'down'-Zeiten, und Übertragungsfehlern (siehe Abb. 16).

Im Bereich der Netzwerkebene innerhalb der integrierten Bks sind vor allen Dingen Ausfälle, d.h. die Nichtverfügbarkeit von Netzwerkleistungen, und das Abfangen bzw. Abhören von Informationen als Schwachstellen aufzuführen. Da das Netz den zentralen Grundbaustein des integrierten Bks darstellt, sollte es immer zur Verfügung stehen und darf keinesfalls empfindlich auf den Ausfall eines oder mehrerer angeschlossener Endgeräte reagieren, da ein nicht funktionierendes System die gesamte Unternehmung lahmlegen kann.

Das Ausfallverhalten eines lokalen Netzwerkes hängt unmittelbar ab von der räumlichen Anordnung oder Topologie des Netzes[3]. Als Struktur-

---

1) Vgl. HEILIGENSTADT, Rainer: Personal Computer, S. 22.
2) Mit der öffentlichen Kommunikation befassen sich u.a. SCHENK, Udo: Auswahl; SANDEN, Dieter von: Kommunikation; CHAKROVERTTY, Hari S.: Tele-Kommunikation.
3) Vgl. KAFKA, Gerhard: Lokale Netzwerke, S. 73; HÖRING, Klaus: Überblick, S. 10.

formen für verteilte Systeme stehen heute hierarchische und anarchische Strukturen zur Verfügung.

Während bei hierarchischen Strukturen der Informationsfluß zwischen zwei Systemkomponenten über eine privilegierte zentrale Komponente läuft, gibt es bei anarchischen Strukturen keine übergeordnete Komponente. Als Konfigurationen für lokale Netzwerke können grundsätzlich ein Stern (hierarchisch), Ring oder Bus (anarchisch) (siehe Abb. 17) auftreten[1], wobei Ring- und Buskonzepte die Forderungen an lokale Netzwerke am besten erfüllen. Zu diesen Basisstrukturen gibt es noch abgeleitete Strukturen, die durch Zusammensetzung entstehen, hier jedoch nicht betrachtet werden sollen.

(1) Topologie:

Die **Sternstruktur** besitzt eine zentral gelegene Vermittlungseinrichtung bzw. einen Schalter oder Knoten, der aus einer leistungsstarken Duplex-DV-Anlage (Spezial- oder Allzweckcomputer) oder einer Nebenstellenanlage bestehen kann. Jede Arbeitsstation ist mit dieser zentralen Station über eine eigene Leitung verbunden. "Dies wirft – strukturbedingt – Fragen auf hinsichtlich der Ausfallsicherheit und des Durchsatzverhaltens, vor allem in einer Echtzeit-Umgebung bei einer Vielzahl von Vermittlungsvorgängen."[2] Für die Kommunikation zwischen den Teilnehmern werden Punkt-zu-Punkt-Verbindungen geschaltet, die alle übrigen Teilnehmer am Netz von der Kommunikation über die geschaltete Verbindung ausschließen, d.h. diese Teilnehmer können technisch nicht 'mithören'. Hierbei wird das Prinzip der Leitungs- oder Paketvermittlung angewandt. Daneben bedarf es keiner einheitlichen Protokolle im Sternsystem, da durch die zentrale Stelle eine Konvertierung verschiedener Hardware mit unterschiedlichen Anschlußmöglichkeiten und Über-

---

1) Vgl. BOELL, Hans-Peter: Aufgabe und Bedeutung, S. 7; RAGETT, Robert: Linking systems, p. IX; PICKERING, Geoff R.; MORRIS, Hugh A.: LANs, S. 38; SANDSCHEPER, Günter: Lokalnetze, S. 79; GRASMUGG, Bernd: Lokale Netzwerke, S. 38; ZILAHI-SZABÓ, Miklós G.: Verteilte Systeme, S. 5; BERNAU, G.: Entscheidungsgesichtspunkte, S. 9R5; BOELL, Hans-Peter: Möglichkeiten, S. 43; ROMMEL, Hans-Martin: Lokal Area Networks, S. 27f; FRÖHLICH, Herbert: Datenpaketvermittlung, S. 80.
2) STEINLE, Dieter: Lokale Netze, S. 1062.

tragungsraten möglich wird.

Die Sterntopologie ist relativ einfach, sie besitzt allerdings einen kritischen Bestandteil: Fällt der zentrale Vermittler aus, ist keine Informationsübertragung mehr möglich[1]. Der Ausfall einer Leitung betrifft das Gesamtsystem allerdings nicht. Eine erhöhte Ausfallsicherheit ist mit entsprechendem Kostenaufwand zu erreichen. Beispiele für Sternnetze sind das ISX von Datapoint sowie SATURN von Siemens[2], die allerdings nur bei geringen Anforderungen an den Durchsatz einsetzbar sind.

Lokale Netzwerke mit **Ringtopologie** basieren auf einem Ring bzw. einer Schleife. Dabei werden alle Stationen über ein Übertragungsmedium miteinander verknüpft, wobei jede Station mit genau zwei anderen Stationen verbunden ist.

Der Informationsfluß zwischen zwei Komponenten muß also höchstens den halben Ring durchlaufen. Bei Ringsystemen liegt eine dezentrale, in die Teilnehmer verlagerte Vermittlung vor, d.h. die Nachricht wird vom Sender ohne Einschaltung einer Vermittlungsstation an den Empfänger gesendet. Dabei durchlaufen die Nachrichten den Ring in einer vorgegebenen Richtung (unidirektional), wobei die Informationen von einer Richtung her aufgenommen und in die andere Richtung übertragen werden.

Ringnetze arbeiten gewöhnlich mit Paketinformationen, die durch den Kreis laufen. Die angeschlossenen Geräte hören über einen Repeater, der sie mit dem Netz verbindet, jede Nachricht mit und überprüfen jeweils, ob die Nachricht für sie bestimmt ist oder nicht. Das bedeutet, daß die Nachrichten in jedem Gerät regeneriert werden (aktive Elemente). Wird die Ringleitung an einer Stelle durchbrochen oder fällt ein Repeater aus oder treten Störungen im Umlaufsynchronismus auf, so kann dies zum Ausfall des gesamten Systems führen und zwar "wegen der Anwesenheit von

---

1) Vgl. PICKERING, Geoff R.; MORRIS, Hugh A.: LANs, S. 38; BLEAZARD, G.B.: Handbook, p. 212; FRANTA, W.R.: CHLAMTAC, Imrich: Local Networks, p. 12.
2) Vgl. KAFKA, Gerhard: Lokale Netzwerke, S. 77.

aktiven Elementen im Übertragungsmedium"[1]; es sei denn, daß der Ring zwei- oder mehrfach verkabelt ist oder eine der Stationen auf dem Ring ein 'Reconfiguration-Server' ist, der den Kabelbruch feststellen kann und die Informationen über das intakte Kabelstück an den Empfänger schickt. Als Beispiel für ein Ringnetz ist das SILK-Netzwerk der Firma Hasler aufzuführen.

Die **Bustopologie** basiert auf einer linearen Leitung und verwendet ein passives Transportmedium, wobei die Netzwerkkontrolle auf alle Stationen verteilt ist[2]. Es besteht die Möglichkeit, entweder nur in einer Richtung (unidirektional) oder nach allen Seiten (bidirektional) zu senden. Anschlußstellen einzelner Stationen sind sog. Transceiver, die sowohl senden als auch empfangen können, jedoch im Gegensatz zu den Repeatern passive Elemente darstellen. Am Ende des Übertragungsmediums befindet sich ein reflexionsfreier Anschluß, der verhindert, daß Nachrichten im Medium zurücklaufen können. Je nach verwendetem Übertragungsmedium wird ein Übertragungsverfahren benutzt, bei dem alle angeschlossenen Geräte jede Information empfangen, wobei das Zielgerät seine Adresse im Datenpaket jeweils erkennt und entsprechend reagiert.

Das Busnetzwerk besitzt den gleichen Nachteil wie ein Ringnetzwerk: Ein Kabelbruch legt die Übertragung im betroffenen Teil des Netzes lahm. Der Ausfall einer oder mehrerer Stationen allein bewirkt allerdings keinen Netzzusammenbruch[3]. Sollte das Netz oder Teile davon ausfallen, kann der Benutzer mit lokalen Informationsbeständen weiterarbeiten, da jeder Terminal für sich allein uneingeschränkt funktionstüchtig ist. Beispiele für Busnetzwerke sind das ETHERNET 2 von DEC/INTEL/XEROX und das ARCNET von Datapoint[4].

Das wohl wichtigste Element des lokalen Netzes ist das Übertragungs-

---

1) STEMBERGER, K.: Lokles Rechnernetz, S. 169.
2) Vgl. KAFKA, Gerhard: Lokale Netzwerke, S. 74.
3) Vgl. TOST, Ronald: Anwenderanforderungen, S. 129; CZAPUTA, Bruno; FROMM, Ingrid: Local Area Network, S. 39; WENINGER, L.: Produktübersicht, S. 25; FRANTA, W.R.; CHLAMTAC, Imrich: Local Networks, p. 13.
4) Vgl. GRASMUGG, Bernd: Lokale Netzwerke, S. 39.

bzw. Transportmedium. Es stellt vor allem eine Schwachstelle im integrierten Bks dar, weil es überall in der Unternehmung mehr oder weniger
frei verlegt ist. Dies erleichtert die Beschädigung des Mediums sowie
das unbefugte Abhören von Informationen.

(2) Übertragungsmedium

Die Übertragungsmedien für lokale Netzwerke zeichnen sich durch sehr
hohe Übertragungsraten über kurze Entfernungen aus. Sie stellen die
physikalische Verbindung zwischen den verschiedenen Stationen her. Als
Übertragungsmedien für elektrische Signale dienen Kabel und Funkstrek-
ken, die in verschiedenen Varianten vorliegen und sich in ihren Eigenschaften stark unterscheiden (siehe Abb. 18). Alle Übertragungsmedien
weisen in ihren Eigenschaften Begrenzungen auf, deren Ursachen in der
Dämpfung, dem Nebensprechen, der Signalverzerrung oder Reflexionen liegen. Für den Einsatz in lokalen Netzwerken werden heute hauptsächlich
drei verschiedene Medien verwendet[1]:

o Verdrillte Kupferkabel oder twisted pairs
   (Telefonleitungen)

o Koaxialkabel

o Glasfaserkabel (Lichtwellenleiter)

GEE führt als weitere Übertragungsmedien für lokale Netzwerke "flat
ribbon cable, radio and infra-red transmission"[2] an.

Verdrillte Kupferkabel bestehen zumeist aus einem Kabel mit ein
oder zwei Drahtpaaren. Sie können mit Übertragungsraten von 1 bis zu 10
Mbit/s über eine Entfernung von max. 100 m zwei Geräte exklusiv miteinander verbinden. Allerdings zeigen sich Kupferkabel mechanisch nicht
immer beständig genug, weisen schlecht vorhersehbare Impedanzwerte

---

1) Übertragungsraten geben die Geschwindigkeit an, mit der Signale über
   das Medium transportiert werden. Zu unterscheiden ist zwischen maxi-
   maler und realer Geschwindigkeit. Die maximalen Geschwindigkeiten
   werden vom Hersteller als Leistungskriterium angeboten, während die
   im Einsatz vorgefundenen Geschwindigkeiten lastabhängig nur im realen Betrieb gemessen werden können, da sie neben der maximalen Übertragungsrate des Netzes vom verwendeten Zugriffsverfahren (s.u.),
   Paketlänge, Protokollen, Anzahl der Benutzer, Netzlänge etc. abhängen. Vgl. TOST, Ronald: Anwenderanforderungen, S. 130.
2) GEE, K.C.E.: Local Area Networks, p. 60.

auf, neigen dazu, elektrische Felder zu emittieren und aufzunehmen und besitzen Fehlerraten von 10^{-3}.[1] Allgemein ist das verdrillte Kupferkabel gut geeignet für Punkt-zu-Punkt-Verbindungen und wird oft als Broadcast-Medium verwendet. Ein normales Kupferkabel ist nicht geschützt und strahlt deshalb bei der Informationsübertragung ab. Dies erleichtert einem Unbefugten das Medium abzuhören; er kann dabei ohne Angst vor Entdeckung durch Terminals am Kabel arbeiten, da die Übertragungscharakteristiken unverändert bleiben. Häufig wird jedoch auf diese Kabelart zurückgegriffen, da diese Leitungen in den meisten Büros schon verlegt sind, sodaß die Verwendung anderer Kabelarten zusätzliche Investitionen hervorrufen würde.

Sehr häufig arbeiten lokale Netzwerke auf der Basis von **Koaxialkabeln.** Sie bestehen aus einem zentralen Leiter, der von einer konzentrischen Schicht aus dielektrischem Material und einem Metallmantel, bestehend aus festem oder maschigem Draht, umgeben ist. Das Ganze wird gegenüber der Außenwelt durch eine Isolierschicht geschützt[2]. Für unterschiedliche Übertragungstechniken (s.u.) werden verschiedene Kabeltypen verwendet (siehe Abb. 19). Koaxialkabel besitzen nicht die Nachteile von verdrallten Kupferkabeln und erlauben auch über größere Entfernungen wesentlich höhere Übertragungsraten (1 bis 10 Mbit/s, aber auch Werte bis zu einigen 100 Mbit/s sind möglich). Die Charakteristiken des Koaxialkabels ermöglichen es, daß Hochfrequenzsignale übertragen werden können, während dabei die Abstrahlung vom Kabel und die Störung gering sind. Die Fehlerrate liegt zwischen ein Bit pro 10^7 bis 10^{11} Bits[3] und auch die Impedanz ist hervorragend[4].

Während die beiden ersten Kabelarten schon seit längerer Zeit im Einsatz sind, ist das **Glasfaserkabel** erst in letzter Zeit aktuell geworden. Lichtwellenleiter oder Glasfaserkabel unterscheiden sich von den anderen Kabeltypen dadurch, daß sie Lichtimpulse (in einer Wellenlänge von 850 nm bis 1300 nm) übertragen. Das Kabel besteht aus einer oder mehreren Fasern, die sich jeweils aus einem Kern (aufgebaut aus einer Glassorte mit hohem Brechungsindex), der von einem Glas mit

---

1) Vgl. TRENCSENI, S.: Lokale Rechnernetze, S. 15; ROMMEL, Hans-Martin: Local Area Networks, S. 29.
2) Vgl. GEE, K.C.E.: Local Area Networks, p. 68; BREPOHL, Klaus: Lexikon, S. 89.
3) Vgl. FRANTA, W.R.; CHLAMTAC, Imrich: Local Networks, p. 22.
4) Vgl. ROMMEL, Hans-Martin: Local Area Networks, S. 29.

niedrigerem Brechungsindex umgeben ist, zusammensetzen. Die äußere Substanz fängt den Strahlungsverlust durch das Kabel auf und leitet die Lichtimpulse mittels Reflexion weiter. Ein großer Vorteil des Glasfaserkabels[1] gegenüber den elektrischen Leitern besteht in der Unanfälligkeit gegenüber Umwelteinflüssen[2], d.h. Unempfindlichkeit gegenüber elektromagnetischen und elektrostatischen Störstrahlungen. Außerdem können Glasfaserkabel nicht unbemerkt 'angezapft' werden, da die beim Anzapfen an beliebiger Stelle entnommene Energie dann empfangsseitig fehlt. Lichtwellenleitersysteme besitzen eine Bitfehlerhäufigkeit, die 10000 mal besser ist, als die entsprechender Kupferleitungen[3]. Allerdings besitzen Lichtleiter auch Nachteile: Die Stärke des Lichtimpulses wird abgeschwächt (Faserdämpfung), die rechteckigen Lichtimpulse verbreitern sich in der Faser und werden abgerundet (Dispersion)[4]. Die Faserdämpfung bzw. Signalabschwächung tritt also infolge von Absorption und Streuung des Lichtes in der Faser auf und hängt stark von der Wellenlänge, vom Material und Länge der Faser ab. Die heutigen Fasern besitzen eine sehr geringe Dämpfung, was jedoch die Lichtwellenleiter durch die Entwicklungskosten sehr teuer macht. Die Probleme werden durch Regeneratoren behoben, die von Zeit zu Zeit im Kabel eingefügt sind und die Signale wieder in ihre Urzustände zurückformen. Die Auswirkung der Dispersion ist umso günstiger, je schmaler die Lichtimpulse sind bzw. je schneller sie aufeinander folgen.

Multi-way-cable wie round-multi-core oder flat ribbon cable besitzen die gleichen Charakteristika wie verdrillte Kupferkabel (hohe Signalabweichung, Empfindlichkeit gegenüber elektronischen Störungen). Die Radio- oder Funkübertragung galt als eine der ersten Techniken, die im Zusammenhang mit LANs eingesetzt wurde (das erste System, welches als lokales Netzwerk konzipiert wurde, war das ALOHA-Netzwerk auf Hawaii). Probleme bei lokalen Netzwerken, die auf Funkbasis operieren, ergeben sich hinsichtlich der relativ einfach abzuhörenden und zu störenden Übertragung. Die Infrarotübertragung läßt sich hauptsächlich in

---

1) Weitere technische Details beschreibt BREPOHL, Klaus: Lexikon, S. 91/92; TRENCSENI, S.: Lokale Rechnernetze, S. 15.
2) Vgl. BOELL, Hans-Peter: Aufgabe und Bedeutung, S. 7; STEINLE, Dieter: Lokale Netze, S. 1061; ANDERS, Wolfgang: Kommunikationstechnik, S. 53.
3) Vgl. PYBUS, Richard: Glasfasernetze, S. 76.
4) Vgl. NAAB, A.: Was ist, S. 222.

Großraumbüros einsetzen, wobei ein Transmitter/Receiver-Gerät an der Decke angebracht werden muß und alle weiteren Geräte des Netzwerkes in "Sichtkontakt" mit diesem aufgestellt werden müssen[1]. Dieses Gerät stellt neben der Abhörmöglichkeit den wunden Punkt des Systems dar. Trotzdem besitzt dieses System auch seine Vorteile: "It isn't affected by the kind of temperature or electrical interference what bedevils some other techniques, for instance - and, because it does not have to provide expensive shielding and protection for the cables, it appears to be a very cheap method as well."[2]

Weitere Merkmale lokaler Netze sind die Übertragungstechniken.

<u>(3) Übertragungstechniken:</u>

Zur Übertragung stehen zwei Übertragungstechniken zur Verfügung[3]:

o Basisband- und
o Breitbandtechnik

Bei der **Basisbandübertragung** verfügt das lokale Netzwerk über einen einzigen logischen Kanal, wobei die gesamte Kapazität des Übertragungsmediums für eine Sendung zur Verfügung steht. Das heißt, es kann immer nur ein Signal unmoduliert zu einem Zeitpunkt übertragen werden, dieses aber mit der gesamten Bandbreite des Mediums. Innerhalb der Basisbandübertragung hat sich das Manchester encoding als Übertragungstechnik allgemein durchgesetzt hat[4]. Ein Problem bei der Basisbandtechnik besteht darin, daß das übertragene Signal unter einen bestimmten Pegel abgeschwächt werden kann, sodaß es schwierig wird, Störgeräusche von Übertragungssignalen zu unterscheiden[5]. Ebenso verursachen Kurzschlußfehler schädliche Reflexionen. Daneben werden auch Einschränkungen in der Kommunikation, wie z.B. die Auswahl einer Teilmenge der am lokalen Netz zugelassenen Geräte, von dieser Technik nicht

---

1) Vgl. GEE, K.C.E.: Local Area Networks, p. 75.
2) JARRETT, Dennis: The electronic office, p. 59.
3) Vgl. PICKERING, Geoff R.; MORRIS, Hugh A.: LANs, S. 39; HOLLER, Eberhard: Technologien, S. 10; KLAPPERT, Friedrich W.: Lokales Kommunikationsnetz, S. 326.
4) Vgl. GEE, K.C.E.: Local Area Networks, p. 83. Dort befindet sich ebenfalls eine Beschreibung des Manchester Encoding.
5) Vgl. GEE, K.C.E.: Local Area Networks, p. 85.

unterstützt und müssen selbst implementiert werden[1].

Beim **Breitbandverfahren** wird die ganze Bandbreite[2] des Übertragungsmediums über Multiplexverfahren in mehrere Kanalbereiche für verschiedene Informationsübertragungen unterschiedlicher Leistungskapazität aufgeteilt, die simultan bedient werden können. Die Signale werden in jedem Bereich auf eine Trägerfrequenz moduliert, d.h. zu einer Grundschwingung (Träger) wird die zu übertragende Information aufgepackt. Bei der Übertragung dient als Träger eine hochfrequente Sinusschwingung, wobei zu Codierung drei Modulationsverfahren zur Verfügung stehen: Amplituden-, Frequenz- und Phasenmodulation[3]. Im Gegensatz zur Basisbandübertragung müssen beim Breitbandverfahren Signalverstärker an geeigneten Stellen des Mediums eingesetzt werden, was dazu führt, daß Signale das Übertragungsmedium nur in einer Richtung durchlaufen können. Um eine Kommunikation zwischen allen angeschlossenen Teilnehmern zu ermöglichen, sind zwei getrennte Übertragungsmedien (jeweils eins für die beiden Richtungen) oder sog. bidirektionale Verstärker einzusetzen (siehe Abb. 20) oder das untere Frequenzband als Sendemedium und das obere als Empfangsmedium zu verwenden; bei der Übertragung werden Sendeinformationen auf das untere Frequenzband gegeben, am Kopfende (Head-End) des Mediums auf das obere umgesetzt und an den Adressaten geleitet[4]. Ein zentrales Element und damit eine Schwachstelle stellt diejenige Einheit dar, die die erforderliche Frequenzumsetzung vornimmt (CRF=Central Retransmission Facility). Ein Beispiel für ein Netzwerk mit Breitbandübertragung stellt das von Wang vertriebene WANGNET dar.

In allen Netzwerken müssen sich die Endgeräte, die Informationen austauschen wollen, im 'Wettstreit' um den Zugriff auf das Übertragungsmedium bewerben. Daher besitzt jedes lokale Netzwerk einen Steuerungsmechanismus, der dieses Zugriffskonfliktproblem zu lösen versucht. Die-

---

1) Vgl. PICKERING, Geoff R.; MORRIS, Morris A.: LANs, S. 40.
2) Unter dem Begriff 'Bandbreite' wird der Frequenzbereich verstanden, den ein Kanal (Leitung) übertragen kann. Vgl. KERNER, H.; BRUCKNER, G.: Rechnernetze, S. 17.
3) Vgl. BLEAZARD, B.C.: Handbook, p. 101; KAFKA, Gerhard: Modems, S. 53.
4) Vgl. SPANIOL, Otto: Lokale Netze, S. 5; DEWIS, I.G.; EVANS, A.C.: User View, p. 22; TRENCSENI. S.: Lokale Rechnernetze, S. 22.

ser Mechanismus wird Zugriffsverfahren oder Zuteilungsmechanismus genannt. Neben den Zugriffsverfahren liegen den lokalen Netzwerken unterschiedliche Vermittlungstechniken zugrunde, die die Verbindungen zwischen den Stationen herstellen.

(4) Vermittlungstechniken und Zugriffsverfahren:

"Die temporäre Zuordnung kommunizierender Stationen nennt man Schalten oder Vermitteln".[1] Hierbei werden speichernde Netze und Leitungsvermittlungsnetze unterschieden. Die jeweils zugrunde gelegten Vermittlungstechniken üben einen Einfluß auf die benötigten Zugriffsverfahren aus. Die Zugriffsverfahren teilt BOELL[2] in kollisionsfreie und kollisionsbehaftete Mechanismen[3] ein (siehe Abb. 21). Beim kollisionsfreien Zugriff existiert ein deterministisches Verfahren mit zentraler oder verteilter Kontrolle für den Zugriff auf das Übertragungsmedium, während beim kollisionsbehafteten Zugriff kein Kontrollverfahren vorliegt und die sendewilligen Teilnehmer spontan zugreifen können. Das verwendete Zugriffsverfahren hängt zum Teil auch von der verwandten Topologie ab.

Als **kollisionsfreie** Verfahren bei Punkt-zu-Punkt-Verbindungen lassen sich Multiplexverfahren oder Festverbindungen einsetzen. Der Einsatz vom Multiplexverfahren[4] stellt zwischen den Teilnehmern eine exklusiv benutzbare Verbindung bereit, auf der sie ohne weitere Abstimmung mit anderen Teilnehmern ihre Kommunikation abwickeln können. Bei den kollisionsfreien Zugriffsverfahren bei Mehrpunktverbindungen lassen sich das Polling-, Token-, verschiedene Slot- und das Register-insertion-Verfahren unterscheiden. Polling- und Tokenverfahren weisen den Teilnehmern das Übertragungsmedium zentral oder dezentral zu.

Beim zentralen **Polling** sendet der Zentralschalter bzw. die

---

1) TRENCSENI, S.: Lokale Rechnernetze, S. 23.
2) Vgl. BOELL, Hans-Peter: Möglichkeiten, S. 44; ebenso SCHINDLER, Sigram: Neue Kommunikationssysteme, S. 7.
3) Eine andere Gruppierung nimmt S. TRENCSENI vor, der Auswahltechniken (konfliktfrei), Reservierungsmethoden (konfliktfrei) und Random-Access-Methoden (kollisionsbehaftet) und Mischformen unterscheidet. Vgl. TRENCSENI, S.: Lokale Rechnernetze, S. 26ff.
4) Zu den Multiplexverfahren vgl. GEE, K.C.E.: Local Area Networks, pp. 94-96; BAUKNECHT, Kurt; ZEHNDER Carl August: Grundzüge, S. 263 und ausführlicher KAFKA, Gerhard: Mulitplexer, S. 59f.

Bussteuerung nacheinander jeder Station eine Nachricht zu, die jede Station auffordert, mitzuteilen, ob sie senden möchte. Ist dies der Fall, so kann die sendewillige Station auf die Leitung zugreifen. Sobald die Übertragung beendet ist, wird das in der Reihe nächste Gerät abgefragt usw.. Beim dezentralen Polling (sog. Roll-Call-Polling) gibt die Station, die gerade die Kontrolle über das Medium besitzt, nach der Übertragung die Sendeberechtigung an jede andere sendewillige Station weiter.

Beim **Token-Verfahren** (auch bezeichnet als Control-Token-Verfahren oder Token passing) läuft eine spezielle Kontrollinformation in Form eines eindeutig definierten Bitmusters (Token) von Gerät zu Gerät[1]. Das 'Token' kann zwei Zustände annehmen - frei (free token) oder belegt (busy token). Hat eine Station eine Nachricht auszusenden, so muß sie auf ein freies 'Token' warten und es vom Übertragungsmedium aufnehmen. Danach ersetzt diese Station das 'Token' durch das zu übertragende Datenpaket beliebiger Länge. Nach erfolgreicher Übertragung wird das 'Token' wieder gesendet. Probleme ergeben sich im Störungsfall, wenn das 'Token' verfälscht wird; diese können durch besondere Vorkehrungen vermieden werden (z.B. eine der angeschlossenen Stationen fungiert als sog. 'Loop-Supervisor', der solche Fehler erkennt und behebt). Als Anwendungen, die auf dem Token-Verfahren basieren, sind das DOMAIN-System und das PRIMENET zu nennen.

Beim **Slot-Verfahren** sendet eine zentrale Kontrollinstanz im Ring Pakete (Empty-packet-Verfahren) oder Zeitmultiplex-Rahmen (Zeitschlitzverfahren). Das erste Verfahren zeichnet sich dadurch aus, daß ständig Datenpakete um den Ring gesendet werden. Alle Datenpakete besitzen die gleiche Länge; sie können voll oder leer sein; ein Bitzeiger markiert ihren jeweiligen Zustand[2]. Der Vorteil gegenüber dem Token-Verfahren besteht darin, daß mehrere Stationen gleichzeitig senden können, da mehrere Pakete über den Ring laufen. Nachteilig wirkt sich aus, daß fehlerhafte Nachrichten, die keine Zielstation finden, den Ring blockieren und bei hoher Auslastung des Rings (40% der

---

1) Vgl. BOELL, Hans-Peter: Aufgabe und Bedeutung, S. 8.
2) Vgl. PICKERING, Geoff R.; MORRIS, Hugh A.: LANs, S. 43.

umlaufenden Pakete sind voll) eine erhebliche Verlangsamung der Übertragung eintritt[1]. Nach diesem Prinzip arbeitet der Cambridge Ring
sowie die Marktprodukte POLYNET und PLANET. Die Erzielung einer garan-
tierten Durchsatzrate zwischen zwei Geräten gewährleistet das Zeitschlitzverfahren. Dabei sendet eine Leitstation definierte Zeitmulti-
plexrahmen, wobei jeder Schlitz im Rahmen als voll oder leer gekennzeichnet ist. Ein Station kann die zur Übertragung vorliegende Nachricht nur in einem leeren Zeitschlitz absenden.

Eine weitere Möglichkeit, den Zugang kollisionsfrei zum Ring zu regeln,
bietet das **Register- oder Buffer-insertion-Verfahren**[2]. Jede am Netz angeschlossene Station benötigt im Repeater (Ring-Inter-
face) zwei verschiedene Speicher (buffer), einen Ausgangs- und einen
Verzögerungsspeicher (Sende- und Empfangsspeicher). Hat eine Station
eine Nachricht zu senden, so wird diese an das Ende einer vorhergegan-
genen Nachricht angehängt. In der Zwischenzeit ankommende Nachrichten
werden gespeichert und nach Sendung des Pakets in den Ring gegeben oder
in den Prozessor übernommen. Allerdings erweist sich bei diesem Verfahren der Fehlerfall eines Gerätes als problematisch, da durch die Spei-
chertechnik der Ring kurzfristig 'aufgebrochen' wird. Nach diesem Prinzip arbeitet das Ringsystem SILK.

Kollisionsbehaftete Verfahren, die vor allem bei Bussystemen Anwendung finden, zeichnen sich dadurch aus, daß sie den Zugang einer
Station zum Netz nicht reglementieren[3]. Dabei müssen allerdings
entsprechende Vorkehrungen zur Vermeidung von Nachrichtenkollisionen
getroffen werden[4]. Beim **CSMA/CD-Verfahren**[5] (CD steht
für _Collision _Detection), was etwa mit 'Mehrfachzugriff mit Übertra-
gungsabhörung und Konflikterkennung' zu übersetzen wäre, hört jede Sta-

---

1) Vgl. PICKERING, Geoff R.; MORRIS, Hugh A.: LANs, S. 43.
2) Vgl. STEMBERGER, K.: Lokales Rechnernetz, S. 169.
3) Vgl. TOST, Ronald: Anwenderanforderungen, S. 130.
4) Vgl. KAFKA, Gerhard: Lokale Netzwerke, S. 75.
5) CSMA = _Carrier _Sense _Multiple _Access-Verfahren. "By carrier sense is
   meant that before accessing the transmission medium to send a messa-
   ge, each device first listens to it to establish if there is a carrier signal present indicating that someone else is already using
   the network. Multiple Access is used to indicate that a number of
   users all share the same transmission ressource." GEE, K.C.E.: Local
   Area Networks, p. 108.

tion das Übertragungsmedium ab und zwar vor der angestrebten Übertragung (listen before talking). Ist die Leitung besetzt, wartet die Station bis die Übertragung zu Ende ist; ist die Leitung frei, beginnt sie
gleich mit dem Senden. Während des Sendens hört die Station ebenfalls
auf dem Übertragungsmedium die Übertragung mit (listen while talking).
Bedingt durch die endliche Ausbreitungsgeschwindigkeit des Signals auf
dem Busnetz, ist es möglich, daß eine weitere Station, die ebenfalls
kein Signal festgestellt hatte, auch mit einer Sendung begonnen hat. In
diesem Fall stellen beide Sender etwas später eine Interferenz ihres
Signals mit einem anderen fest. Danach brechen die sendenden Stationen
ihren Sendevorgang ab. Nach dem Sendeabbruch wiederholen beide Stationen ihren zunächst vergeblichen Versuch, wobei der Zeitpunkt der Sende-
wiederholung unterschiedlich durch einen aktiven Zufallsgenerator festgelegt wird. Die Nachteile des CSMA/CD-Verfahrens bestehen darin, daß
jeweils nur eine Nachricht auf dem Bus transportiert werden kann und
bei hoher Belastung des Mediums der Wirkungsgrad des Gesamtsystems
durch häufige Kollisionen verschlechtert wird[1], was u.a. auch zu
Fehlern beim dauernden Kopieren der Informationen führen kann.

Eine weitere Schwachstelle in der Netzwerkebene liegt in der teilweise
problemlosen Erweiterbarkeit von lokalen Netzwerken durch das Ankoppeln
von neuen Geräten. Bei Bussystemen können zusätzliche Stationen ohne
Betriebsunterbrechung angeschlossen werden[2]. Das Ankoppeln von Geräten erlauben passive Koppler, wobei das Kabel an der Anschlußstelle
nicht aufgeschnitten werden braucht, sondern ein Stift getrieben
von einer Klemmvorrichtung bis in den Kern des Koaxialkabels vordringen
kann. Diese Schwachstelle erhöht sich noch, wenn bereits im Bürogebäude sog. Kommunikationssteckdosen am Übertragungsmedium angebracht
sind. Das Hinzufügen neuer Geräte zu Sternsystemen gestaltet sich etwas
schwieriger, da hierbei jeweils eine neue Leitung zwischen dem Gerät
und der zentralen Vermittlungseinrichtung gelegt werden muß[3]. Bei
Ringsystemen muß das Netz für den Anschluß neuer Teilnehmer außer Betrieb gesetzt werden[4].

---

1) Vgl. KAFKA, Gerhard: Lokale Netzwerke, S. 75.
2) Vgl. CZAPUTA, Bruno; FROMM, Ingrid: Local Area Network, S. 39.
3) Vgl. GEE, K.C.E.: Local Area Networks, p. 76.
4) Vgl. BERNAU, G.: Entscheidungsgesichtspunkte, S. 9R5.

3) **Hintergrundebene**

Diese Ebene ist für die Abwicklung der Arbeiten verantwortlich, die nicht durch das dezentrale System, seine multifunktionalen Arbeitsplätze oder in der Netzwerkebene abgewickelt werden[1]. Zur Hintergrundebene zählen solche Komponenten, die Dienstleistungsfunktionen für die Benutzer des Netzwerkes ausüben und zentrale Leistungen anbieten, wie z.B. Hochleistungsrechner, Datenbanken, Drucker/Plotter, OCR-Eingabegeräte, Gateways zu anderen Netzen und andere Dienstleistungseinrichtungen (Server). Diese Server stehen allgemein jedem Arbeitsplatz zur Verfügung. Derartige zentrale Ressourcen stellen Schwachstellen besonderer Art dar, da ihr Ausfall etc. schwerwiegende Folgen für das integrierte Bks nach sich ziehen würde. Folgende Serverarten stehen zur Zeit in lokalen Netzwerken zur Verfügung[2]:

(1) File- oder Datei-Server:

Der File-Server ist ein allgemeines Speichersystem, das ein elektronisches Ablagesystem und synchronisierten Zugriff für die Benutzer bereitstellt. Er kann beispielsweise Speicherplatz für Dateien, Seitenspeicher für private Btx-Systeme, Speicherplatz für Dokumente, Anwenderinformationen, gesprochene Nachrichten und Electronic Mail sowie für Zugriffsmatrizen, Codewörter etc. bieten. Durch die Konzentration der Informationen, die unterschiedlichen Informationsarten und die vielfältigen Zugriffsmöglichkeiten stellt dieser File-Server eine sehr anfällige Schwachstelle dar. Der gesamte Informationsbestand ist permanent - sei es durch unerlaubten Zugriff oder physische Zerstörung - bedroht.

(2) Print-Server:

Für die Erzeugung von Hardcopies und anderen Druckerzeugnissen von gespeicherten Dokumenten etc. steht der Print-Server als gemeinsam nutzbare Ressource für alle Netzbenutzer zur Verfügung. Im Print-Server können mehrere unterschiedliche Geräte, wie Fernkopierer, Setzmaschinen, Plotter, Laserdrucker, intelligente Kopierer, etc. zusammengefaßt werden. Der Anschluß an das lokale Netz macht es möglich, den

---

1) Vgl. DARAZS, Günter: Datensicherungs-Möglichkeiten, S. 203.
2) Vgl. PICKERING, Geoff R.; MORRIS, Hugh A.: LANs, S. 43ff; BAHR, Knut: Technologische Trends, S. 85ff.

Print-Server innerhalb des Bürogebäudes an einen optimalen Platz zu
stellen. Jedoch ergibt sich aus der zentralen Aufstellung und der Tatsache, daß hier große Mengen Papier verarbeitet werden, eine schwache
Stelle innerhalb des integrierten Bks.

(3) Location-Server:

Der Location-Server bietet dem Benutzer zwei wichtige Funktionen an,
die 'Connection-Funktion' und die 'Name-Funktion'[1]. Die erste Funktion stellt dem Benutzer des lokalen Netzes eine Hierarchie von Menues
zur Verfügung, über die er verschiedene Anwendungen abrufen kann. Daneben übernimmt sie auch Datenschutzfunktionen, indem sie bei jedem Abruf
einer Anwendung die Benutzerkennung mit der der speziellen Anwendung
zugeordneten Berechtigungsliste vergleicht. Gelingt es einem unbefugten
Benutzer bis dorthin vorzudringen, erhält er wichtige Informationen für
weitere Mißbrauchsmöglichkeiten. Die 'Name-Funktion' besitzt die Aufgabe, benutzerfreundliche Namen für Geräte, Dienstleistungen etc. in physikalische Adressen umzuwandeln. Somit verwendet der Benutzer an seinem
Gerät ausschließlich logische Namen und Symbole, wodurch die Leichtig-
keit und Transparenz in der Bedienung zunimmt. Darin liegt auch die Gefahr, da dem Unbefugten das Eindringen in das System erleichtert wird.

(4) Application-Server:

Application-Server sind Geräte, die spezielle Benutzeranwendungen ermöglichen, wie z.B. Hochgeschwindigkeitsrechnungen. Als Geräte stehen
Minirechner, Großcomputer, Spezialrechner und spezialisierte Software-
systeme zur Verfügung. Hier stellt sich das Ausfallproblem, wobei ganze
Arbeitsabläufe gelähmt werden können.

(5) Message-Server:

Message-Server besorgen die Annahme, das Sammeln, die Übertragung, die
Ablieferung und Quittierung von Nachrichten bzw. Informationen. Sie arbeiten nach dem 'Store-and-Foreward'-Prinzip, d.h. sie nehmen die Nachricht des Senders auf, speichern diese in einem Puffer zwischen und

---

1) Vgl. PICKERING, Geoff R.; MORRIS, Hugh A.: LANs, S. 45.

leiten sie an den Empfänger weiter, wenn dieser empfangsbereit ist. Der Message-Server ermöglicht weiterhin mit Hilfe von Verteilerlisten das Verteilen von Informationen an alle Benutzer bzw. an eine Teilmenge der Benutzer. Hier kann es vorkommen, daß sich ein unbefugter Benutzer auf die Verteilerliste setzt oder durch Ausschalten des Servers die Verteilung von Informationen unterbindet.

<u>(6) Interconnect- oder Kommunikations-Server:</u>

Der Kommunikationsserver dient als Gateway[1] zu anderen lokalen Netzen, Rechner- (z.B. SNA) oder öffentlichen Netzen. Er übernimmt hierbei folgende Aufgaben[2]: Entdeckung und Behandlung von Zugriffskonflikten, Verbindungsschaltung, Umsetzung der einzelnen Hardware- und Softwareprotokolle, Umsetzung der Adressen in den Adreßraum des jeweils anderen Netzes, Anpassung der Mechanismen für Fluß- und Wegsteuerung und Puffern von Nachrichten zur Umsetzung der unterschiedlichen Übertragungsweisen.

Die Hauptaufgabe eines Gateways besteht also darin, die beiden Netze, die er verbindet, einander anzupassen und sie miteinander verträglich zu machen. Dabei geht es nicht nur darum, die verschiedenen Übertragungstechniken, sondern auch die verschiedenen Übertragungsraten aneinander anzupassen. Ein Gateway kann einmal mittels einer Datenendeinrichtung, zum anderen als Vollgateway in beide Netze integriert oder als zwei Halbgateways, je in ein Netz integriert, realisiert werden. Die erste Methode wird heute hauptsächlich angewandt, um lokale Netze an öffentliche Vermittlungsnetze anzuschließen. Der Aufbau von Gatewayeinrichtungen ist allerdings "nicht unproblematisch, da diese leicht zu Engpässen werden können"[3]. Diese Engpässe entstehen, wenn zu viele netzübergreifende Kommunikationsvorgänge über ein Gateway abgewickelt werden und die öffentlichen Netze eine niedrigere Übertragungsgeschwindigkeit aufweisen als die lokalen Netze. Eine solche Überlastungsgefahr besteht auch, wenn nach unterschiedlichen Kriterien aufgebaute Netze miteinander gekoppelt werden. So wirft bspw. die Verbindung von nach Datagrammverfahren arbeitenden lokalen Netzen mit hoher Bandbreite miteinander über das öffentliche X.25-Netz (das nach dem virtuellen Schaltkreisprinzip arbeitet) Flußkontroll-

---

1) Auch 'Bridge' oder 'Relay' genannt. Vgl. SCHINDLER, Sigram: Neue Kommunikationssysteme, S. 9.
2) Vgl. KERNER, H.; BRUCKNER, G.: Rechnernetzwerke, S. 165.
3) SPANIOL, Otto: Lokale Netze, S. 12.

und Anpassungsprobleme auf[1]. Schwierig gestaltet sich auch die Teilnahme an bestimmten Diensten der DBP (z.B. Teletex). Hierzu wird ein bestimmtes Verhalten vom lokalen Netzwerk gefordert, das nicht allein vom Gateway sichergestellt werden kann. Der einzige Ausweg besteht daher darin, die lokalen Netze an die technischen Parameter der öffentlichen Netze anzupassen.

Einen zusammenfassenden Überblick über die Schwachstellen im technischen Bereich gibt Abb. 22.

IV. **Analyse der Gefahren**

Nach der Analyse der Schwachstellen besteht nun der zweite Teil der Risikoanalyse darin, Gefahrenarten aufzuzeigen, die auf die Schwachstellen einwirken. Dabei handelt es sich um alle vorhandenen und möglichen Bedrohungen für die Informationsbestände, die als latente Gefahren in jeder Unternehmung vorhanden sind. In der Literatur existieren eine Reihe von Darstellungen[2] zur Unterteilung der Gefahren (ein Teil davon ist in Abb. 23 dargestellt), die - obwohl unterschiedliche Begriffe verwandt werden - im Grunde immer zum gleichen Ergebnis kommen. Eine zweckmäßige Einteilung der Gefahren, der auch gefolgt werden soll, findet sich bei GROCHLA/ALBERS/RÜSCHENBAUM[3]. Hier werden einmal zufällige Gefahren (Naturkatastrophen eingeschlossen) und bewußt herbeigeführte Gefahren unterschieden (siehe Abb. 24). Die beiden Gefahrengruppen sind im Auftreten und in den Wirkungen aber keineswegs immer unterschiedlich. Weitere Merkmale der Gefahren, wie Ursachen (Von wem können die Gefahren ausgehen?), Zeiten (Wann können Gefahren auftreten?) und Motive (Welche Gründe können Gefahrenursachen besitzen?) werden im folgenden vernachlässigt, da sie in der Behandlung der Gefahren und Schwachstellen weitgehend enthalten sind.

---

1) Vgl. SPANIOL, Otto: Lokale Netze, S. 12/13.
2) Vgl. MÜHLEN, Rainer A.H. von zur: Computer-Kriminalität, S. 13ff; HAUTER, Adolf: Datenschutz-Datensicherung; HAUTER, Adolf: Ein Weg, S. 515; HAUTER, Adolf: Sicherung der Informationen, S. 259; GARBE, Helmut: Inhalt und Wirkungen, S. 28ff; NAGEL, Kurt: Datensicherung, S. 157ff; MOURA E SA, Raul de: Die wichtigsten Punkte, S. 231; MARTIN, James: Security, Accuracy, and Privacy, p. 12/13; FUTH, Horst: Rationalisierung, Bd. VII, S. 57; BAYER, Rudolf; DIERSTEIN, Rüdiger: Rahmenkonzept, S. 7; BRACK, Werner: Datensicherung zum Datenschutz, S. 35; SHORT, G.E.: Threats, p. 31.
3) Vgl. GROCHLA, E.; ALBERS, F.; RÜSCHENBAUM, F.: Entwicklung.

a) Zufällige Gefahren

Unter die Kategorie zufällige Gefahren fallen solche Ereignisse, die unvorhersehbar sind und die sich teilweise nur schlecht verhindern lassen.

(1) Höhere Gewalt:

Zu diesen Risiken gehören alle Ereignisse, deren Ursache oder Auslöser ein Ereignis höherer Gewalt ist. Ursachen sind z.B. Feuer, Wasser, Erdbeben, Krieg, Flugzeugabsturz,[1] Sturm, Explosion,[2] Aufruhr, Boykott, chemische und physikalische Einflüsse[3]. Katastrophen und Naturereignisse bzw. andere Ereignisse höherer Gewalt lassen sich nicht verhindern und treten zeitlich nicht vorhersehbar auf. Auch die Gesamtheit der aus jeweils einem Ereignis resultierenden Schadenswirkungen (s.u.) läßt sich bei weitem nicht fixieren. Deshalb gilt es, ihre Auswirkungen auf die Informationsbestände in vertretbaren Grenzen zu halten. Dies geschieht zum einen durch rechtzeitiges Erkennen von unabwendbaren Ereignissen in ihrem Vorfeld, um Maßnahmen frühzeitig treffen zu können, und zum anderen durch Aufwarten mit der passenden Maßnahme unmittelbar nach Eintritt des Risikoereignisses.

(2) Technisches Versagen:

Technisches Versagen ist entweder mit Hardwarebestandteilen oder Software verbunden. Einmal kann ein zunächst technisch einwandfreies System selbst die Gefahr induzieren. Hervorgerufen werden diese Ereignisse durch den Ausfall von Schaltelementen bzw. Schaltkreisen, Störungen in der Mechanik der Geräte, Stromausfall oder Störungen der Übertragungswege. Diese Fehlerart hat ihren Ursprung teilweise in der technischen Systemgestaltung. Durch falsches Systemdesign treten oft Probleme bzgl. des zeitlich richtigen Ablaufes von Operationen oder überschrittenen Hardwaretoleranzen auf[4]. Daneben entspringen diese Ereignisse der

---

1) Vgl. MOURA E SÁ, Raul de: Die wichtigsten Punkte, S. 231; GOLDBLUM, Edward: Computerausfall- und Notfallplanung, S. 3-8.
2) Vgl. NAGEL, Kurt: Datensicherung, S. 165.
3) Vgl. HAUTER, Adolf: Datenschutz-Datensicherung, S. 4; WEISS, Harold: Computer Security, p. 43.
4) Vgl. WEBER, Felix: Kein Alheilmittel, S. 36.

Umgebung des Systems. So kann z.B. eine bestimmte Umweltkonstellation im Büro negative Auswirkungen auf das System besitzen. Erwähnt seien hier Korrosionen, die sogar bei hermetisch versiegelten Mikrochips auftreten können, wenn bei der Fabrikation geringe Mengen von Feuchtigkeit eingeschlossen werden. In eine ähnliche Kategorie gehören Schäden durch elektromagnetische Entladungen. So können bspw. Kopiergeräte kurze aber hohe Impulse auf die Netzspannung schicken, die das übrige System beeinträchtigen[1]. Allerdings erreichen technische Systeme heute eine immer bessere Zuverlässigkeit, sodaß hier eine rückläufige Fehlerquote zu verzeichnen ist. Andererseits können Ereignisse wirksam werden, die ihre Ursachen ausschließlich in einer fehlerhaften Software haben, die während der Systemgenerierung und bei Systemtests entstanden sind.

(3) Menschliches Versagen:

Diese Gefahrenart basiert auf der Fahrlässigkeit der beteiligten Personen. Kennzeichnend für die Fahrlässigkeit ist die ungewollte Verwirklichung eines Tatbestandes durch eine pflichtwidrige Vernachlässigung der im Verkehr erforderlichen Sorgfalt[2].

Diese Gefahren werden einmal verursacht durch 'Kunstfehler' bei den Arbeitsprozessen der Systemplanung (Ist-Analyse bis Detail-Entwurf), der Systemauswahl[3], der Programmierung, beim Programmtest oder bei unsachgemäßer Fehlerkorrektur[4]. Inhaltlich werden diese Ereignisse ausgelöst durch unterbliebene oder unzutreffende Arbeitsschritte der Systemanalytiker, Anwendungsprogrammierer, etc. Weiterhin tritt diese Risikoart auf durch Fehler bei der Eingabe von Daten oder Programmen, beim Abruf aus Speichermedien, bei der Vorbereitung der Ausgabe bzw. der Ausgabe selbst durch den Benutzer. Menschliche Nachlässigkeiten beim Umgang mit Paßworten werden auch in Zukunft die Hauptursachen der personellen Gefahren bilden. Die Fehler bei der Bedienung der Anlage und ihrer Peripheriegeräte weisen zunächst auf eine mangelnde Schulung (zu Beginn der Bedienung) und später auf Unaufmerksamkeit (im Verlauf des Einsatzes), Unachtsamkeit, Unzuverlässigkeit oder Unwissenheit hin. Die Menge der denkbaren Fehler ist begrenzt, die Wiederholungs-

---

1) Vgl. WEBER, Felix: Kein Allheilmittel, S. 36.
2) Vgl. WESSELS, Johannes: Strafrecht, S. 157.
3) Vgl. HAUTER, Adolf: Ein Weg, S. 513.
4) Vgl. KRAUSS, Leonard I.; MAC GAHAM, Aileen: Computer Fraud, p. 19.

wahrscheinlichkeit bei gleicher Konstellation der Bedienung häufig gering. Deshalb erscheint es möglich, daß ein Fehler, auch ohne Gegenmaßnahmen bereits beim nächsten Ablauf nicht mehr auftritt. Taucht ein Fehler jedoch mehrmals auf, dann kann er nur durch permanente Aktivitäten (Schulung) beseitigt werden.

b) __Bewußt herbeigeführte Gefahren__

Alle bewußt herbeigeführten Gefahren werden durch Personen ausgelöst[1]. Immer existiert ein Täter, der Zeitpunkt und Inhalt der Einwirkung bestimmt und das Ereignis auslöst. Er trachtet danach, mit seiner Tat eine negative Wirkung zu erzielen. Dieses zielgerichtete Handeln kann auch als Computerkriminalität[2] bezeichnet werden, worunter all jenes deliktische Handeln verstanden wird, "bei dem der Computer Wirkung und Ziel der Tat ist"[3]. Die deliktischen Handlungen im Bereich der Computerkriminalität weisen darüber hinaus noch eine Reihe besonderer Merkmale auf, wie die Permanenz der deliktischen Tat, das zeitliche Auseinanderfallen von Tathandlung und -wirkung, die Höhe der verursachten Schäden und exklusives Fachwissen des Täters. Zu den häufigsten Delikten zählen die Veruntreuung und das Unbrauchbarmachen von Dateien, Diebstahl oder unzulässiges Kopieren und erpresserischer Raub von Aufzeichnungen[4]. Im folgenden werden die vorsätzliche Sachbeschädigung, der Diebstahl und der widerrechtliche Eingriff unterschieden.

(1) Sachbeschädigung:

Mit der Gefahr der Sachbeschädigung oder der böswilligen Beschädigung (Sabotage) sollen alle Risikoereignisse gekennzeichnet werden, bei denen das integrierte Bks oder bestimmte Teile (z.B. Bildschirme, Drucker, Endgeräte, Leitungen, Speichermedien) durch eine agierende Person beschädigt oder zerstört werden. Hier sind mehrere Relationen zwischen dem Ereignis und seinen Folgen von Interesse: Zunächst exis-

---

1) Vgl. PRITCHARD, John Arthur Thomas: Risk management, p. 18.
2) Zur Computerkriminalität vgl. SIEBER, Ulrich: Computerkriminalität; MÜHLEN, Rainer A.H. von zur: Computer-Kriminalität; FISCHER, Thomas: Computer-Kriminalität.
3) MÜHLEN, Rainer A.H. von zur: Computer-Kriminalität, S. 17.
4) Vgl. O.V.: Computerkriminalität, S. 3.

tiert ein Täter, der Zeitpunkt und Inhalt der Einwirkung bestimmt und als Auslöser fungiert. Dieser trachtet danach, eine negative Wirkung auf Teile des Systems, auf das ganze System, auf die Arbeit in der Abteilung oder die gesamte Unternehmung zu erzielen. Das Risikoereignis kann meist unmittelbar nach dem Eintritt identifiziert werden. Jedoch lassen sich Inhalt und Umfang der Wirkung ex ante wie beim Katastrophenrisiko nicht bestimmen, sondern kann alle möglichen Formen der unten aufgeführten Wirkungen annehmen. Die Urheber von Sabotagehandlungen entstammen i.d.R. einer von drei Tätergruppen - Saboteure, die von Geheimdiensten anderer Länder entsandt werden, politisch motivierte Täter und Unternehmungsangehörige. Bei letzteren, von denen die größte Gefahr ausgeht, da sie sehr viel gezielter als Außenstehende gegen die empfindlichen Stellen der Unternehmung vorgehen können, handelt es sich häufig um Mitarbeiter, die zumeist aus Rachegründen - z.B. wegen Verweigerung einer Gehaltserhöhung - sei es aus persönlicher Verärgerung oder anderen Gründen, den Sabotageakt verüben und so den Weg einer Art Selbstjustiz beschreiten.

(2) Diebstahl:

Dieses Risiko umfaßt alle Ereignisse, bei denen Datenbestände bzw. Informationen oder ggf. Teile des integrierten Bks (z.B. Speichermedien) vorsätzlich in unberechtigte Hände geraten. Es lassen sich bei der Beschränkung auf den Diebstahl von Informationsbeständen vier Fälle unterscheiden - Informationsträgerdiebstahl, Duplizieren der Inhalte eines Speichermediums mit Übertragung zu einem Terminal, an dem der Täter agiert, Duplizieren eines Speichermediums mit Ausgabe des Datenträgers und dessen Entwendung und Duplizieren von Informationen während eines Übertragungsprozesses.

(3) Widerrechtlicher Eingriff:

Hierunter fallen alle Eingriffe eines unberechtigten Benutzers, der entweder bestehende Programme oder den Inhalt von Informationsbeständen verändert bzw. manipuliert. Dabei kann es sich um das Zuführen neuer Programmteile bzw. neuer Informationen, um das Entfernen (Löschen) bestehender Programmteile bzw. bestehender Informationen oder um ein Verändern von Programmen im Sinne eines Ersetzens bzw. Überschreibens oder um ein Verändern von Informationen handeln. Die Möglichkeit der Programmanipulation ist an organisatorische und sachbezogene Voraussetzungen geknüpft. Die organisatorischen Voraussetzungen liegen im freien Zugang zum integrierten Bks und den Programmen. Die sachbezogenen Voraussetzungen sind in der Regel: Vorhandene Programmierkenntnisse, Kenntnis vom Aufbau der Programme und Kenntnis von der Funktionsweise des lokalen Netzwerkes.

V. Risikobewertung

Nachdem die Risikoereignisse, deren Eintritt einen negativen Effekt auf das integrierte Bks besitzt, identifiziert worden sind, besteht die nächste Aufgabe innerhalb der Risikoanalyse in der Bewertung der Risiken. "Jede Unternehmung und Verwaltungseinheit muß sich Klarheit über die Bedeutung der einzelnen Risiken verschaffen, da sich danach in erster Linie die Methoden und Vorkehrungen"[1] des Informationsschutzes und der -sicherung richten. Die wichtigsten Bestandteile der Risikobewertung sind die Untersuchung der Auswirkungen der Risikoereignisse, die Analyse der Risikoereignisse hinsichtlich ihrer Eintrittswahrscheinlichkeit und die Analyse des Schadens, den der Eintritt eines Risikoereignisses mit sich bringt. Innerhalb der Untersuchung der Auswirkungen der Risikoereignisse gilt es in erster Linie zu klären, was passiert, wenn der Risikofall eintritt.

a) Auswirkungen der Risikoereignisse

Jedes Risikoereignis ist durch spezielle Folgen gekennzeichnet. Allerdings zeigt sich auch, daß jeweils mehrere Risikoereignisse typengleiche Auswirkungen besitzen bzw. ein Risikoereignis Folgen unterschiedlichen Typs hervorrufen kann. Die Auswirkungen der einzelnen Risikoereignisse lassen sich je nach Betrachtungsziel in verschiedene Gruppen einteilen. Hier erscheint eine Gliederung in unmittelbare (primäre) Wirkungen auf die Informationsbestände, mittelbare (sekundäre) Wirkungen auf die Aktions- bzw. Reaktionsfähigkeit der Unternehmung und tertiäre Folgen für die Existenz der Unternehmung angebracht[2].

---

1) NAGEL, Kurt: Datensicherung, S. 167.
2) Vgl. GARBE, Helmut: Inhalt und Wirkungen, S. 34; GROCHLA, Erwin; BREITHARDT, Jörg; LIPPOLD, Heiko: Informationsschutz, S. 140ff.

(1) Unmittelbare Wirkungen:

Die unmittelbaren Wirkungen beziehen sich hauptsächlich auf die zu schützenden Informationsbestände und besitzen die drei Ausprägungen Verlust (bzw. Zerstörung), Modifikation (Ergänzung und Verfälschung) und Preisgabe[1] (siehe Abb. 25).

Ein **Informationsverlust** liegt vor, wenn Informationsbestände oder Teile davon nach Eintritt eines Risikoereignisses nicht mehr existieren bzw. dem Zugriff entzogen sind. Es lassen sich der endgültige und vorübergehende Informationsverlust unterscheiden. Das Kennzeichen der **Informationsergänzung** besteht darin, daß der Informationsbestand nach dem Ereignis größer ist als sachlich gerechtfertigt. Eine **Informationsverfälschung** liegt vor, wenn ein Informationsfeld in seinem Inhalt oder eine verarbeitungstechnisch realisierbare logische Sequenz unberechtigt bzw. unzutreffend abgeändert wird. Zur **Preisgabe** gehört der Fall, daß Informationsbestände vollständig oder auszugsweise an unberechtigte Benutzer vermittelt werden. Von Bedeutung ist hierbei, ob mit einem Ereignis dieser Wirkung der Informationsbestand erhalten bleibt (z.B. bei der Fernabfrage) oder ob auch der Bestand bzw. seine Verfügbarkeit verloren geht (z.B. beim Informationsträgerdiebstahl).

(2) Mittelbare Auswirkungen:

Merkmal der mittelbaren Wirkungen ist, daß je nach Situation die entscheidungs- bzw. aktionsberechtigten Personen im Büro- und Verwaltungsbereich falsche oder gar keine Informationen erhalten. Dabei lassen sich kurzfristige (z.B. bei Störungen im System), mittelfristige (z.B. bei einer technischen Störung mit Rekonstruktionsbedarf der Informationen) und längerfristige Verzögerungen (z.B. bei einer vorsätzlichen Sachbeschädigung) unterscheiden.

(3) Tertiäre Wirkungen:

Die Kette der Risikoauswirkungen kann bis zu den Tertiärwirkungen, die

---

1) Vgl. NAGEL, Kurt: Datensicherung, S. 178; VOSSBEIN, Reinhard: Prüfverfahren, S. 266; HAUTER, Adolf: Sicherung der Informationen,
S. 264ff.

die Unternehmung als selbständige Wirtschaftseinheit betreffen, verfolgt werden. Allerdings lassen sich diese Wirkungen äußerst schwer quantifizieren. Im Mittelpunkt der tertiären Wirkungen stehen die Konsequenzen, die mit dem Eintritt eines Risikoereignisses bei den Informationsbeständen zu Folgen führen, die die Unternehmung als Ganzes betreffen. So können Tertiärwirkungen betrachtet werden hinsichtlich der Ertrags- bzw. Vermögenslage, der Marktmacht auf den Beschaffungs- und Absatzmärkten, den Rechtspflichten und der Existenz der Unternehmung als Ganzes[1]. Neben den Risikoauswirkungen erscheint es notwendig, sich Klarheit über die Bedeutung der Risiken zu verschaffen. Aufschluß darüber geben die Eintrittswahrscheinlichkeiten der Risikoereignisse.

b) Eintrittswahrscheinlichkeiten der Risikoereignisse

Ohne sich mit den Grundproblemen und Auffassungen über die Anwendung von Wahrscheinlichkeiten näher zu befassen, wird davon ausgegangen, daß es grundsätzlich möglich und auch sinnvoll ist, jedem Risikoereignis einen Wahrscheinlichkeitswert zuzuordnen. Allgemein setzt sich die Wahrscheinlichkeit P eines Risikoereignisses A zusammen aus der Anzahl der eingetretenen Risikoereignisse X dividiert durch die Anzahl aller eingetretenen Risikoereignisse N[2]:

$$P\ (A)\ =\ \frac{X}{N}$$

Zur Bestimmung der Wahrscheinlichkeiten lassen sich einmal ältere Unterlagen heranziehen, die Aufzeichnungen über Schadenseintritte enthalten. Liegen keine solchen Wahrscheinlichkeitswerte vor, so können auch subjektive Wahrscheinlichkeitsschätzungen weiterhelfen, die durch Befragungen firmeninterner Personen über Risikoereignisse komplettiert werden können. Auch außerhalb der Unternehmung sind objektive, statistische Wahrscheinlichkeitswerte anzutreffen, wie z.B. bei Versicherungsgesellschaften, Polizei, Feuerwehr, Postbehörden und bei Anwendern, die mit gleichen Systemen arbeiten und mit ähnlichen Risikoereignissen konfrontiert werden. Die in der Literatur dargestellten Modelle zur Ermittlung von Eintrittswahrscheinlichkeiten bestimmter Risikoereignisse basieren im wesentlichen auf einer groben Einteilung in

---

1) Vgl. FUTH, Horst: Rationalisierung, Bd. VII, S. 55/56.
2) Vgl. CARTER, R.L.: Handbook of insurance, p. 1.1-02.

Häufigkeitsklassen (siehe Abb. 26), relativen Skalenwerten[1] oder
subjektiven Gewichtungen[2] und Schätzungen[3]. Jedoch weisen alle
Autoren darauf hin, daß die Bewertung der Eintrittswahrscheinlichkeit
im wesentlichen von den jeweiligen betrieblichen Gegebenheiten der Unternehmungen selbst abhängt. Die Eintrittswahrscheinlichkeit allein
läßt allerdings noch keine Bewertung und Gewichtung der Risiken zu.
Vielmehr ist ein Risikoereignis erst dann richtig einzuordnen, wenn es
mit dem geldmäßig bewerteten Schaden zusammengeführt wird. Denn ein Risikoereignis, das alle 100 Jahre auftritt, kann trotz des höheren Schadenswertes geringer einzustufen sein als ein Risikoereignis, das täg-
lich auftritt und einen niedrigeren Schadenswert besitzt.

c) Schadensausmaß von Risikoereignissen

Der Schadenswert eines Risikoereignisses korreliert in hohem Maße mit
dem Wert des Risikoobjektes, das berührt wird. Dies gilt besonders für
materielle Risikoobjekte, wie Hardwarebestandteile, Räumlichkeiten, periphere Anlagen etc. In diesem Bereich läßt sich der Umfang des Schadens auch noch relativ leicht bestimmen. Schwieriger gestaltet sich
diese Wertermittlung für die gespeicherten Informationen und die Programme. Gerade hier wird von vielen Experten die Möglichkeit der Ermittlung des Schadenswertes bezweifelt. Dies erscheint vor allem beim
Wert der Informationen problematisch[4]. Besteht keine Möglichkeit,
den Schaden über den Wert des Risikoobjektes direkt zu messen, so kann
dies über Hilfsgrößen (z.B. Wert der Information für andere oder Vergleich am Sicherungsaufwand anderer Unternehmungen) oder durch subjektive Beurteilungen erfolgen. In Abb. 27 wird der Versuch aufgeführt,
die wesentlichsten Einflußgrößen für die Wertbestimmung einer Datei
aufzustellen. Um eine Einteilung der Risiken nach ihrer Wertigkeit
durchführen zu können, muß die Eintrittswahrscheinlichkeit mit dem
Schadenswert multipliziert werden. Das Ergebnis der Gleichung drückt
dann den zu erwartenden Schaden eines Risikoereignisses aus, der einen
Vergleich unterschiedlicher Risikoereignisse miteinander erlaubt und so
zu einer Prioritätenordnung der Risiken führen kann.

---

1) Vgl. BROERMANN, Bernhard: Computerüberwachung, S. 20ff.
2) Vgl. LINDEMANN, P.; NAGEL, K.; HERRMANN, G.: Organisation, S. 101.
3) Vgl. IBM CORPORATION (Ed.): Data Security, pp. 119-123.
4) Mit dieser Problematik befaßt sich u.a. WONG, Ken: Information, pp.
   13-17; WONG, Ken: Putting a price, pp. 37-38; GLASER, Horst: Informationswert, Sp. 933ff.

C Ziele als Maßstab des Sicherheitssystems

Auf der Grundlage der oben skizzierten Risiken in integrierten Bks lassen sich entsprechende Zielsetzungen eines Sicherheitssystems ableiten. Das Setzen der Ziele besitzt für ein Sicherheitssystem eine ebenso wichtige Bedeutung wie das Setzen von Zielen für das Handeln der Unternehmung[1]. Im Rahmen des hier verwendeten Ansatzes gilt es also, Kriterien anzugeben, die eine Bewertung und Auswahl eines Sicherheitssystems bzw. verschiedener Maßnahmenalternativen ermöglichen[2]. Das geschieht, indem die angebotenen Wirkungen der Alternativen mit Zielforderungen verglichen und damit beurteilbar gemacht werden. Daher ist die Existenz von Gestaltungszielen "eine notwendige Voraussetzung, daß Gestaltungsentscheidungen überhaupt rational getroffen werden können"[3]. Ziele besitzen eine wesentliche Bedeutung in allen Phasen des Gestaltungsprozesses: Sie beeinflußen die Problemidentifikation; sie bestimmen, in welcher Richtung sich die Suche nach alternativen Lösungen bewegt; aus ihnen werden Bewertungsmaßstäbe abgeleitet und sie bilden Kontrollmaßstäbe der tatsächlich eingetretenen Wirkungen.

Ziele gelten als normative Aussagen eines Entscheidungsträgers, die einen von ihm oder anderen anzustrebenden, zukünftigen Zustand der Realität beschreiben. Auf HEINEN geht die Trennung eines einzelnen Zieles in verschiedene Dimensionen und die Ordnung mehrerer Ziele untereinander zurück[4]. In Analogie zu diesem Ansatz sollen zuerst die Zielelemente des Informationssicherheitssystems in ihren Eigenschaften betrachtet werden, um daraus die Ordnung der Ziele in einem Zielsystem zu entwikkeln. Dabei wird im folgenden eine Unterteilung in zwei Zielkategorien – Sachziele und Formalziele – gewählt. Damit die Ziele als eindeutige Leitlinien für die Auswahl von Maßnahmen dienen, werden folgende Bedingungen an mögliche Ziele gestellt[5]: Sie müssen sich operational und konsistent formulieren lassen; weiterhin muß mittels der Aktionsparame-

---

1) Zu den Funktionen von Zielen vgl. HILL, Wilhelm: Organisationsziele, Sp. 1816ff.
2) Neben Zielen als Wertprämissen stellen Bedingungen als Tatsachenprämissen eine zweite Art von Kriterien dar, die die Wahl einer Alternative bestimmen (siehe Kapitel D). Oft lassen sich Ziele und Bedingungen nicht eindeutig trennen. Beispiel: Die Einhaltung gesetzlicher Vorschriften gilt sowohl als Ziel, wie auch als Bedingung.
3) GROCHLA, Erwin: Grundzüge, S. 43.
4) Vgl. dazu HEINEN, Edmund: Das Zielsystem.
5) Vgl. GROCHLA, Erwin: Grundzüge, S. 43; HILL, Wilhelm; FEHLBAUM, Raymond; ULRICH, Peter: Organisationslehre 1, S. 141ff.

ter ein entscheidender Einfluß auf den Zielerreichungsgrad ausgeübt werden können. Operationalität bedeutet dabei, daß der Zielinhalt genau definiert worden ist, der Zielerreichungsgrad gemessen werden kann, für die Ziele ein Erreichungszeitraum vorliegt und für Zielmehrheiten eine Prioritätsordnung zugrunde liegt. Die Konsistenz der Ziele ergibt sich, wenn sich diese so ordnen lassen, daß Handlungsalternativen anhand der Ziele eindeutig bewertet werden können. Dies ist der Fall, wenn sämtliche Zielsetzungen berücksichtigt und in eine hierarchische Ordnung bzw. ein Zielsystem gebracht werden. Diese Ordnung läßt sich durch ihre äußere Struktur (das Beziehungsgeflecht) erläutern, wobei horizontale und vertikale Beziehungen zu unterscheiden sind[1].

Ein Ziel setzt sich aus den Elementen Zielobjekt, Zielinhalt, Zielmaßstab, Zielfunktion und zeitlicher Bezug zusammen[2]. Das **Zielobjekt** "nennt den Teilbereich der Realität, auf den sich das Streben richtet"[3]. Die Zielobjekte besitzen unterschiedliche Eigenschaften, auf die sich das Streben der Entscheidungsträger richtet. Diese werden als **Zielinhalte** bezeichnet und geben an, welche Kriterien zur Alternativenbewertung heranzuziehen sind. Die in diesem Kapitel aufgeführten Ziele des Informationssicherheitssystems werden hinsichtlich des Zielinhaltes relativ allgemein gehalten, da eine differenzierte Betrachtung von unternehmungsspezifischen Umständen auszugehen hat. Der Entscheider wählt die zu realisierende Alternative nach ihrem Beitrag zu Zielerfüllung aus, der mit Hilfe einer Vorschrift zu quantifizieren ist (**Zielmaßstab**), die angibt, wie der Zielinhalt zu dimensionieren ist. Weiterhin ist festzulegen, in welchem Ausmaß ein Zielelement anzustreben ist[4]. Das Zielausmaß bzw. die **Zielfunktion** beschreibt den funktionalen Zusammenhang zwischen den Entscheidungsvariablen (Maßnahmen) bzw. deren Ausprägungen und der Höhe des realisierten Zielwertes[5]. Das erreichte Ausmaß von Zielen läßt sich je nach Beschaffenheit und Formulierung des Zielelementes mit Hilfe von Kardinal- bzw. metrischen Skalen (Intervall- und Verhältnisskala), mit Ordinalskalen oder als schwächste Form der Messung mit Nominalskalen messen. Bei näherer Betrachtung der unten aufgeführten Ziele wird

---

1) Vgl. BIDLINGMAIER, Johannes; SCHNEIDER, Dieter J.-G.: Ziele, S. 55.
2) Vgl. HAUSCHILDT, Jürgen: Zielsysteme, Sp. 2419.
3) HAUSCHILDT, Jürgen: Zielsysteme, Sp. 2419.
4) Vgl. BIDLINGMAIER, Johannes; SCHNEIDER, Dieter J.-G.: Ziele, S. 57.
5) Vgl. SZYPERSKI, Norbert; WINAND, Udo: Unternehmungsplanung, S. 50.

deutlich, daß der überwiegende Teil schwierig zu operationalisieren ist. Der Grund hierfür liegt in einem bisher nicht gelösten Zurechnungsproblem, da die angewandten Maßnahmen stets nebeneinander auftreten und keine interdependenzfreien Wirkungen besitzen[1] sowie in der mangelnden Eindeutigkeit und Meßbarkeit von Zielinhalten[2]. Als letztes Element eines Zieles gilt der Zeitraum, auf den sich die Zielverwirklichung beziehen soll (**zeitlicher Bezug**)[3]. Der zeitliche Bezug eines Ziels enthält Angaben darüber, bis zu welchem Termin oder in welcher Frist das Ziel zu erreichen ist und ob es sich um ein Ziel für eine kürzere oder längere Zukunft handelt (Nah- bzw. Fernziel). Allerdings läßt sich die Frage der zeitlichen Dimensionierung der Zielelemente nicht problemlos beantworten, da die Zusammensetzung des Zielsystems durch die Notwendigkeit ständiger Anpassungen des Sicherheitssystems an Veränderungen nicht konstant bleibt. Infolge verschiedenener Gründe - z.B. Veränderung der Präferenzstruktur der am Entscheidungsprozeß beteiligten Personen, Umweltänderungen etc. - werden Zielelemente im Laufe der Zeit aufgegeben und neue ins Zielsystem aufgenommen. Nachdem die oben angeschnittenen Probleme einen kurzen Einblick in die Zielproblematik gegeben haben, geht es im folgenden darum, entsprechende Ziele eines Informationssicherheitssystems - unterteilt in Sach- und Formalziele - zu identifizieren und zu diskutieren.

I. <u>Sachziele</u>

Die Sachziele stellen das konkrete Handlungsprogramm bzw. die Aufgaben des Informationssicherheitssystems dar[4], die durch das System erfüllt werden sollen. Die Sachziele sind zu trennen von den Formalzielen (bzw. der Präferenzstruktur), die angeben, anhand welcher Kriterien die Entscheidungen hinsichtlich der auszuwählenden Maßnahmenalternativen getroffen werden. Als Sachziele gelten die Gewährleistung von Informationssicherheit, die Wahrung der Schutzrechte und Interessen der Betroffenen, die Gewährleistung einer störungsfreien Informationsverarbeitung und die Erkennung und Verhinderung von Risikoereignissen.

---

1) Vgl. GROCHLA, Erwin: Grundzüge, S. 46.
2) Vgl. SZYPERSKI, Norbert; WINAND, Udo: Entscheidungstheorie, S. 47.
3) Vgl. HEINEN, Edmund; Industriebetriebslehre, S. 47.
4) Vgl. GROCHLA, Erwin: Unternehmungsorganisation, S. 38.

a) **Gewährleistung von Informationssicherheit**

Das Oberziel des Informationssicherheitssystem besteht in der Gewährleistung von Informationssicherheit. Sicherheit bezeichnet dabei den
Zustand des Nichtvorhandenseins von Risiken und/oder Beeinträchtigungen
bzw. die Gewährleistung der Geheimhaltung aller Informationen sowie den
Ausschluß von Beeinträchtigungen der Funktionen des Gesamtsystems. Ein
solcher Zustand besteht, wenn Informationssicherung gewährleistet ist
oder Risiken nicht vorliegen. Informationssicherheit läßt sich somit
als Ziel oder Ergebnis von Schutz- und Sicherungsaktivitäten auffassen.

Informationsschutz, d.h. die Verhinderung oder Begrenzung von Beeinträchtigungen, führt gegenüber diesen zu Sicherheit. Die abstrakte Aktivität Schutz wird dabei durch den Einsatz von Sicherungsmaßnahmen
konkret realisiert. Als Zwischenschritt ist es erforderlich, die ebenfalls zunächst als abstrakte Vorstellung bestehenden Beeinträchtigungen
in Form einer Menge von Regelungen zu konkretisieren. Die Regelungen
legen auf genaue Weise fest, welche Zustände/Zustandsübergänge eine Beeinträchtigung darstellen (also nicht eintreten/stattfinden sollen)
und/oder für welche dies nicht zutrifft. Die Durchsetzung der Regelungen durch die Maßnahmen führt zu ihrer Einhaltung, d.h. zum regelgerechten Verhalten des Systems (siehe Abb. 28). Dies wiederum stellt die
konkrete Bedeutung des abstrakten Begriffs Sicherheit dar. Mit dieser
Begriffsbildung im Hintergrund läßt sich nun erläutern, welche Teilziele aus dem Oberziel Informationssicherheit abgeleitet werden können.
Dazu erscheint es zunächst notwendig, aufzuführen, wer oder was beeinträchtigt werden kann, also potentiell geschützt werden muß. Die
Schutzobjekte können in drei Klassen eingeteilt werden:

  o Objekte, die durch den Einsatz eines integrierten Bks indirekt be-
     einträchtigt werden können, d.h. selbst nicht unmittelbar mit dem
     System in Berührung stehen.

  o Objekte, die unmittelbar mit dem integrierten Bks umgehen und da-
     mit durch es beeinträchtigt werden können und

  o Objekte, die Bestandteile des integrierten Bks selbst sind und in
     dieser Eigenschaft beeinträchtigt werden können.

Unter Objekte der ersten Klasse fallen Personen oder Institutionen (natürliche und juristische Personen), über die oder für die Informationen
im Bks verarbeitet werden. Beeinträchtigt werden können Rechte und Interessen dieser als Betroffenen der Anwendung bezeichneten Gruppe.

Zur zweiten Klasse zählen alle Benutzer des Systems. Diese können
durch die Nichtverfügbarkeit erwarteter Leistungen, die falsche Durchführung verlangter Leistungen etc., in ihrer täglichen Arbeit beeinträchtigt werden. Daher sollte das Informationsicherheitsystem eine
störungsfreie Informationsverarbeitung gewährleisten.

Die Einführung einer dritten Ebene trägt der Tatsache Rechnung, daß
auch innerhalb des Systems einzelne Komponenten in verschiedener Weise
durch den Eintritt von Risikoereignissen beeinträchtigt werden können.
Dazu zählen Systemobjekte, wie Hardware, Software, etc. Um diese Objekte vor dem Eintritt von Risikoereignissen zu schützen, sollte das
System die Risikoereignisse erkennen und verhindern können.

b) **Wahrung der Schutzrechte und Interessen**
der Betroffenen

Um das Teilziel 'Wahrung der Schutzrechte und Interessen der Betroffenen' zu erläutern, erscheint es sinnvoll, sich nochmals die Definition
des Begriffs 'Informationsschutz' vor Augen zu führen: Informationsschutz bezeichnet den Schutz aller Informationen der Privatsphäre natürlicher Personen bzw. den Schutz aller schutzwürdigen Tatbestände juristischer Personen bei manueller und maschineller Informationsverarbeitung. Es geht also einmal darum, Informationen über oder von natürlichen Personen zu schützen bzw. Schutz für die von der Informationsverarbeitung betroffenen Personen zu gewährleisten[1]. Ableiten
läßt sich diese Forderung aus verschiedenen Rechten der Betroffenen.
Das Grundgesetz garantiert, durch das Recht auf 'freie Entfaltung der
Persönlichkeit' in Artikel 2 Abs. 1 in Verbindung mit Artikel 1 Absatz
2 ('Unantastbarkeit der Würde des Menschen'), die Persönlichkeit einer
natürlichen Person. Der Artikel 2 Abs. 1 GG beinhaltet eine grundsätzliche Freiheitsvermutung zugunsten einer allgemeinen Handlungsfreiheit
und gelangt als Auffangtatbestand immer dann zur Anwendung, wenn spezielle Freiheitsrechte des Grundgesetzkataloges versagen[2]. Das Bun-
desverfassungsgericht hat in ständiger Rechtsprechung anerkannt, daß
das Grundgesetz dem einzelnen Bürger einen unangetasteten Bereich privater Lebensgestaltung gewährt, der der Einwirkung der öffentlichen Ge-

---

1) Vgl. RABICH, Adalbert: Sichrung, S. 626.
2) Vgl. SEIDEL, Ulrich: Datenschutz, S. 144.

walt entzogen ist. Insofern läßt sich das Grundrecht als Abwehrrecht verstehen[1]. Aus diesem Freiheitsgrundrecht des Artikels 2 Abs. 1 GG läßt sich auch ein 'Individualgrundrecht' auf Freiheit vor staatlicher – und auch privater – Informationssammlung und Informationsweitergabe ableiten. Das Problem besteht nun darin, diesen Freiheitsraum zu quantifizieren. Ein Versuch in diese Richtung stellt die sog. Sphären-Theorie dar. Sie geht davon aus, daß sich hinsichtlich des informationellen Schutzes des Bürgers verschiedene Sphären unterscheiden lassen, wie

o die absolut geschützte Intimsphäre,

o die relativ geschützte Privatsphäre und

o der freie Bereich (Öffentlichkeit)[2].

Dabei gilt, daß der Schutz des Bürgers vor staatlicher und privater Informationssammlung in den vorhandenen Sphären abgestuft ist, die Intimsphäre der staatlichen Ausforschung gänzlich entzogen ist und die Öffentlichkeitssphäre nicht in den Bereich des Art. 2 Abs. 1 GG fällt und folglich ohne Schutz ist. Grundsätzlich gestaltet sich die Abgrenzbarkeit der verschiedenen Sphären sehr schwierig. Gerade dem Begriffsinhalt der Privatsphäre haftet ein Mangel an Unbestimmtheit an. Als Kriterium zur Bestimmung der Privatsphäre könnte die Entscheidungsbefugnis von Personen herangezogen werden, ihre Sichtbarkeit für die soziale Umwelt kontextabhängig einzuschränken, d.h. Informationen je nach Adressaten zu strukturieren. Jedoch erscheint es fraglich, ob der Bürger die Möglichkeit besitzt, zu wählen, ob er seine Persönlichkeit in der Privatsphäre oder aber in der Öffentlichkeitssphäre entfalten will. Abschließend bleibt hierzu zu bemerken, daß sich die Sphären-Theorie nicht als Grundlage einer präventiven und normativen Regelung eignet. Das Maß der Schutzbedürftikeit einer Information läßt sich nicht durch Zuordnung zu einer dieser Sphären ermitteln; entscheidend ist, wem welche Informationen unter welchen Umständen und zu welchem Zeitpunkt anvertraut werden.

Vom Problem, ob personenbezogene Informationen verarbeitet werden dürfen, ist die Frage zu trennen, wie diese Informationen anzusehen sind, d.h. welche Anforderungen an ihre Richtigkeit und Vollständigkeit zu

---

1) Vgl. DAMMANN, Ulrich: Datenschutz, S. 209; BUNDESVERFASSUNGSGE-
   RICHTSENTSCHEID, S. 1.
2) Vgl. LENK, Klaus: Datenschutzprobleme, S. 313.

stellen sind. Auch wenn beide Fragenkreise sich teilweise über-
schneiden, so bezeichnen partielle Nichtinformation und Informations-
qualität doch im Ausgangspunkt klar unterscheidbare Interessenpositio-
nen. MALLMANN unterscheidet daher hinsichtlich des individuellen Inte-
resses an korrekten, dem jeweiligen Sachverhalt gerecht werdenden Informationen, zwischen Richtigkeit i.e.S., Vollständigkeit und Wahrung
der Kontextgebundenheit der Informationen[1].

Ziel des Informationssicherheitssystems muß es also einmal sein, neben
dem Schutz der im GG verankerten Rechte auch die Korrektheit personenbezogener Informationen zu garantieren. Das BDSG definiert in § 2 als
personenbezogene Daten/Informationen alle "Einzelangaben über persönliche oder sachliche Verhältnisse einer bestimmten oder bestimmbaren natürlichen Person"[2]. Betroffen sind somit alle natürlichen Personen,
d.h. auch Informationen über Einzelunternehmungen und BGB-Gesellschaf-
ten gelten als schutzwürdig[3]. Ausgenommen sind die Informationen juristischer Personen[4]. Für diesen Bereich erweist sich die Begriffs-
bestimmung 'Informationen über schutzwürdige Tatbestände' als zutref-
fend, denn auch juristische Personen (z.B. Kapitalgesellschaften) oder
nicht rechtsfähige Personengruppen (z.B. oHGs) verfügen über einen In-
nenbereich, der gegenüber dem Informationsbedürfnis Dritter Schutz ver-
dient. Daher fallen unter den Begriff 'Informationen über schutzwürdige
Tatbestände' alle Informationen, die von der Unternehmung in ihrem Interesse nach Vertraulichkeit und Sicherheit als schutzwürdig angesehen
werden, wie z.B. Produktionsdaten, Finanzdaten, Planungsdaten. Daneben
darf auch nicht verkannt werden, daß sowohl die Risiken für die Informationsbestände als auch die jeweilige Bedeutung spezieller Informationsinhalte, gleichgülig ob personen- oder unternehmungsbezogen, weitgehend identisch sind, da personenbezogene Daten meistens mit anderen

---

1) Vgl. MALLMANN, Otto: Zielfunktionen, S. 75-79.
2) BDSG vom 27. Januar 1977 (BGBl. I S. 201ff), 1. Abschnitt, § 2
   Satz 1.
3) Eine natürliche Person zeichnet sich durch die Rechts- und Geschäftsfähigkeit aus. Die Rechtsfähigkeit, d.h. die Fähigkeit Träger
   von Rechten und Pflichten zu sein, beginnt mit der Geburt und endet
   mit dem Tod. Die Geschäftsfähigkeit, d.h. die Fähigkeit Rechtsge-
   schäfte wirksam vornehmen zu können, beginnt mit der Volljährigkeit.
   Vgl. BGB, § 1-12.
4) Juristische Personen sind Personenvereinigungen oder Vermögensmas-
   sen, denen von der Rechtsordnung eine allgemeine Rechtsfähigkeit zu-
   erkannt wird. Man unterscheidet zwischen juristischen Personen des
   öffentlichen Rechts und denen des Privatrechts, die private Zwecke
   verfolgen (z.B. Unternehmungen).

Programmen und anderen vor- und nachgelagerten Abläufen, die nicht BDSG
-relevant sind, bearbeitet werden[1]. Allerdings identifizieren personenbezogene Daten immer eine Person. Wegen dieser Identifizierungsmög-
lichkeit besitzen personenbezogene Daten eine andere Qualität als z.B.
Produktionsdaten. Daher sind personenbezogene Daten aus Gründen der
Vertraulichkeit, andere unternehmungsinterne Informationen aus Gründen
der Sicherheit der Unternehmung zu schützen und zu sichern. Deshalb
sollte sich das Informationssicherheitssystem nicht nur auf den Bereich
der personenbezogenen Informationen erstrecken, sondern auch unterneh-
mungsbezogene, vertrauliche interne Informationen und Verfahren sowie
die ordnungsgemäße Aufgabenabwicklung mit einbeziehen, da deren Schutz
im ureigensten Interesse von Behörden und Unternehmungen liegt.

c) **Gewährleistung einer störungsfreien Informationsverarbeitung**

Mit dem Einsatz von lokalen Netzwerken im Bürobereich wächst die Konzentration von Informationen und Verarbeitungskapazität im Computer
bzw. an einem Ort sowie die Abhängigkeit der Unternehmung von einem
reibungslos und sicher arbeitenden Computersystem in einem bisher unbe-
kannten Maß. Daher wird es immer wichtiger, die Einsatz- bzw. Funktionsfähigkeit des technischen Systems sicherzustellen. Die Unternehmung
ist darauf angewiesen, daß Maschinen und andere Systemressourcen zuverlässig arbeiten und für den Fall unvorhersehbarer Ereignisse geeignete
Vorkehrungen getroffen worden sind. Die Sicherheit eines integrierten
Bks und damit auch der dort verarbeiteten Informationen kann allerdings
nur gewährleistet werden, wenn es auf sicherer Hardware und Software
basiert[2]. Viele der heutigen Systeme werden jedoch mit dem Ziel konzipiert, ein Rechnersystem in ein möglichst bequemes Werkzeug zur Informationsverarbeitung zu verwandeln. Jedoch dürfen die berechtigten
Forderungen der Anwender nach Verfügbarkeit des Systems und der dort
gespeicherten Informationen, nach Integrität und Vertraulichkeit der
Informationsverarbeitung nicht vernachlässigt werden.

Der Begriff **'Verfügbarkeit'** bezeichnet die Wahrscheinlich-

---

1) Vgl. PÜTTER, Paul Stefan: Datensicherung, S. 4.
2) Vgl. BAYER, Rudolf: Sichere DV-Systeme, S. 104.

keit, das lokale Netzwerk, das die Grundlage des integrierten Bks darstellt, zu einem vorgegebenen Zeitpunkt in einem funktionsfähigen Zustand anzutreffen[1] bzw. die durchschnittliche Zeitspanne, innerhalb
der das System ohne Auftreten von Fehlern betriebsbereit ist. Je umfassender die Computerleistung an den Arbeitsplatz gebracht wird, desto
mehr sind die Benutzer vom einwandfreien Arbeiten der einzelnen Systemkomponenten[2] abhängig. Auch nur kurzfristige Störungen beeinträchtigen die Arbeitsabläufe erheblich. Die Gesamtverfügbarkeit des Bürosystems setzt sich zusammen aus den Einzelverfügbarkeiten der Systemkomponenten. Sie ergibt sich als V_{gesamt}:

$$V_{gesamt} = V1 \times V2 \times \ldots\ldots \times Vn,$$

wobei V1 bis Vn jeweils die Verfügbarkeiten der einzelnen Systemkomponenten darstellen. Der Begriff 'Verfügbarkeit' läßt sich mit folgender
Gleichung operationalisieren:

$$\text{Verfügbarkeit (\%)} = \frac{\text{Benutzungszeit}}{\text{Benutzungszeit + Ausfallzeit}} \times 100$$

Als Benutzungszeit (Ausfallzeit) gilt die Zeit, in der genau definierte
Systemkomponenten für die Nutzung oder zu Testzwecken (nicht) benutzt
werden können[3]. Zu den technischen Bestimmungsgrößen der Systemver-
fügbarkeit gehören die Zuverlässigkeit[4] und die Wartbarkeit. Ein
System gilt dann als zuverlässig, wenn es bei Ausführung unter zulässigen Bedingungen, unerwartete Ereignisse behandeln kann ohne in undefi-
nierte Zustände zu gelangen bzw. wenn die funktionale Richtigkeit gegenüber einer Systemspezifikation gegeben ist. Die Zuverlässigkeit einer Betrachtungseinheit hängt von der Qualität der eingesetzten Hard-
und Softwareprodukte und von der Gewährleistung ab, daß die für die

---

1) Vgl. BRAUN, Manfred: Steuerung und Überwachung, S. 82; BAYER, Rudolf; DIERSTEIN, Rüdiger: Rahmenkonzept, S. 32; CHANDERSEKARAN,
   C.S.; SHANKAR, K.S.: Integrity, p. 265; DIRLEWANGER, Werner: Benutzer erwarten, S. 42/43; DIRLEWANGER, Werner: 99 Prozent Verfügbarkeit, S. 30/31.
2) Die Verfügbarkeit bezieht sich auf alle Elemente, die ein lokales
   Netzwerk besitzt: Informationen, Informationsträger, Verfahren/Pro-
   gramme, Maschinen etc.
3) Vgl. BRAUN, Manfred: Steuerung und Überwachung, S. 86; GIBBONS, Terry: Integrity, p. 10; KOPETZ, Hermann: Software-Zuverlässigkeit, S.
   12ff.
4) Ausführlich dazu vgl. SCHNEEWEISS, W.: Zuverlässigkeitskennwerte, S.
   124ff; BRAUN, F.G.: Zuverlässigkeit, S. 52ff.

Zweckerfüllung erforderlichen Elemente des Systems wiederbeschafft, re-
konstruiert, ersetzt oder instandgesetzt werden können und zwar in einem Zeitraum, in dem die Leistungsfähigkeit des Benutzers nicht gravie-
rend beeinträchtigt wird. Die Wartbarkeit eines Systems bezeichnet die
Wahrscheinlichkeit, daß ein System nach Auftreten eines Fehlers innerhalb eines gegebenen Zeitraumes wieder in einen funktionsfähigen Zustand gebracht werden kann. Sie setzt sich zusammen aus der Verfügbarkeit des Wartungspersonals, der Kompetenz des Wartungspersonals, dem
Vorhandensein von Ersatzteilen und der Wartungsfreundlichkeit des Systems[1]. Der Umfang und Detaillierungsgrad der erforderlichen Maßnahmen zur Erreichung der Verfügbarkeit richtet sich jeweils nach der Art
der Systemelemente und den Verfügbarkeitserfordernissen der Benutzer.
Ein wesentlicher Faktor im Zusammenhang mit der Erhaltung der Verfügbarkeit ist, wie schon oben angeführt, die Zeit. Die wichtigsten Systemkomponenten sollten daher im Netzwerk permanent verfügbar sein
(z.B. der Kommunikations-Server für nachts ankommende Nachrichten).

Das Teilziel der **Integrität** beinhaltet die Forderung, daß die
Ergebnisse der Informationsverarbeitung richtig und konsistent sind.
Das lokale Netz sollte gegen auftretende Fehler gesichert sein und die
Fortsetzung des Betriebes gewährleisten. Damit beschäftigt sich die
Systemintegrität. Sie gewährleistet unter allen Umständen folgende
Punkte[2]:

o Die logische Richtigkeit und Fehlertoleranz gegenüber Hardware-
   und Softwareobjekten, Prozessen und Funktionen, die das integrierte Bks ausmachen.

o Die logische Vollständigkeit von Hardware und Software, die die
   Schutzmechanismen ausführen.

o Die Konsistenz und Richtigkeit von gespeicherten Informationen.

o Das zusammenhängende Operieren von Hardware, Software, Kommunika-
   tionswegen und den menschlichen Schnittstellen.

Ein System ist dann als integer anzusehen, wenn es unter allen Umständen korrekt arbeitet. D.h., daß nicht nur bei der Konzeption des Systems einzelne Systemkomponenten und deren Zusammenwirken auf Richtigkeit hin getestet worden sind, sondern auch während des Betriebes

---

1) Vgl. KOPETZ, Hermann: Software-Zuverlässigkeit, S. 13.
2) Vgl. STEPCZYK, F.M.: Requirements, p. 104; VOSSBEIN, Reinhard: Prüfverfahren, S. 265/266.

eine Vielzahl von Kontrollen vorliegen, die die Entdeckung von Fehlern, etc. erlauben und die das System zu einer richtigen Reaktion veranlassen. Neben der Systemintegrität wird oft auch die Daten- bzw. Informationsintegrität angeführt[1].

Unter **Vertraulichkeit** der Informationsverarbeitung fällt die Forderung, daß das Informationsverarbeitungssystem den unbefugten Zugriff zu Daten/Informationen und Programmen sowie deren unbefugte Benutzung nicht zuläßt. Weiterhin sollten gespeicherte Informationen sowie angewandte Programme und Verfahren nicht ungewollt nach außen hin bekannt werden.

d) Erkennung und Verhinderung von Risikoereignissen

Die Literatur ist reich an risikopolitischen Strategien. Zwei grundlegende Handlungsmöglichkeiten lassen sich allerdings herauskristallisieren: Einmal die präventive Richtung und zum anderen die wirkungsorientierte Richtung. Die erstgenannte Handlungsmöglichkeit setzt bei den Risikoursachen an. Ihr Ziel besteht darin, zu einer Herabsetzung der Wahrscheinlichkeit der einzelnen Risikoereignisse zu gelangen bzw. diese gar nicht erst eintreten zu lassen. Im Gegensatz dazu orientieren sich die wirkungsbezogenen Strategien an den mittelbaren oder unmittelbaren Risikoauswirkungen. Sie wollen die negativen Folgen unterdrücken und zielen daher auf die Beschränkung des Schadensausmasses ab.

Eine völlige Sicherheit im integrierten Bks ist nicht möglich. Daher ist zu fordern, daß Informationsschutz- und -sicherungsmaßnahmen die Risikoereignisse, sowohl zufälliger als auch vorsätzlicher Art, weitgehend verhindern können (**Verhinderungsgrundsatz**)[2]. Dazu erscheint es notwendig, die Risiken zuerst einmal zu erkennen, auch wenn diese unvermeidbar erscheinen (**Erkennungsgrundsatz**)[3]. Viele der Sicherungsmaßnahmen sind rein vorbeugender Art, d.h. sie mini-

---

1) Vgl. SMITH, Grant N.: State of Practice, p. 167; WEDEKIND, Hartmut; HÄRDER, Theo: Datenbanksysteme II, S. 75.
2) Vgl. FUTH, Horst: Organisation, S. 6. Bei Verbindung der einzelnen Risikoarten und der genannten Anforderung ergeben sich differenziertere Ziele, wie z.B. Verhindern von Katastrophen, Verhindern von Fehlern, Verhindern von Mißbrauch.
3) Vgl. FUTH, Horst: Rationalisierung, Bd. VII, S. 60.

mieren die Wahrscheinlichkeit des Risikoeintritts. Falls ein Risikoereignis eintritt, gilt es die Schadenswirkungen zu reduzieren. Damit
verbunden ist der Rekonstruktionsgrundsatz, d.h. zerstörte oder ge-
löschte Informationen, Programme etc. müssen jederzeit durch Wiederher-
stellungsmethoden rekonstruierbar sein. Eine weitere Aufgabe des Sicherheitssystems besteht darin, Hinweise zu liefern, um auf artgleiche
Risikoereignisse in Zukunft besser vorbereitet zu sein.

Zusammenfassend besitzt das Informationssicherheitssystem also die Aufgabe, einmal den Eintritt bestimmter Risiken zu verhindern und zum anderen eingetretene Risikoereignisse sofort zu erkennen, um die daraus
resultierenden Wirkungen möglichst ohne großen zeitlichen Verzug besei-
tigen oder reduzieren zu können.

II. **Formalziele**

Neben der Sachzielsetzung gilt es, Merkmale anzugeben, die die Art und
Weise der Aufgabenerfüllung festlegen bzw. mit denen die Effizienz ei-
nes Informationssicherheitssystems bestimmt werden kann. Der Begriff
'Effizienz' bezeichnet die Leistungswirksamkeit oder das Erfolgsniveau
des Informationssicherheitssystems. Zu diesem Zweck müssen geeignete
Effizienzkriterien ermittelt werden, die durch die Formalzielsetzung
der Unternehmung beeinflußt sind. Als formale Zielgrößen innerhalb des
Sicherheitssystems gelten die Ordnungsmäßigkeit und Rechtmäßigkeit, die
Wirtschaftlichkeit, die Benutzerfreundlichkeit[1] und die Angemessenheit. Dabei ist einmal zu unterscheiden zwischen der Präferenzstruktur
bzw. den oben genannten Effizienzkriterien und den Effizienzgraden,
d.h. den Ausprägungen, die sich z.B. bei der Bewertung eines konkreten
Systems unter Zugrundelegung der vorgegebenen Kriterien ermitteln lassen[2]. Der Effizienzgrad gibt an, in welchem Ausmaß das gesetzte Formalziel erreicht wurde.

a) **Ordnungsmäßigkeit und Rechtmäßigkeit**

Die Vielfalt der Gestaltbarkeit von Informationssystemen in Unterneh-

---

1) Vgl. GROCHLA, E.; WEBER, H.; ALBERS, F.; WERHAHN, Th.: Informationsschutzsystem, S. 189.
2) Vgl. GROCHLA, Erwin: Einführung, S. 23.

mungen bedeutet nahezu völlige Freiheit für alle Beteiligten. Die daraus resultierende Vielfalt der Systementwürfe macht eine Kontrolle und Prüfung schwierig, sodaß es unumgänglich wird, allgemein formulierte Gestaltungsgrundsätze für ordnungsmäßig wirkende Informationssysteme zu beachten[1]. Eine Informationsverarbeitung, die vollständig, formal richtig, sachlich richtig und prüfbar ist, d.h. also ordnungsmäßig abgewickelt wird, ist jedoch noch lange nicht rechtmäßig, z.B. wenn sie unzulässig gespeicherte Daten verwendet[2]. Deshalb erscheint es sinnvoll, neben die Anforderung nach Ordnungsmäßigkeit die Forderung nach rechtmäßiger Informationsverarbeitung zu stellen.

Ordnungsmäßigkeit bedeutet 'gemäß einer Ordnung' oder 'ordentlich'. Wesentlich dabei ist der Hinweis auf eine bestehende Ordnung. Die Frage, ob etwas ordnungsgemäß ist, setzt also den positiven Zusammenhang mit einer bestehenden Ordnung voraus. Ordnung beinhaltet die Ausrichtung auf ein bestimmtes Ziel bzw. mehrere Ziele. Im Hinblick auf die Informationsverarbeitung umfaßt der Begriff der 'Ordnungsmäßigkeit' die Sicherstellung der formalen und sachlichen Richtigkeit der Informationsverarbeitung[3] und im engeren Sinn die Klarheit und Wahrheit der Rechnungslegung bzw. die richtige, vollständige, termingerechte, nachweisbare und den geltenden Regelungen entsprechende Informationsverarbeitung. Damit werden die Grundsätze der ordnungsmäßigen Buchführung angesprochen. In Analogie dazu wurden die Grundsätze des ordnungsmäßigen Datenschutzes (GoDs) postuliert[4].

"Kaufleute sind im eigenen Interesse und im Interesse von Außenstehenden verpflichtet, Bücher zu führen und Jahresabschlüsse aufzustellen. Sie benötigen hierzu Regeln, wie sie allgemein und in speziellen Fällen zu verfahren haben. Ein Teil dieser Regeln ist durch Normen fixiert."[5] Da ein großer Teil der Informationen in integrierten Bks buchhalterischer Art sind, müssen bereits beim Aufbau und der Gestaltung von Informationssicherheitssystemen die Anforderungen, die an die Nachweisführung zu stellen sind, berücksichtigt werden. Der Wesensinhalt der Grundsätze ordnungsmäßiger Buchführung ist dann erfüllt, wenn

---

1) Vgl. WILL, Hartmut J.: Ordnungsmäßigkeit, S. 197.
2) Vgl. LAICHER, E.: Datenschutz, S. 35.
3) Vgl. BRACK, Werner: Datensicherung zum Datenschutz, S. 35.
4) Vgl. MANNHEIM, Hermann; WISSMANN, Karl-Heinz: Entwicklungstendenzen, S. 286.
5) LEFFSON, U.: Buchführung, S. 307.

aus ihr heraus nachgewiesen werden kann, daß die interne Rechnungslegung sachlich richtig ist. Dieser Nachweis muß vollständig, schlüssig,
in angemessener Zeit und in einer Weise geführt werden können, daß ein
sachverständiger Dritter folgen kann[1]. In Abhängigkeit von den Anforderungen der verschiedenen Arbeitsgebiete können auf der einen Seite
allgemeine (formelle) und auf der anderen Seite anwendungsspezifische
(materielle) Anforderungen oder Grundsätze unterschieden werden.

Unter die **formelle Ordnungsmäßigkeit** fallen Forderungen und
Vorschriften, die sich auf die Struktur der zum Einsatz kommenden Verfahren beziehen[2], insbesondere Forderungen nach Klarheit, Übersichtlichkeit und Nachprüfbarkeit. Der Grundsatz der Klarheit sagt aus, daß
ein sachverständiger Dritter oder der Steuerpflichtige selbst in der
Lage sein muß, die Bearbeitung des Buchungsstoffes in allen Einzelhei-
ten vollständig, schlüssig und in angemessener Zeit nachzuvollziehen.
Übersichtlichkeit erfordert eine klare Gliederung der Dokumentation[3]
und einen hierarchischen Aufbau[4]. Der Umfang der Dokumentation hängt
ab von der Kompliziertheit des Abrechnungsverfahrens, insbesondere von
der Fülle der Verarbeitungsautomatismen, während sich die Gliederung
der Dokumentation zweckmäßigerweise nach dem jeweiligen Ansprechpartner
richten sollte[5]. Prüfbarkeit bedeutet einerseits, daß ein qualifizierter, sachverständiger Dritter innerhalb angemessener Frist und ohne
unangemessene Schwierigkeiten in der Lage sein muß, sich von der angemessenen Gestaltung eines Informationssystems und von seiner Ordnungsmäßigkeit zu überzeugen. Andererseits sind technische und organisatorische Voraussetzungen für eine Nachvollziehbarkeit des Informationsver-
haltens zu schaffen.

Demgegenüber bezieht sich die anwendungsspezifische, **materielle
Ordnungsmäßigkeit** auf die Ergebnisse der Verarbeitung und verlangt
Vollständigkeit, Richtigkeit, Wahrheit und Vorsicht. Der Grundsatz

---

1) Vgl. NAGEL, Kurt: Ordnungsmäßigkeit der Datenverarbeitung (1),
   S. 29.
2) Vgl. BORNHEIM, Wolfgang: Kontroll- und Sicherungserfordernisse,
   S. 244.
3) Grundsätzliche Anforderungen an die Dokumentation beschreibt HASCH-
   KE, Wolfgang: Dokumentation, S. 20/21.
4) Vgl. SCHUPPENHAUER, Rainer: Gliederung, S. 76.
5) Vgl. SCHUPPENHAUER, Rainer: Neue EDV-Techniken, S. 27.

der Vollständigkeit umfaßt die lückenlose Aufzeichnung aller relevanten Informationen. Die Richtigkeit bezieht sich auf die sachliche und rechnerische Richtigkeit. Der Grundsatz der Wahrheit drückt aus, daß die Buchführung so beschaffen sein muß, daß alle Geschäftsvorfälle und Vermögensgegenstände vollständig erfaßt und wahrheitsgemäß dargestellt bzw. ausgewiesen werden. Der Grundsatz der Vorsicht verlangt vom Kaufmann die Bilanzierung und Bewertung so vorzunehmen, daß mögliche Wertverluste und Risiken erfaßt werden. Aus diesen Grundsätzen lassen sich weitere durch Dekomposition ableiten. Als wichtigste Quellen, aus denen die Grundsätze ordnungsmäßiger Buchführung abgeleitet werden können, gelten das Gesetz, die Buchführungspraxis, die Rechtsprechung, amtliche Äußerungen und Fachgutachten[1]. Die Ordnungsmäßigkeit bei der Verarbeitung von Informationen und Daten ist dann gewährleistet, wenn die gesetzlichen und vergleichbaren Anforderungen der Rechnungslegung so erfüllt werden, daß die berechtigten internen und externen Interessen gewahrt werden[2]. Unabhängig vom Zwang gesetzlicher Normen besteht für die Unternehmungsführung die betriebliche Notwendigkeit, die Ordnungsmäßigkeit herzustellen, denn nur so kann sie die Unternehmung optimal steuern und die gesteckten Ziele verwirklichen[3].

In Analogie zu den GoB sind die Grundsätze des ordnungsmäßigen Datenschutzes (GoDs) entwickelt worden[4], die m.E. die **Rechtmäßigkeit** der Informationsverarbeitung sicherstellen. Als Entscheidungshilfen für die Ermittlung der Grundsätze stehen heute insbesondere das BDSG, die Datenschutzpraxis in Wirtschaft und Verwaltung, amtliche Äußerungen, Fachgutachten von Arbeitskreisen und Institutionen, Ansichten der Wissenschaft und die Rechtsprechung zur Verfügung. Es dürften sich folgende Grundsätze herausbilden[5]:

o Grundsatz des Schutzes personenbezogener Daten
   vor Mißbrauch bei der Datenverarbeitung
o Grundsatz der Datensicherung
o Grundsatz der Wirtschaftlichkeit
o Grundsatz der Prüfbarkeit

---

1) Vgl. NAGEL, Kurt: Zusammenhänge, S. 396.
2) Vgl. DEPPE, Hermann: Anforderungen, S. 56.
3) Vgl. KEMNITZER, Rainer: Ordnungsmäßigkeit, S. 16.
4) LAICHER spricht in diesem Zusammenhang von Grundsätzen rechtmäßiger Datenverarbeitung. Vgl. LAICHER, E.: Datenschutz, S. 35f.
5) Vgl. NAGEL, Kurt: Zusammenhänge, S. 389. MANNHEIM/WISSMANN führen die Grundsätze der Subsidiarität, der Datensicherung, der Dokumentation, der Prüfbarkeit und der Wirtschaftlichkeit an. Vgl. MANNHEIM, Hermann; WISSMANN, Karl-Heinz: Entwicklungstendenzen, S. 285-289.

Dabei subsumieren sich unter dem ersten Grundsatz die Forderungen, daß personenbezogene Daten ausschließlich im zulässigen Rahmen (Grundsatz des Verarbeitungsverbotes, Grundsatz der Erforderlichkeit, Grundsatz der Wahrheit und Grundsatz der Zweckbindung) unter Wahrung der Rechte der Betroffenen (Grundsatz der Pflichterfüllung, wie Auskunftsgewährung und Möglichkeit der Mitwirkung) und unter Beachtung des Grundsatzes der Subsidiarität, der besagt, daß besondere Rechtsvorschriften dem BDSG vorgehen, soweit sie auf in Dateien gespeicherte personenbezogene Daten anzuwenden sind (z.B. HGB, AO, arbeitsrechtliche Vorschriften, BetrVG, Gesetze, die die Privatspäre des Bürgers schützen)[1], zu verarbeiten sind. Der Grundsatz der Datensicherung sagt aus, daß die Verarbeitung personenbezogener Daten nur bei angemessener Sicherung geschehen soll. Auf die Forderung nach Wirtschaftlichkeit wird im nächsten Abschnitt eingegangen. Unter den Grundsatz der Prüfbarkeit fallen die Forderungen nach Dokumentation, Benachrichtigung des Betroffenen und die Offenlegung gegenüber Kontrollinstanzen.

Eine eindeutige Abgrenzung zwischen Ordnungsmäßigkeit und Rechtmäßigkeit erscheint allerdings nicht möglich, da zwischen dem eigentlichen Datenschutz und den GoB erhebliche Interdependenzen bestehen. Zum einen können buchhalterische Daten zum beträchtlichen Teil aus personenbezogenen Daten bestehen (z.B. bei der Lohnabrechnung) und zum anderen ist die Prüffähigkeit die wesentliche Voraussetzung für jedes Abrechnungssystem und damit auch für Informationsverarbeitungssysteme.

b) Wirtschaftlichkeit

Neben den Grundsätzen der Ordnungsmäßigkeit und Rechtmäßigkeit der Informationsverarbeitung unterliegt der Einsatz von Sicherheitsmaßnahmen bzw. -systemen in der privaten Wirtschaft als auch in der öffentlichen Verwaltung wie jedes wirtschaftliche Handeln dem Grundsatz der Wirtschaftlichkeit[2]. Wirtschaftlichkeit läßt sich ausdrücken im Verhältnis von Leistung oder Nutzen zu Kosten[3]. Ein Sicherheitssystem gilt dann als wirtschaftlich, wenn der Aufwand (Kosten) für eine funktionsfähige, sichere und ordnungsmäßige Informationsverarbeitung in einem angemessenen Verhältnis zu ihrem Nutzen für den Anwender selbst steht.

---

1) Vgl. DEPPE, Hermann: Interne Revision und Datenschutz, S. 151.
2) Vgl. ALBERS, Felicitas: Bürocomputer, S. 14.
3) Vgl. LÖFFELHOLZ, Josef: Wirtschaftlichkeit, Sp. 4463.

Die Qualität eines Sicherheitssystems wird heute weitgehend am Maßstab der Wirtschaftlichkeit gemessen. Wegen der allgemein relativ hohen Kosten, die der Aufbau eines umfassenden Sicherheitssystems mit sich bringt und auf Grund der meist längerfristigen Bindung der Unternehmung an eine einmal gewählte Systemkonzeption, erscheint eine Wirtschaftlichkeitsanalyse[1] auch als notwendig.

Während die Kosten für Sicherungsmaßnahmen noch verhältnismäßig genau zu ermitteln sind, ist die Quantifizierung des Nutzens, der sich aus der Wertminderung des Schadens bzw. der Minimierung der Wirkungen ergibt, sehr schwierig[2] und wird darüber hinaus erst dann deutlich, wenn ein Schaden entstanden ist. Daneben muß beachtet werden, daß es auch beim Einsatz größter finanzieller Mittel keinen absoluten, alles umfassenden Schutz gibt. Aufgrund rechtlicher Vorschriften, z.B. dem BDSG, ist es dem Anwender sowieso auferlegt, einzelne Kosten aufzuwenden, denn das BDSG schreibt vor, daß Maßnahmen zu treffen sind, um die Ausführung des Gesetzes zu gewährleisten[3]. Obwohl der Gesetzgeber nicht personenbezogene Daten vom Schutz des BDSG ausnimmt und die vorgeschriebenen Sicherungsmaßnahmen folglich nur dem personenbezogenen Datenschutz zuzurechnen sind, muß ein Sicherungssystem diese auch durch geeignete Maßnahmen schützen. Eine getrennte Betrachtungsweise bei der Planung und Implementierung eines solchen Systems ist schon aus Gründen sich gegenseitig unterstützender Wirkungen bestimmter Maßnahmen ökonomisch nicht vertretbar. Die Kosten für das Sicherheitssystem hängen ab von der Größe der Unternehmung, der Branche, der Art des Bks und dem spezifischen Sicherheitsbedürfnis der Unternehmungsleitung[4]. Die Wirtschaftlichkeitsimplikationen lassen sich nur in Ansehung des organisatorischen Einzelfalles bestimmter Maßnahmen beurteilen. Das wesentlichste Problem bei der Erfüllung des Wirtschaftlichkeitsgebotes liegt derzeit darin, daß es kein umfassendes Instrumentarium gibt, mit dessen Hilfe festgestellt werden kann, welcher Schutzgrad notwendig ist und welche Maßnahmen darüber hinaus wünschenswert wären sowie welcher Nutzen und welche Kosten damit verbunden sind[5].

---

1) Auf das Vorgehen bei der Wirtschaftlichkeitsanalyse wird in Kapitel
   E Punkt V b eingegangen.
2) Vgl. RÜFFER, Peter: Sicherung, S. 11; RINGLE, Günther: Das Zielsystem, S. 6/7.
3) Vgl. § 6 Abs. 1 BDSG.
4) Vgl. FUTH, Horst: Rationalisierung, Bd. VII, S. 112/113.
5) Vgl. GROCHLA, Erwin; SCHACKERT, Hans Rolf: Datenschutz, S. 205.

c) **Angemessenheit**

Anforderungen bezüglich der Angemessenheit stellen sich an das Sicherheitssystem sowohl in sicherungsorientierter als auch in kostenorientierter Hinsicht. Der Kosten- bzw. Wirtschaftlichkeitsaspekt wurde oben betrachtet.

Sicherungsorientiert angemessen sind die Maßnahmen des Sicherheitssystems, wenn sie schnell praktisch wirksam werden. Dies gilt bezüglich der Erfüllung des § 6 BDSG eindeutig und für die Sicherung der unternehmungsbezogenen Informationen ebenso[1] (**Praktikabilität**).

Weiterhin fällt die Forderung nach der richtigen Dimensionierung des Sicherheitssystems, d.h. die Frage, ob die vorgesehenen Maßnahmen erforderlich[2] sind, unter die Angemessenheit. Aus der Sicht der Unternehmung kommt es darauf an, daß das Sicherheitssystem auf die Tatbestände der Unternehmung (Größe, Branche, Anwendung, Art der Informationen), seine spezifischen Sicherheitserfordernisse und verschiedene Vorschriften und Gesetze zugeschnitten ist (**Dimensionierung**).

Daneben ist zu fordern, daß ein Sicherheitssystem sich auch den oben genannten Tatbeständen anpassen kann, d.h. daß es ausreichende **Flexibilität** besitzt[3]. Es muß beachtet werden, daß das integrierte Bks sich permanent ändernden Bedingungen unterliegt. Die Sicherheit einer Unternehmung stellt kein Problem dar, das sich nur einmal stellt, gelöst wird und dann keiner Aufmerksamkeit mehr bedarf. Im Gegenteil, wie sich in den meisten anderen Bereichen des betrieblichen Lebens Anforderungen laufend ändern, so gilt dies auch im Bereich der Sicherheit. Eine problemlose Anpassung des Bürosystems an veränderte Bedingungen, d.h. einmal an Veränderungen der Büroorganisation als Ganzes und zum anderen an neue Geräte und Funktionen, eine wachsende Benutzerzahl und damit verbunden an erhöhten Speicherplatzbedarf und Nutzungsintensität erfordert auch eine Anpassung des Sicherheitssystems.

Weiter ist zu fordern, daß das Sicherheitssystem an allen Stellen eingreift, an denen eine Kontrolle notwendig ist, jederzeit wirkt und

---

1) Vgl. WEISE, Karl-Theodor: Zur Organisation, S. 36.
2) Vgl. BAYER, Rudolf; DIERSTEIN, Rüdiger: Rahmenkonzept, S. 10.
3) Vgl. LINDEMANN, Peter: Interdependenzen, S. 35.

keine Sicherheitslücken offenläßt[1), die selbst wieder Gefahrenbereiche und damit Angriffspunkte darstellen. Damit sind der Grundsatz der **Geschlossenheit** und der Grundsatz der **Vollständigkeit** angesprochen. Die Realisierung dieser Forderungen wird allerdings dadurch erschwert, daß in einem so komplexen System wie dem integrierten Bks eine Risikoanalyse, die alle Gefahren und Schwachstellen aufdeckt, besonders schwierig und ungewiß ist.

Neben der Geschlossenheit und Vollständigkeit sollte auch garantiert werden, daß das Sicherheitskonzept nicht auszuschalten oder nur schwer zu durchbrechen ist. Dies führt zu der Forderung, die vorgesehenen Maßnahmen aufeinander abzustimmen und anzupassen (**Konsistenz**). Diese Aufgabe unterliegt jedoch der Schwierigkeit, daß eine eindeutige Zuordnung bestimmter Maßnahmen zu bestimmten Risiken nicht möglich ist, weil jede Maßnahme sich gleichzeitig gegen mehrere Risiken richtet und gegen jedes Risiko mit verschiedenen Maßnahmen vorgegangen werden kann. Daher ist dieser Grundsatz überall dort entscheidend, wo mehrere Sicherungsmaßnahmen aneinandergereiht werden müssen, um ein Risiko abzudekken.

Ein letzter und wichtiger Grundsatz im Zusammenhang mit der Angemessenheit ist der der **Einfachheit**[2). Das Konzept der Sicherungsmaßnahmen sollte so einfach wie möglich gestaltet sein, um Fehler bei der Konzeption oder der Implementierung, die zu nicht eingeplanten und unerwünschten Zugriffswegen führen und im Routinebetrieb normalerweise nicht entdeckt werden, da dieser die Verwendung unerlaubter Zugriffe ja gerade ausschließen soll, zu entdecken.

d) **Benutzerfreundlichkeit**

Die Benutzerfreundlichkeit oder -orientierung eines Sicherheitssystems stellt schließlich die letzte betrachtete Formalzielkomponente dar. Integrierte Bks bzw. computergestützte Informationssysteme sind, wie schon gezeigt wurde, als Verknüpfung personeller und maschineller Aktionsträger anzusehen. Haben in der Vergangenheit die Probleme der

---

1) Vgl. FUTH, Horst: Rationalisierung, Bd. VII, S. 59; BRÜCK, Hans vor
   der: Eigenschaften, S. 136; WEISE, Karl-Theodor: Zur Organisation,
   S. 36.
2) Vgl. KRAUS, Wolfgang: Datensicherungsmaßnahmen, S. 110.

personellen Aktionsträger, hauptsächlich der Benutzer solcher Computersysteme wenig Beachtung gefunden, so herrscht heute in Wissenschaft und
Praxis Einigkeit darüber, daß für den Erfolg dieser Systeme die Bedürf-
nisse der Betroffenen berücksichtigt werden müssen. Dieser Tatsache
trägt das Formalziel der Benutzerfreundlichkeit Rechnung.

Bei dieser Zielkomponente geht es darum, Schutz- und Sicherungsmaßnahmen gegenüber den personellen Aktionsträgern der Informationsverarbeitung angemessen zu gestalten. Die täglichen Routinearbeiten werden in
der Praxis durch Sicherungsmaßnahmen oft erschwert. Deshalb ist darauf
zu achten, daß die Einführung von Maßnahmen an die von ihnen Betroffenen keine übermäßigen oder gar unsinnigen Anforderungen stellen[1].
Unsinnig und in der Praxis nicht durchführbar ist beispielsweise die
Forderung, bei einer häufig vorkommenden Routinearbeit ein Paßwort in
Form eines 32-stelligen Codes einzugeben. Gerade solche Sicherungsmaßnahmen führen meist dazu, daß die Benutzer aus bloßer Bequemlichkeit im
täglichen Gebrauch versuchen, diese zu umgehen[2].

Darüber hinaus beinhaltet die Benutzerorientierung die Forderung, daß
Sicherungsmaßnahmen nicht nur nicht die effektive Arbeit im integrierten Bks behindern, sondern auch als Motivationskomponente[3] dienen
und in diesem Sinn die "Leistungsbereitschaft der Betroffenen im Hinblick auf die Optimierung des bestehenden Informationssystems"[4] för-
dern und unterstützen sollen. Denn der Anwender des integrierten Bks
ist auf die Mitwirkung der Benutzer angewiesen, die beim Online- oder
Lokalbetrieb einen wesentlichen Teil der Maßnahmen selbst initiieren
bzw. treffen müssen. Die Maßnahmen sollten daher von vornherein so angelegt sein, daß sie die Benutzer dazu anregen, sie in korrekter Weise
zu benutzen. Damit wird die Bereitschaft und das Eigeninteresse der Benutzer, die Informationsverarbeitung sicherer zu machen, für das Gesamtsystem genutzt.

Obwohl die Fragen der Benutzerfreundlichkeit und Einfachheit in der Be-

---

1) Vgl. BAYER, Rudolf; DIERSTEIN, Rüdiger: Rahmenkonzept, S. 28; MER-
   TENS, Peter: Gefahren, S. 21ff.
2) Vgl. DIERSTEIN, Rüdiger: Datenschutz (IV), S. 644.
3) Vgl. HILL, Wilhelm; FEHLBAUM, Raymond; ULRICH, Peter: Organisationslehre 1, S. 166.
4) GROCHLA, E.; WEBER, H.; ALBERS, F.; WERHAHN, Th.: Informationsschutzsystem, S. 189.

dienung von Geräten und Programmen und Maßnahmen - auch im Bereich der Informationssicherheit - in Zukunft zu Schlüsselfragen im Bereich der Bürokommunikation werden, erweist sich die Angabe von Kriterien zur Messung und Bewertung der Benutzerfreundlichkeit als sehr problematisch. Als Beispiele wären die Lernzeit von Sicherungsmaßnahmen (d.h. die Zeit, die ein durchschnittlicher Benutzer zum Erlernen der wichtigsten, für seine Arbeit relevanten Befehle benötigt), die Arbeitsgeschwindigkeit (d.h. die Zeit zur Ausführung einer Sicherungsmaßnahme), die Fehlerrate (d.h. die Anzahl und Art der Fehler, die bei der Ausführung bzw. dem Eingeben gemacht werden), die subjektive Befriedigung der Benutzer (d.h. wie bewerten die Benutzer die einzelnen Eigenschaften der Maßnahmen bzw. des Sicherheitssystems) und die Langzeitvertrautheit (d.h. wie gut kommen eingeübte Benutzer mit dem System zurecht, wenn sie eine längere Pause eingelegt haben)[1] zu nennen.

Nachdem nun die Zielelemente beschrieben worden sind, wird im nächsten Abschnitt versucht, Beziehungen zwischen den Zielen aufzuzeigen.

III. **Zielsysteme**

Ein Vergleich der oben beschriebenen Ziele zeigt, daß zwischen den einzelnen Zielelementen Abhängigkeiten bestehen. Zur optimalen Entscheidungsfindung bedarf es der Kenntnis dieser Abhängigkeiten. Dies geschieht durch die Entwicklung einer Zielhierarchie (Zielpyramide, Zielbaum), in der die Ziele durch Abwägung und Gewichtung in Ober-, Zwischen- und Unterziele aufgegliedert werden. Dabei können die Zielelemente der gleichen hierarchischen Ebene des Zielsystems in unterschiedlichen Beziehungen zueinander stehen, die im folgenden jedoch nicht betrachtet werden. Auf Grund der oben getroffenen Unterscheidung in eine Sachziel- und Formalzielkategorie lassen sich auch zwei Zielsysteme darstellen.

Die vertikale Anordnung der **Sachzielelemente**, d.h. die Gliederung der Ziele der unterschiedlichen Ebenen zu einer vertikalen Zielkette innerhalb eines Zielsystems, ermöglicht die Überführung des schwer zu operationalisierenden Gesamtzieles 'Gewährleistung von Infor-

---

1) Vgl. SCHMIDT, Egon: Computer, S. 12; SCHMID, Werner: Statt Qual der
   Wahl, S. 20; LIPPOLD, Heiko: Benutzeradäquanz, S. 19.

mationssicherheit' in operationale, oft jedoch nur qualitativ definierte Einzelziele. Dabei erfordert die Erreichung des an der Spitze liegenden Primärzieles eine bestimmte Erfüllung der hierarchisch tiefer-
liegenden Ziele verschiedener Ranghöhe. Zwischen den vertikal ange-
ordneten Zielen herrschen also Zweck-Mittel-Beziehungen, d.h. ein un-
tergeordnetes Ziel stellt ein Mittel zur Erreichung des nächsthöheren
Zieles dar, das selbst wieder eines der Mittel ist, um letztlich das
darüberstehende Gesamtziel zu erreichen. Dadurch entsteht ein pyrami-
denförmiges Zielsystem, das sich mit abnehmender Ranghöhe immer mehr
verästelt und Zielsubsysteme bildet, wobei der Geltungsbereich der einzelnen Zielelemente bei zunehmender Konkretisierung der Ziele ab-
nimmt (siehe Abb. 29).

Eine ähnliche Systematisierung der **Formalziele** zeigt Abb. 30.
Weiterhin läßt sich eine Systematisierung der Formalziele mit Hilfe der
Bewertung der Ziele durch verschiedene Interessengruppen durchführen.
Aus den Interessenlagen der Gruppen resultieren unterschiedliche Anfor-
derungen an das Sicherheitssystem. Zur systematischen Aufbereitung wäre
allerdings eine Nutzwertanalyse erforderlich, die ermitteln könnte,
welchen subjektiven Nutzen die einzelnen Interessengruppen aus dem
Sicherungssystem ziehen bzw. welche Formalziele sie bevorzugen. Die
Einzelinteressen müßten in Schutzfelder eingeteilt und die jeweiligen
Prioritäten der Schutzfelder festgelegt werden. Als Interessengruppen
lassen sich Betroffene (bzw. der Gesetzgeber und/oder die Öffentlichkeit), Anwender bzw. Inhaber des lokalen Netzwerkes und Benutzer ab-
grenzen, wobei hinsichtlich des Zielkomplexes Ordnungsmäßigkeit und
Rechtmäßigkeit Prioritäten für die erstgenannte Gruppe, hinsichtlich
der Ziele Wirtschaftlichkeit und Angemessenheit Prioritäten für die An-
wendergruppe und bezüglich des Zieles Benutzerfreundlichkeit Prioritäten für die Benutzergruppe abgeleitet werden können. Der oben angesprochene Sachverhalt wird in Abb. 31 nochmals verdeutlicht.

D Rahmenbedingungen für die Gestaltung eines Sicherheitssystems

Zur Erreichung der oben aufgeführten Ziele müssen spezifische Maßnahmen eingesetzt werden. Welche Maßnahmen ausgewählt werden und in welchem Umfang diese zum Einsatz gelangen, hängt jedoch nicht nur von den zugrunde liegenden Zielen bzw. dem Zielsystem ab, sondern auch von bestimmten Rahmenbedingungen (Restriktionen). Daher ist es notwendig, daß der Organisator entsprechendes Wissen über den Einfluß bestimmter Situationsbedingungen besitzt[1], um einerseits die Sicherungsmaßnahmen nicht überzubestimmen und andererseits aber auch keine Lücken im Sicherheitssystem offenzulassen[2]. Die Bedingungen umfassen solche Einflußfaktoren, welche die Menge der Gestaltungsalternativen einschränkt, indem die Anzahl logisch möglicher Alternativen auf eine Menge zulässiger Alternativen reduziert wird, und die im Rahmen des Organisierens nicht verändert werden können[3]. Die Gesamtheit der Bedingungen stellt die Situation der Unternehmung dar. Die Forderung nach einer expliziten Berücksichtigung der situativen Eigenschaften beruht auf den Ergebnissen zahlreicher empirischer Untersuchungen[4]. Diese zeigten, daß der Einsatz bestimmter Maßnahmen nicht zwangsläufig zu den gleichen Wirkungen führt, sondern in starkem Maße von den Bedingungen der einzelnen Unternehmungen abhängig ist. Für die praktische Gestaltungsarbeit stellt sich damit die Aufgabe, die herrschenden Bedingungen zu identifizieren.

Im folgenden sollen aus der Fülle der Bedingungen, denen sich die Unternehmung ausgesetzt sieht, diejenigen dargestellt werden, die für die konkrete Problemstellung eines Informationssicherheitssystems von Bedeutung sind. Für die strukturelle Gestaltungsproblematik ergeben sich relevante Bedingungen aus der Umwelt einer Unternehmung (externe Bedingungen) sowie aus den Eigenschaften der Unternehmung und den Eigenschaften der eingesetzten personellen und maschinellen Aktionsträger

---

1) Vgl. WOLLNIK, Michael: Einflußgrößen, Sp. 593.
2) Vgl. GERLACH, Günter; BESKEN, Reinhard: Maßnahmen, S. 476.
3) Vgl. GROCHLA, Erwin: Grundzüge, S. 49. Die Rahmenbedingungen können nicht alle als vollkommen unveränderbar angesehen werden. Bei genauerer Betrachtung einer Situation sind verschiedene Arten der Einflußnahme und Grade der Beeinflußbarkeit zu unterscheiden. Vgl. dazu: GROCHLA, Erwin: Einführung, S. 18.
4) Vgl. KIESER, A.; KUBICEK, H.: Organisation, S. 177ff.

(interne Bedingungen)[1]. Bei der Festlegung der Gestaltungsstrategie sind in erster Linie unternehmungsinterne Faktoren zu beachten, wie z.B. Verfügbarkeit personeller und finanzieller Ressourcen, Einstellung der Unternehmungsführung und der Mitarbeiter. Eine Trennung in Bedingungen für das strukturelle und strategisch-dispositive Gestaltungsproblem erfolgt nicht; die Bedingungen, die die strategisch-dispositive Gestaltung beeinflussen, werden in Kapitel F nochmals angesprochen. Im folgenden wird eine Gliederung der Bedingungen in drei Klassen vorgenommen, "die sich auf unterschiedliche Systemebenen beziehen"[2]:

o Organisatorisch-technische Bedingungen
o Eigenschaften der personellen Aktionsträger
o Umweltbedingungen[3]

I. Organisatorisch-technische Bedingungen

Auf der Ebene der organisatorisch-technischen Bedingungen soll zwischen der Art des zu schützenden Informationssystems sowie den davon ausgehenden Risiken und ihren Wirkungen, dem Stand der Sicherungsmethoden und den finanziellen Restriktionen unterschieden werden. Weitere Bedingungen, wie die Größe der Unternehmung, die Rechtsform, die Art der Produktion etc. werden nicht behandelt.

a) Eigenschaften des zu schützenden Informationssystems

Als Bestimmungsfaktoren des jeweils zu schützenden Informationssystems gelten die Art der eingesetzten Informationstechnologie und deren Technisierungsgrad sowie die Struktur und die Organisation des Informa-

---

1) Zu dieser Einteilung vgl. GROCHLA, Erwin: Organisatorische Gestaltung, Sp. 1836; GROCHLA, Erwin: Grundzüge, S. 49; GROCHLA, Erwin: Einführung, S. 18f.
2) KUBICEK, Herbert: Informationstechnologie, S. 63.
3) Diese Aufteilung läßt sich u.a. ableiten aus der von GROCHLA vorgenommen Gliederung in externe Bedingungen, welche sich aus Aspekten zusammensetzen, die die nur noch strategisch-langfristig beeinflußbare Umwelt der Unternehmung charakterisieren, und interne Bedingungen, welche sich aus Aspekten zusammensetzen, die innerhalb der Grenzen der Unternehmung liegen und als frei gewählte und in gewissem Maße veränderbare Bedingungen anzusehen sind (Eigenschaften der Menschen und Eigenschaften der Maschinen); vgl. GROCHLA, Erwin: Einführung, S. 18/19; WOLLNIK, Michael: Einflußgrößen, Sp. 595.

tionssystems bzw. des integrierten Bks[1]. Restriktive Wirkungen auf die organisatorische Gestaltung eines Sicherheitssystems gehen von der Informationstechnologie dadurch aus, daß ihre realtechnischen Eigenschaften den Gestaltungsspielraum begrenzen können. Das Ausmaß der Begrenzung hängt ab vom informationstechnologischen Entwicklungsstand und dem Angebot alternativer Systeme, die jeweils andere Strukturen aufweisen und unterschiedliche Einsatzbedingungen voraussetzen, wobei der restriktive Charakter bei den einzelnen Systemen unterschiedlich ausgeprägt sein kann[2]. Andererseits kann die Informationstechnologie den Gestaltungsspielraum erweitern, indem Maßnahmen realisiert werden können, die ohne eine bestimmte Systemkonfiguration nicht oder weniger wirkungsvoll möglich sind[3]. Der Begriff 'Informationstechnologie' umfaßt dabei die Gesamtheit des Wissens über Verfahren zur Informationsverarbeitung[4] bzw. exakt definierte Verfahren zur Erfüllung von Aufgaben im Rahmen von Mensch-Maschine-Systemen, deren Beschreibung durch anwendungsbezogene und benutzerorientierte Merkmale erfolgt. Allgemein formuliert fallen unter den Begriff alle Hilfsmittel – materieller (Werkzeuge und Maschinen) und konzeptioneller (Modelle und Methoden) Art –, die die Abwicklung von Informationsverarbeitungsaufgaben unterstützen. Innerhalb des gegenwärtig verfügbaren Angebotes lassen sich drei Grundformen bzw. Ausprägungen moderner Informationstechnologien unterscheiden:

o Datenverarbeitungstechnologien

o Textverarbeitungstechnologien

o Kommunikationstechnologien

Dabei stellt die **Datenverarbeitung** den Teil der Informationsverarbeitung dar, der die Verarbeitung formatierter Daten (vorwiegend in Form von Zahlen) zum Gegenstand hat[5]. Die Fortschritte auf dem Gebiet der modernen Datenverarbeitung zeigen sich besonders deutlich in Form der realtechnischen Verbesserung oder Neuentwicklung von Hardwarekomponenten (Zentraleinheiten und periphere Geräte zur Eingabe, Ausgabe und Speicherung). Die Hardware konnte sehr stark von der Entwicklung hochintegrierter Schaltkreise profitieren, deren Herstellung absolut

---

1) Vgl. GROCHLA, Erwin; SCHACKERT, Hans Rolf: Datenschutz, S. 62.
2) Vgl. BECKER, Robert: Der Wandel, S. 55.
3) Vgl. KROPPENBERG, Ulrich: Dezentralisierungstendenzen, S. 5.
4) Vgl. KUBICEK, Herbert: Informationstechnologie, S. 122.
5) Vgl. GROCHLA, Erwin: Entwicklungstendenzen, S. 3.

und pro Schaltfunktion sehr billig geworden ist[1]. Die Zentraleinheiten, bestehend aus einem oder mehreren Prozessoren und dem Zentralspeicher, wurden und werden hinsichtlich ihrer Beurteilungskriterien (Leistungsfähigkeit, Kosten) verbessert. Durch die Schaltzeiten, die derzeit im Nanosekundenbereich liegen (10^{-9} Sekunden), werden die Grenzen des technisch Möglichen erreicht[2]. Bei den Prozessoren ist eine Annäherung von Mikroprozessoren an die Leistungsfähigkeit von Großrechnerprozessoren zu erwarten. Im Bereich der Eingabe- und Ausgabeperipherie werden neben verbesserter vorhandener Technologie neue Technologien (Spracheingabe und Sprachausgabe, Faksimile-Ein/Ausgabe, Eingabe von Handschriften, intelligente Kopierer) eingesetzt. Neben diesen hardware-technischen Entwicklungen gibt es Veränderungen und Neuentwicklungen im Bereich der problemorientierten Programmiersprachen, der Systemsoftware, der Standardanwendungssoftware und auf dem Gebiet des Software-Engineering.

Bei den **Textverarbeitungstechnologien** handelt es sich um spezielle Hardware-Einrichtungen, Programmsysteme und andere Hilfsmittel, die es ermöglichen, formale und inhaltliche Manipulationen an Worten und Texten (nicht formatierte Daten) durchzuführen[3]. Die Entwicklungen werden hier in erster Linie durch Fortschritte auf dem Gebiet der Textautomaten und der elektronischen Schreibmaschinen geprägt.

Zu den **Kommunikationstechnologien** zählen Sachmittel und Verfahren, die es ermöglichen, Informationen in unterschiedlicher Darstellungsart räumlich zu übermitteln[4]. Die Entwicklung der Mikroelektronik wirkte sich auch auf die Telekommunikation, d.h. den Austausch von Informationen über größere Entfernungen hinweg, positiv aus. Unter die Entwicklungstrends auf diesem Gebiet fallen die Fort- und Neuentwicklung von Kommunikationsnetzen und -diensten und damit die Entwicklung von geschlossenen zu offenen Kommunikationssystemen, die Digitalisierung aller Arten von Signalen, die die Übermittlung von Daten, Texten, Bildern und Sprache auf einem Medium zuläßt, sowie das vielfältige Angebot an Telekommunikationsgeräten.

---

1) Vgl. HASENKAMP, Ulrich: Entwicklung der Hardware, S. 316.
2) Vgl. ZEMANEK, H.: Die Zukunft, S. 545.
3) Vgl. GROCHLA, Erwin: Entwicklung und Integration, S. 7.
4) Vgl. GROCHLA, Erwin: Entwicklung und Integration, S. 8.

Vor dem oben skizzierten Hintergrund läßt sich aussagen, daß das Angebot an Sachmitteln und verfahrenstechnisch-methodischen Instrumentarien
der Informationsverarbeitung im Laufe der Zeit immer umfangreicher und
vielfältiger geworden ist und bei der Gestaltung eines Sicherheitssystems eine nicht unbedeutende Rolle spielt, da sich einmal die bestehenden Sicherungsmaßnahmen den jeweiligen Systemen anzupassen haben und
andererseits neue Verfahren entwickelt werden müssen.

Neben der eingesetzten Technologie und dem Technisierungsgrad beeinflußt die Struktur des integrierten Bks die Ausgestaltung des Sicherheitssystems. Hervorgerufen durch die Entwicklungen auf dem technischen
Gebiet treten auch bezüglich der Ausgestaltung der Systeme Veränderungen auf. Grob lassen sich drei Nutzungsformen unterscheiden - die Integration, die Dezentralisierung und die Führungsorientierung[1].

Die Integration[2] umfaßt die Verknüpfung von Datenverarbeitungs-,
Textverarbeitungs- und Kommunikationssystemen innerhalb des Informationssystems. Der Integrationsprozeß vollzieht sich mehrdimensional und
zwar im Sinn einer technischen, sozialen und organisatorischen, horizontalen und vertikalen, externen und internen Integration[3].

Nach einer überwiegend zentralen Nutzung von Informationstechnologien -
hauptsächlich der Daten- und Textverarbeitungstechnologien - geht der
Trend seit Mitte der 70er Jahre dahin, die Computerleistung dezentral
direkt am Büroarbeitsplatz anzubieten. Da sich die Informationsverarbeitung in verschiedenen Prozeßphasen vollzieht und diese Teilphasen
heute gestreut erfüllt werden, beinhaltet der Problembereich Dezentralisation/Zentralisation die Aspekte des Personen- und Sachmittelbezuges, des räumlichen Bezuges und des Phasenbezuges.

Diese kurze Skizzierung der Entwicklungstendenzen und Anwendungskonsequenzen der informationstechnologischen Entwicklung zeigt, daß damit
eine Vergrößerung der Gestaltungsspielräume verbunden ist, die eine

---

1) Vgl. GROCHLA, Erwin: Entwicklungstendenzen, S. 7.
2) Der Begriff 'Integration' kennzeichnet einen Vorgang (bzw. dessen
   Ergebnis), durch den aus sich ergänzenden Teilen eine neue umfassende Einheit geschaffen wird. Vgl. LEHMANN, Helmut: Integration, Sp.
   976.
3) Vgl. GROCHLA, Erwin: Entwicklung und Integration, S. 15ff und KAR
   CHER, Harald B.: Büro der Zukunft, S. 112ff; FASSBENDER, Wolfgang:
   Ein Konzept, S. 102.

Vielzahl von spezifischen Anwendungskonzeptionen mit sich bringt. Um das Sicherheitssystem nicht als Überbau zur Systemarchitektur des Bks zu entwickeln, sind diese Bereiche bei der Entwicklung und Implementierung des Sicherheitssystems zu beachten[1]. Weiterhin spielen das Anwendungsgebiet des Bks, die räumlichen Gegebenheiten, die Organisation des Informationsbestandes als Bedingungen für die Gestaltung eine Rolle.

b) **Risiken und ihre Wirkungen**

Von den Eigenschaften des zu gestaltenden Informationssystems, den dort verarbeiteten Informationen und den eingesetzten personellen Aktionsträgern hängen u.a. auch die Risiken ab, die die Existenz der Informationsbestände gefährden. Andere Risikoarten, die sich aus verschiedenen Kombinationsmöglichkeiten der Umweltbedingungen ergeben, wie Katastrophenrisiken, kommen hinzu. Jedes Risikoereignis ist mit speziellen Wirkungen verbunden, denen das Sicherheitssystem zu begegnen versucht. Die Risiken und ihre Wirkungen sind daher als Bedingungen in die Planung und Implementierung eines Sicherheitssystems mit einzubeziehen. Dieser Punkt wird im folgenden nicht weiter behandelt, da der Darstellung der Risiken und ihrer Wirkungen ein eigenes Kapitel gewidmet wurde (siehe Kapitel B).

c) **Stand der Sicherungsmethoden**

Als weitere Bedingung, die bei der Gestaltung des Sicherheitssystems zu beachten ist, sind die Sicherungsmethoden zu nennen. Im Vergleich zu den herkömmlichen, auch bei nicht integrierten Bks durchzuführenden Maßnahmen und Methoden treten bei integrierten Bks durch die gestiegenen Mißbrauchsmöglichkeiten insbesondere solche Maßnahmen in den Vordergrund, die eine unbefugte Teilnahme am System und einen unberechtigten Zugriff auf gespeicherte Informationen erschweren. Dies kann beispielsweise durch Identifikationsverfahren erreicht werden. Identifiziert werden kann der Benutzer durch das, was er weiß (z.B. Kennwort), was er hat (z.B. Schlüssel, Ausweis) oder was er ist (z.B. Fingerabdruck, Stimme). Gerade die letzten beiden Verfahren der Identifikation erscheinen am sichersten; ihre Verwendung ist jedoch technisch

---

1) Vgl. GROCHLA, E.; WEBER, H.; ALBERS, F.; WERHAHN, Th.: Informationsschutzsystem, S. 190.

noch nicht zufriedenstellend. Weiterhin treten in letzter Zeit im Zusammenhang mit der Übertragungssicherung verstärkt aus dem militärischen Bereich stammende Verschlüsselungsverfahren (sog. kryptographische Verfahren)[1] in den Vordergrund. Diese beiden Beispiele zeigen, wie wichtig der Stand der Sicherungsmethoden/Maßnahmen als Bedingung für den Aufbau eines spezifischen Sicherheitssystems ist.

Im folgenden soll kurz der Stand der Sicherungsmethoden dargestellt werden, wobei auf ältere empirische Studien zurückgegriffen werden muß, da ein umfassender aktueller Überblick nicht vorliegt. Zweckmäßigerweise läßt sich der Maßnahmenbereich unterteilen in Hardware-, Software- und Orgwaresicherungen. Unter dem Begriff 'Hardware-Sicherungen' werden alle maschinentechnischen Sicherungen verstanden, während Software-Sicherungen alle programmtechnischen und Orgware-Sicherungen alle organisatorisch-administrativen Verfahren beinhalten.

NAGEL hat bei einer empirischen Untersuchung von 402 Unternehmungen bzw. Verwaltungseinheiten 1975 zum Stand der Datensicherung in der Bundesrepublik Deutschland auf die Frage nach der Beurteilung des Standes der oben genannten Sicherungsmethoden folgende Antworten erhalten (siehe Abb. 32)[2]. Hier wird ein deutliches Gefälle von den Hardware- über Software- zu den Orgware-Sicherungen sichtbar. Zu einem ähnlichen Ergebnis kam eine Studie in den USA, die 1974 vom MIT (Massachusetts Institute of Technology) durchgeführt wurde (zu den in diesem Zusammenhang wichtigsten Ergebnissen siehe Abb. 33). Wie mangelhaft bzw. unzureichend die Sicherheitsvorkehrungen sind, läßt sich anhand folgender Tabelle von "Computermanipulationen" darstellen (siehe Abb. 34).

SIEBER stellt jedoch in seinem 1980 erschienenen Nachtrag zur 1. Auflage des Buches 'Computerkriminalität und Strafrecht' fest, daß sich das geringe Problembewußtsein der DV-Anwender für Sicherheitsfragen sowie die mangelnde Durchführung von Datensicherungsmaßnahmen in den vergangenen Jahren unzweifelhaft verbessert haben. Er äußert die Vermutung, daß der Erlaß und die Durchführung des BDSG und Warnungen vor den Gefahren der Computerkriminalität in wissenschaftlichen Publikationen und Seminaren das Interesse der Praxis an Datensicherungsmaßnahmen ganz

---

1) Vgl. WIESNER, Barbara: Der Schutz von Daten, S. 265ff.
2) Vgl. NAGEL, Kurt: Stand, S. 166.

allgemein gefördert hat. Wie die im Jahre 1978 von KRAUS vorgelegte
Studie über den Stand der Datensicherungsmethoden in 400 Unternehmungen
und Behörden[1), die Prüfungen der Datenschutz-Aufsichtsbehörden[2)
sowie Berichte von Revisoren und Prüfern belegen, sind zahlreiche Unternehmungen jedoch immer noch ungenügend geschützt und werden die Möglichkeiten des Computers, kriminelle Handlungen zu verhindern und auf-
zudecken, noch immer nicht genügend in Anspruch genommen.

Die Forderung nach der Verbesserung der Sicherungsmaßnahmen betrifft
aber nicht nur die Anwender, sondern auch die Hersteller von Computer-
anlagen und Software. Wie SIEBER mehrfach gezeigt hat, bieten die heutigen Computersysteme noch immer zahlreiche Möglichkeiten der Umgehung
von Sicherungsmaßnahmen. Zum gleichen Ergebnis kommen eine Studie des
BIFOA zum Anwendungsstand von Datenschutz- und Datensicherungsmaßnahmen
beim Einsatz von Kleincomputern in Klein- und Mittelbetrieben[3) und
des TÜV Bayern[4). Da Sicherheits- und Flexibilitätsanforderungen an
Computersysteme sich teilweise gegenseitig ausschließen wird absolute
Sicherheit auch niemals erreichbar sein. Den großen Computerherstellern
ist daher auch nicht so sehr die Tatsache vorzuwerfen, daß sie dem
– für den Verkauf ihrer Systeme wichtigeren - Ziel der Flexibilität den
Vorrang geben, sondern, daß sie noch immer ungenügend auf die entsprechenden Sicherheitsrisiken ihrer Systeme hinweisen. Risikoabschätzungen
der Hersteller sind meist zu optimistisch getroffen und halten einer
methodischen Analyse nicht stand[5). Daher wäre eine Bewertung der Systeme durch eine neutrale Instanz und eine Skalierung der Systeme nach
ihrer Sicherheit bzw. ihrer Verletzbarkeit wünschenswert.

Obwohl die angeführten Beispiele keinen differenzierten Aufschluß über
den Stand der Sicherungsmethoden bei integrierten Bks geben, ergibt
sich eine Tendenz dahingehend, daß die Sicherungsmaßnahmen verglichen
mit dem informationstechnologischen Entwicklungsstand noch unzureichend
sind. Hier ist die Technik aufgefordert, dem Anwender adäquate Mittel
zur Erfüllung des Zieles Informationssicherheit an die Hand zu geben
und systemtechnische Sicherungsmaßnahmen als festen Bestandteil von

---

1) Vgl. KRAUS, Wolfgang: Datensicherungsmaßnahmen, S. 113ff; KRAUS,
   Wolfgang: Stand der, S. 194ff.
2) Vgl. SCHAPPER, Claus-Henning: Datensicherung, S. 37/38.
3) Vgl. ALBERS, Felicitas: Anwendungsstand, S. 219ff; GROCHLA, Erwin;
   ALBERS, Felicitas; RÜSCHENBAUM, Ferdinand: Einsatz, S. 186ff.
4) Vgl. HEYMANN, Frank: Mängelschwerpunkte, S. 107ff.
5) Vgl. RYSKA, Norbert; SIEGFRIED, Herda: Verfahren, S. 21.

Hardware und Software anzubieten[1]. Aber auch im organisatorischen Bereich liegen große Schwachstellen und zwar in Bezug auf die organisatorischen Maßnahmen und die systematische Planung und Einführung eines Sicherheitssystems.

d) **Finanzielle Restriktionen**

Als wichtigste Gestaltungsbedingung gelten die Ressourcen im Sinne von finanziellen Mitteln, die für den Aufbau eines Sicherheitssystems zur Verfügung stehen. Die kostenmäßigen Belastungen der Unternehmungen durch ein Sicherheitssystem sind sehr unterschiedlich; sie werden bestimmt vom Umfang der bereits durchgeführten Maßnahmen, von der Güte der bestehenden Ablauforganisation usw. Es darf nicht übersehen werden, daß die Kosten für die Informationssicherheit zu den Konzeptions- und Unterhaltungskosten integrierter Bks hinzukommen[2]. Gerade im Bereich des Informationsschutzes und der -sicherung treten steigende Kosten auf, die durch entsprechende organisatorische und personelle sowie in zunehmendem Maße durch gesetzliche Maßnahmen verursacht werden. Aber auch Verschlüsselungskosten oder Einführungskosten von 'intelligenten Karten', die Zugriff auf Informationen und elektronische Unterschrift gestatten, stellen neue Kostenfaktoren dar.

Obwohl bisher kaum aussagefähige Zahlen vorliegen, die zu einer klaren Antwort auf die Frage nach der Höhe künftiger Schutz- und Sicherungskosten berechtigen, muß der Anwender aus folgenden Gründen mit einem Ansteigen dieser Kosten rechnen:

o Vom Gesetzgeber werden z.B. durch das BDSG zusätzliche Schutz- und Sicherungsmaßnahmen gefordert.

o Auch die Unternehmungen messen dem Informationsschutz und der -sicherung eine zunehmende Bedeutung bei.

o Der Einsatz integrierter Bks verlangt die Einführung neuer und erheblich teurerer Maßnahmen.

o Die Maßnahmen werden sich zunehmend von den relativ billigen organisatorisch-administrativen zu den teuren Software- und Hardware-Verfahren verlagern.

Die Kosten für das Sicherheitssystem hängen ab von der Größe der Unter-

---

1) Vgl. SCHAPPER, Claus-Henning: Datensicherung, S. 38; JEAN, Willy: Kann oder muß, S. 37.
2) Vgl. LEYRER, Anton: Kosten-/Nutzenüberlegungen, S. 211; LINDEMANN, P.; NAGEL, K.; HERRMANN, G.: Auswirkungen, S. 81.

nehmung, der Branche, der Betriebsart des integrierten Bks, dem Sicherheitsbedürfnis[1] und den bereits vorhandenen Sicherungen.

Aus dem Bereich der Datenverarbeitung liegen entsprechende Schätzungen
der Kostenhöhe vor: OBELODE und WINDFUHR sprechen von ca. 3 % des EDV-
Budgets, die für Datenschutz- und -sicherungsmaßnahmen aufgewendet werden müssen, wobei sich die 3 % aufteilen in ca. 2 % der Gesamtkosten
für Gebäudesicherung, 0,1 % für zusätzliche Programmierung, 0,6 % für
Sicherungen im Rechenzentrum und 0,1 % für die manuelle Überwachung.
Die oben gennanten Autoren weisen jedoch zugleich darauf hin, daß "diesen zusätzlichen Kosten ... Einsparungen, die durch die Automatisierung
der Arbeitsvorbereitung und des Ablaufes im Rechenzentrum erreicht wurden, gegenüberstehen"[2]. FUTH dagegen rechnet mit Kostengrößen im DV-
Bereich, die je nach Umfang der bisher schon praktizierten Maßnahmen
zwischen 10 und 30 % des gesamten EDV-Budgets betragen[3].

Abschließend lassen sich in diesem Bereich folgende Aussagen treffen:
Eine wichtige Bedingung bei der Planung und der Durchführung eines Sicherheitssystems liegt in den verfügbaren finanziellen Mitteln. Daneben
dürfen Schutz- und Sicherungsaspekte allerdings nicht unter dem allei-
nigen Gesichtspunkt ökonomischer Kriterien gesehen werden, da der Betrieb eines integrierten Bks bestimmter Sicherungsmaßnahmen bedarf und
der Gesetzgeber bestimmte Maßnahmen vorschreibt. Vielfach sind Sicherungsmaßnahmen auch nicht scharf von anderen Maßnahmen zu trennen, die
zur Einrichtung und zum Betrieb eines integrierten Bks gehören.

II. Eigenschaften der personellen Aktionsträger

Zu den internen Bedingungen zählen neben den technisch-organisatori-
schen Bedingungen die spezifischen Eigenschaften der Menschen, die als
Aktionsträger in der Unternehmung und im Büro arbeiten. Auf Grund der
geringen Steuerungsmöglichkeit stellt diese Bedingungskategorie ein besonderes Problem dar, da die menschlichen Aktionsträger einmal die Aufgabenerfüllung bewirken und andererseits wegen ihrer Eigenschaften den
Charakter von eigenständigen Einflußfaktoren auf die Prozesse in einem

---

1) Vgl. FUTH, Horst: Rationalisierung, Bd. VII, S. 112/113.
2) OBELODE, G.; WINDFUHR, M.: Datenschutz und Datensicherung (5),
   S. 236.
3) Vgl. FUTH, Horst: Rationalisierung, Bd. VII, S. 113.

sozio-technischen System besitzen. Als Einflußgrößen werden im folgenden das Sicherheitsbewußtsein, die Qualifikation der Mitarbeiter und die Benutzerakzeptanz erläutert.

a) <u>Sicherheitsbewußtsein</u>

Ohne ausreichendes Sicherheitsbewußtsein in der Unternehmungsleitung und bei den Mitarbeitern in den Fachabteilungen und ohne klar definierte Zuständigkeiten für die Fragen der Sicherheit läßt sich in keiner Unternehmung ein brauchbares und lückenloses Sicherheitskonzept verwirklichen[1]. In einer Studie untersuchte das MIT folgende Thesen über das Sicherheitsbewußtsein:

o Das vom Benutzer geforderte Maß an Sicherheit hängt von dessen Wissen über Bedrohungen ab.

o In einer Unternehmung beeinflußt die Nähe des Mitarbeiters (i.S. der Aufgabenerfüllung) zum Computersystem sein Problembewußtsein für Sicherheitsfragen.

o Unterschiede im Grad des Sicherheitsbewußtseins und in der Maßnahmenanwendung hängen ab von der Art der verarbeiteten Daten und dem angenommenen Wert der Informationen, die verarbeitet werden[2].

Hinsichtlich der ersten These konnte beobachtet werden, daß das Interesse einer Person für die Sicherheit von ihrem Wissen über die Bedrohungen und Gefährdungen der gespeicherten Informationen und Programme abhängt. "Die Menschen gehen im allgemeinen davon aus, daß wenn sie selbst tausend Möglichkeiten kennen, ihre Systemsicherheit zu durchbrechen, ihre 'Feinde' dieselben Kenntnisse haben."[3] Zur zweiten Hypothese fand das MIT heraus, daß jene Personen, die direkten Kontakt mit dem Computersystem hatten (z.B. Benutzer, DV-Leiter), an Sicherheit interessiert waren, während andere, die gar keine Beziehung zum System hatten, wenig Interesse zeigten. Zur dritten These wurde festgestellt, daß die Stufen eines Sicherheitsbewußtseins von der Art der Verarbeitung abhängen; im Finanzbereich war das Sicherheitsbewußtsein im allgemeinen hoch, im Bereich der Universitäten mittelmäßig bis hoch etc.

Eine 1971 von MÜHLEN durchgeführte Erhebung ergab, daß sich knapp 70 %

---

1) Vgl. BRÄNDLI, Jürg: EDV-Revision, S. 352; NAGEL, Kurt: Datensicherung, S. 145; MÜHLEN, Rainer A.H. von zur: Computer-Kriminalität, S. 114.
2) Vgl. GONNING, Torben G.; et. al.: User Requirements, pp 8-10.
3) NAGEL, Kurt: Datensicherung, S. 146.

von den leitenden Angestellten in deutschen Rechenzentren noch nie Gedanken zur Problematik der Datensicherung gemacht hatten, "weil die Lösung derartiger Probleme Aufgabe der Geschäftsleitung und nicht einer
untergeordneten Instanz sei"[1]. Daß das mangelnde Sicherheitsbewußtsein der Unternehmungsführung sich oft lähmend auf die gesamte Unternehmung auswirkt, konnte auch NAGEL in einer selbst durchgeführten Be-
fragung feststellen. Die meisten Unternehmungen bemühen sich danach
nicht um einen systematischen Aufbau eines Sicherheitssystems[2].

Diese Ausführungen zeigen, daß das Sicherheitsbewußtsein die Planung
und den Aufbau eines Sicherheitssystems beeinflußt. Denn der Erfolg bei
der Einrichtung eines Sicherheitssystems hängt entscheidend von der
Entschlossenheit und dem Durchsetzungswillen der Unternehmungsleitung
und der Mitarbeit der personellen Aktionsträger ab. Es ist wichtig, daß
die Unternehmungsleitung sich mit den Fragen des Informationsschutzes
und der -sicherung identifiziert, da ihr Einsatz und ihre Einstellung
den Mitarbeitern als Vorbild dient und zur Motivation für die Beachtung
der Vorschriften dienen kann. Weiterhin beeinflußt die konstruktive und
intelligente Mitarbeit der Benutzer des lokalen Netzwerkes die Wirksamkeit der technischen und organisatorischen Vorkehrungen. Motivation,
Schulung und Training und eine sorgsame Personalführung schaffen hierfür die erforderliche Basis.

b) Qualifikation der Mitarbeiter

Neben dem Sicherheitsbewußtsein stellen auch die Qualifikationen der am
Aufbau und Betrieb des Sicherheitssystems beteiligten Fachkräfte eine
entscheidende Bedingung dar. Unternehmungen besitzen oft Schwierigkeiten geeignete Mitarbeiter für diesen Aufgabenbereich abzustellen, sodaß
häufig auf externe Berater zurückgegriffen werden muß. Neben verschiedenen Mitarbeitern aus der Geschäftsleitung, der Organisations-, Revi-
sions-, Datenverarbeitungs-, Personalabteilung und den verschiedenen
Fachabteilungen sind der betriebliche Datenschutzbeauftragte, der Kommunikationsorganisator und der Revisor die wichtigsten Mitarbeiter,
die am Aufbau und Betrieb des Sicherheitssystems beteiligt sind. Die
letztgenannten sollen im folgenden exemplarisch mit ihren notwendigen
Qualifikationen beschrieben werden.

---

1) MÜHLEN, Rainer A.H. von zur: Computer-Kriminalität, S. 39.
2) Vgl. NAGEL, Kurt: Datensicherung, S. 154/155.

Gemäß § 28 Abs. 1 BDSG muß, beim Vorliegen bestimmter Voraussetzungen, ein **betrieblicher Datenschutzbeauftragter**[1] bestellt werden. Weiterhin fordert Abs. 2 desselben Paragraphen, daß nur derjenige zum bDSB bestellt werden darf, der die für die Erfüllung der ihm übertragenen Aufgaben erforderliche Fachkunde und Zuverlässigkeit besitzt. Der Gesetzgeber hat aber bewußt darauf verzichtet, die Anforderungen bezüglich Fachkunde und Zuverlässigkeit zu konkretisieren, da diese erheblich von den individuellen Gegebenheiten der Unternehmung abhängen. Daher muß auf die Auslegung in der Literatur zurückgegriffen werden[2]. Danach soll der bDSB in Bezug auf die Fachkunde ein betriebswirtschaftliches Studium (oder eine entsprechende Fachausbildung) mit Zusatz- oder Nebenfach Informatik oder ein Informatikstudium mit Zusatzfach Betriebswirtschaft absolviert haben; weiterhin benötigt er umfassende Kenntnisse über das Organisationsgefüge der Unternehmung, sowie Kenntnisse auf dem Gebiet der Revisionstechnik, der Personal- und Abrechnungssysteme, der Planung und Kontrolle, des Personalwesens, des Finanzwesens und der Richtliniengebung. Generelle juristische Kenntnisse und ein gewisses juristisches Vokabular und Denken sollte der bDSB auch mitbringen. Für den zusätzlich mit der Sicherung Beauftragten erscheint eine mehrjährige intensive Datenverarbeitungserfahrung unumgänglich.

Die Organisationsabteilung spielt bei der Einführung und dem Aufbau eines Sicherheitssystems eine große Rolle. Sie muß in der Lage sein, bei dieser Arbeit eine übergreifende Betrachtungsweise einzunehmen, die die Gesichtspunkte der organisatorischen Zweckmäßigkeit, der Betriebswirtschaft, der Mitarbeiterbedürfnisse und der technischen Möglichkeiten gleichermaßen berücksichtigt. Dafür scheint der Organisator, speziell auch der **Kommunikationsorganisator**[3] prädestiniert zu sein. Dieser muß über seine bisherigen betriebswirtschaftlichen und organisatorischen Kenntnisse hinaus einen Überblick über die am Markt angebote-

---

1) Im folgenden durch bDSB abgekürzt.
2) Vgl. PEEZ, Leonard: Wie man, S. 26ff; LINDEMANN, P.; NAGEL, K.; HERRMANN, G.: Auswirkungen, S. 102f; LINDEMANN, P.; NAGEL, K.; HERRMANN, G.: Organisation, S. 127; AUERNHAMMER, Herbert: Bundesdatenschutzgesetz, S. 180; ORDEMANN, Hans-Joachim; SCHOMERUS, Rudolf: Bundesdatenschutzgesetz, S. 247ff; THOME, Rainer: Datenschutz, S. 72ff; HERGENHAHN, Gerhard: Die Aufgaben, S. 243; FUTH, Horst: Rationalisierung, Bd. VII., S. 130ff; LINDEMANN, Peter: Der Datenschutzbeauftragte, S. 80f.
3) In der Literatur oft als 'Organisator für Bürokommunikation', 'Informationsmanager', 'Kommunikationsmanager' bezeichnet.

nen Geräte im Bereich der EDV und Kommunikationstechnik und die allgemeine Software besitzen, um Einsatz- und Nutzungsmöglichkeiten und Sicherungsmöglichkeiten richtig beurteilen zu können sowie die Grundprinzipien der Netzwerkkonzepte beherrschen und die in der eigenen Unternehmung eingesetzte EDV sowie die Wirkungszusammenhänge in der Unternehmung kennen. Darüber hinaus sind Kenntnisse des organisatorischen Instrumentariums zur Einführung und Durchsetzung neuer Technologien, Management- und Controllingfähigkeiten (Planung, Kontrolle und Koordination) unabdingbar[1]. Dieses Wissen des Organisators ist umfangreich und bedarf der laufenden Aktualisierung. Es fehlt aber heute vor allem noch an Möglichkeiten wirtschaftswissenschaftlicher Ausbildung für Techniker und Naturwissenschaftler. Aber auch die Angebote von Lehrveranstaltungen in Betriebs- und Wirtschaftinformatik an fast allen deutschen Universitäten genügen den Anforderungen der Praxis noch nicht.

Die **interne Revision** besitzt die Aufgabe, alle Funktions- und Teilbereiche der Unternehmung zu überwachen. Dazu gehört zweifellos auch das integrierte Bks und das damit verbundene Sicherheitssystem. Durch Prüfung und Beratung muß die Revision zur funktionsfähigen, ordnungsmäßigen, sicheren und wirtschaftlichen Abwicklung von dv-gestützten betrieblichen Funktionen beitragen. Diese Aufgaben setzen Kenntnisse über den Aufbau von Zahlensystemen, den prinzipiellen Aufbau von Informationssystemen, die Arbeitsweise und Programmierung der Systeme sowie über Betriebssysteme und System- und Verfahrensanalyse voraus. Neben diesen Grundkenntnissen sollte der Revisor über Spezialkenntnisse bezüglich der Methoden der System- und Programmprüfung, über die Software für die Messung der Anlagenauslastung und gesetzliche Vorschriften im Bereich der EDV verfügen. Für die Revisionseinsätze benötigt er weiterhin bestimmte Fähigkeiten in der Revision der Programmerstellung und -entwicklung, des Betriebes des Informationsverarbeitungssystems und der Informationsverarbeitung[2].

---

1) Vgl. MÜLLER-NOBILING, Hans-Martin: Wem gehört, S. 365; SAUER, Dieter F.: Ist Platz, S. 10; WELLHÖRNER, Ernst-Eberhard: Strategische und organisatorische Aspekte; HENSSLER; Roland: Informations-Management, S. 605; AKADAMIE FÜR ORGANISATION (Hrsg.): Zukunftsperspektiven, S. 14; MÜLLER, Fritz R.: Gratwanderung, S. 27; PIEPENBRINK, Fritz: Bürosysteme, S. 41.
2) Vgl. FISCHER, Hans-Jürgen: Interne Revision, S. 130f; O.V.: Anforderungsprofil, S. 86ff; BÖHNING, Martin; GRÜNWALDT, Heinz; HÜTTL, Udo; u.a.: Elektronische Datenverarbeitung, S. 22f; HASCHKE, Wolfgang: DV-Revisor, S. 26.

Die oben aufgeführten notwendigen fachlichen Qualifikationen und Anforderungen stellen die Unternehmungen nicht selten vor ein schwieriges
Personalproblem. Dies zeigt sich vor allem verstärkt im Bereich des Informationsschutzes und der -sicherung. Während Großunternehmungen meist
mehrere Mitarbeiter den Stellen zuordnen müssen, haben mittelständische
Unternehmungen erhebliche Schwierigkeiten, überhaupt entsprechend qualifizierte Mitarbeiter zur Aufgabenerfüllung innerhalb eines Sicherheitssystems abzustellen. Vielfach werden daher Funktionsvereinigungen
vorgenommen, - z.B. eine Personalunion zwischen EDV-Leiter und bDSB
oder bDSB und Leiter der Revision - die jedoch aufgrund von Sicherungsgesichtspunkten abzulehnen sind.

c) __Benutzerakzeptanz__

Die Realisierung eines integrierten Bks und damit auch eines Sicherheitssystems in einer Unternehmung ist stets verbunden mit Änderungen
vielfältiger Art, die unmittelbar oder mittelbar die Benutzer berühren
und von diesen positiv oder negativ beurteilt werden. Aus Benutzersicht
stellt die Vermeidung negativer oder die Realisierung positiv bewerteter Veränderungen Gestaltungsanforderungen dar. Der Systemgestalter hat
die Möglichkeit, diese Anforderungen durch Beeinflußung der Benutzer zu
modifizieren oder sie als Restriktionen für die Gestaltung hinzunehmen
und zu berücksichtigen[1], denn das Verhalten der Benutzer im Gesamtsystem, d.h. ihre Akzeptanz, ist entscheidend für die Wirksamkeit der
Maßnahmen. Der Begriff 'Akzeptanz'[2] beschreibt die Bereitschaft eines Benutzers, das Nutzungspotential des technischen Systems und der
Sicherungsmaßnahmen aufgabenbezogen zu verwenden. Diese Bereitschaft
hängt von zahlreichen Faktoren ab und kann nur aus der jeweiligen Anwendungssituation heraus erklärt werden. Für die Überwindung von Akzeptanzschwellen haben sich in der Praxis drei Haupteinflußbereiche herausgebildet - die Bedienerfreundlichkeit, die Aufgabenbezogenheit und
die partizipative Systemgestaltung[3].

Als __Bedienerfreundlichkeit__ soll die Gesamtheit der Maßnahmen-

---

1) Vgl. MAROCK, Jürgen: Benutzersysteme, Sp. 300ff.
2) Eine ausführliche Behandlung des Akzeptanzbegriffs findet sich bei
   SCHÖNECKER, Horst G.: Bedienerakzeptanz, S. 80ff.
3) Vgl. REICHWALD, Ralf; MANZ, Uli: Akzeptanzchancen, S. 232.

eigenschaften verstanden werden, die im Urteil des Benutzers die praktische Handhabung des Sicherheitssystems erleichtern. Viele Maßnahmen überfordern in der Regel die Vorstellungkraft des nicht technisch qualifizierten Benutzers. Die dadurch entstehende gedankliche Akzeptanzbarriere dürfte ein entscheidender Faktor für die prinzipielle Ablehnung sein.

Als weiterer Einflußbereich der Akzeptanz gilt die **Aufgabenbezogenheit** der Sicherungsmaßnahmen am Arbeitsplatz bzw. im System. Als einzelne Beziehungselemente der Verfügbarkeit können die räumliche, zeitliche, quantitative und qualitative Verfügbarkeit unterschieden werden. Die räumliche Verfügbarkeit ist am größten, wenn der Benutzer am Arbeitsplatz Sicherungsmaßnahmen als integrierte Bestandteile besitzt und dort entsprechend verwenden kann. Die zeitliche Verfügbarkeit betrifft die Bereitstellung von Maßnahmen zu jeder Benutzungszeit. Die quantitative Verfügbarkeit erfaßt die benutzerindividuelle Bereitstellung verschiedener Sicherungsmaßnahmen, während die qualitative Verfügbarkeit durch die Möglichkeit bestimmt wird, Maßnahmen in allen Phasen der Verarbeitung zur Verfügung zu haben und diese Maßnahmen entsprechend den Eigenschaften und Fähigkeiten, der Arbeitsaufgabe, dem spezifischen Arbeitsrhythmus und -stil dem Benutzer anzupassen.

Allerdings stellen die o.g. Einflußbereiche noch keine hinreichenden Voraussetzungen für die Benutzerakzeptanz dar. Von nicht geringerer Bedeutung ist eine **partizipative Implementierungsstrategie**[1], d.h. ein stufenweises Einführen des Systems mit umfassender Aufklärung und Mitwirkung der Benutzer. Der Gestalter sollte dabei versuchen, die negativen Reaktionen der Betroffenen auf die einzusetzenden Maßnahmen zu antizipieren und den Benutzer davon überzeugen, daß die Maßnahmen seine tägliche Arbeit erleichtern und die Informationsverarbeitung sicherer machen. Eine umfassende und didaktisch richtige Schulung in der Handhabung der Maßnahmen kann diesen Prozeß hilfreich unterstützen.

---

1) Zur partizipativen Implementierungsstrategie vgl. GORA, Michael: Neue Managementaufgaben, S. 191ff; GEUGLIN, Volker: Den ersten Schritt, S. 32f; LIPPOLD, Heiko: Benutzerfragen, S. 6f; LIPPOLD, Heiko: Automatisierte Datenverarbeitung, S. 68f; ASAM, Peter-Michael: Auf dem Weg, S. 9; GREINER, Tilmann; JACOBI, Hans-Friedrich: Benutzerpartizipation, S. 10ff; GREINER, Tilmann; JACOBI, Hans-Friedrich: Dialog, S. 14ff; KAPPLER, Ekkehard: Partizipation, Sp. 1845ff; KUBICEK, Herbert: Interessenberücksichtigung, S. 21ff.

III. **Umweltbedingungen**

Externe Gestaltungsbedingungen ergeben sich aus der Tatsache, daß eine Unternehmung in die sie umgebende Umwelt eingebettet ist. Mit dem Begriff 'Umwelt' werden die aktuellen oder potentiellen Aktionen direkter oder indirekter Interaktionspartner der Unternehmung angesprochen[1]. Neben den Beziehungen zu Betrieben auf den Beschaffungs- und Absatzmärkten sind auch die nicht unmittelbar leistungsbezogenen Beziehungen zu einer Reihe anderer Institutionen (Gewerkschaften, Behörden) sowie rechtliche und gesellschaftliche Normen u.a.m. zu beachten. Grundsätzlich lassen sich drei Umweltsegmente unterscheiden - die ökonomische, rechtliche und sozio-kulturelle Umwelt.

Die **ökonomische Umwelt** beschreibt ein weites Spektrum ökonomischer Faktoren, wie Wirtschaftsordnung, Konjunktur- und Arbeitsmarktpolitik sowie die Stellung der Unternehmung auf Absatz- und Beschaffungsmärkten. Sie nimmt jedoch nur indirekt Einfluß auf die Gestaltung eines Sicherheitssystems. Beipielsweise könnte eine starke Konkurrenzstellung der Unternehmung im Markt dazu führen, daß das Sicherheitsbewußtsein erhöht wird, da die Gefahr eines Marktanteilsverlustes durch eine erfolgreiche Computerspionage einer anderen Unternehmung gesehen wird.

Einen wesentlich direkteren Einfluß als die ökonomischen Umweltfaktoren übt die **rechtliche Umwelt** der Unternehmung aus. Die zunehmende Komplexität gesellschaftlicher Verhältnisse hat den Gesetzgeber dazu bewogen, bestimmte Interessen durch gesetzliche Regelungen zu berücksichtigen. Die Folge davon ist, daß sich die Unternehmungen einer ständig wachsenden Zahl von gesetzlichen Normen gegenübersehen. Neben diesem quantitativen Aspekt läßt sich ein qualitativer Einfluß der Normen erkennen, der sich in der Intensität des Einflusses auf die organisatorische Gestaltung äußert. Teilweise enthalten die Gesetze Bestimmungen, von denen ein Außeneinfluß auf die Unternehmung ausgeht, indem ein bestimmtes Ziel vom Gesetz vorgegeben wird, während die Mittelwahl der Unternehmung vorbehalten bleibt (z.B. beim Sozialgesetzbuch), und solche Normen, die nicht nur die anzustrebenden Ergebnisse, sondern auch

---

1) Vgl. GROCHLA, Erwin: Einführung, S. 18.

die dazu notwendigen Verfahren determinieren (Außenbestimmung; z.B. bei
der DÜVO)[1]. Die rechtlichen Normen definieren also Handlungsspiel-
räume und besitzen damit restriktive Wirkungen auf die Gestaltung. Daher erfahren diese Bedingungen im Rahmen dieser Arbeit eine besondere
Behandlung.

In Abhängigkeit von verschiedenen Parametern werden diese Normen hauptsächlich durch Rechtsnormen, d.h. durch Gesetze, Verordnungen, Richtlinien und Urteile zuständiger Gerichte dokumentiert[2]. Zur Behandlung
der unterschiedlichen Normen erfolgt im folgenden eine Dreiteilung in
Normen des Datenschutzes und der Datensicherung, Normen der Rechnungslegung und sonstige Normen.

Die zu beschreibenden Rechtsnormen besitzen allerdings nicht die gleichen Auswirkungen auf die Unternehmung, da ihre Anwendung von Faktoren
wie Rechtsform und Ausrichtung der Unternehmung, Unternehmungsgröße,
Art der eingesetzten Programme etc. abhängt. So treten z.B. erst bei
Überschreiten einer bestimmten Unternehmungsgröße gewisse Rechnungsle-
gungsvorschriften in Kraft[3]. Neben den fremdbestimmten Ordnungskri-
terien üben eigenbestimmte Sicherheitsnormen, die ein Anwender selbst
aufgestellt hat, ebenfalls einen Einfluß auf die Gestaltung des Sicherheitssystems aus.

Des weiteren muß auch dem Einfluß **sozio-kultureller Bedingungen**
bei der Gestaltung eine wichtige Rolle zugesprochen werden. Sie
äußern sich konkret im gesellschaftlichen Werte- und Normensystem, das
die Einstellungen der personellen Aktionsträger entscheidend beeinflußt. Die Veränderungen der sozio-kulturellen Umwelt fließen als
Forderungen in die Gestaltungsziele eines Sicherheitssystems (z.B. in
das Teilziel Benutzerorientierung) und in die rechtliche Umwelt ein.

a) **Normen des Datenschutzes und der Datensicherung**

Erhebliche Restriktionen beim Aufbau eines Sicherheitssystems gehen von
den Bestimmungen des Datenschutzes und der Datensicherung aus. In einer

---

1) Vgl. SEIDEL, E.: Organisation und Recht, S. 445.
2) Vgl. GLISS, Hans: Datensicherung, S. 28.
3) Vgl. BORNHEIM, Wolfgang: Kontroll- und Sicherungserfordernisse,
   S. 246.

Reihe von Gesetzen sind Datenschutz- und -sicherungsvorschriften enthalten, wie z.B. im Wettbewerbsrecht (UWG), im Betriebsverfassungsgesetz, im Strafrecht (§ 133 (Verwahrungsbruch), § 201 (Vertraulichkeit des Wortes), § 202 (Briefgeheimnis), § 203 (Privatgeheimnisse des persönlichen Lebensbereiches), § 204 (Verwahrung fremder Geheimnisse), § 267 (Urkundenfälschung), § 268 (Fälschung technischer Aufzeichnungen), § 274 (Urkundenunterdrückung), § 348 (Falschbeurkundung im Amt), § 353b (Verletzung des Dienstgeheimnisses), § 353c (Unbefugte Weitergabe geheimer Gegenstände oder Nachrichten), § 355 (Steuergeheimnis)) und in den Berufsgeheimnissen der Ärzte, Anwälte usw.[1]. Als wichtigste Norm dieses Bereiches gilt jedoch das BDSG.

Am 27.1.1977 wurde das **BDSG**[2] vom Bundespräsidenten unterzeichnet und zur Verkündigung an das Bundesgesetzblatt weitergeleitet. Das BDSG war in erster Linie als gesetzliche Reaktion auf die Entwicklung der Informationstechnik gedacht. Es gilt für die Verarbeitung personenbezogener Daten durch öffentliche Stellen (Behörden und sonstige Stellen des Bundes) sowie durch Unternehmungen der privaten Wirtschaft. Zweck des Gesetzes ist es, personenbezogene Daten vor Mißbrauch bei der Datenverarbeitung zu schützen und dadurch der Beeinträchtigung schutzwürdiger Belange[3] der Betroffenen entgegenzuwirken. Das BDSG findet Anwendung, wenn personenbezogene Daten in Dateien verarbeitet werden, ungeachtet der dabei angewendeten Verarbeitungsverfahren.

Das Gesetz ist in sechs Abschnitte gegliedert. Neben den allgemeinen Vorschriften, die für alle o.g. Bereiche gelten, bilden die Abschnitte 'Datenverarbeitung der Behörden und sonstiger öffentlicher Stellen' und 'Datenverarbeitung nicht-öffentlicher Stellen' den Kern des Gesetzes. Die nicht-öffentlichen datenverarbeitenden Stellen teilt der Gesetzgeber nach dem Zweck der von ihnen durchgeführten Datenverarbeitung in

---

1) Vgl. LINDEMANN, Peter: Datenschutz, S. 655; ORDEMANN, Hans-Joachim; SCHOMERUS, Rudolf: Bundesdatenschutzgesetz, S. 31ff; FUTH, Horst: Rationalisierung, Bd. VII, S. 36ff; DIGNATZ, Eitel: Bisher, S. 26.
2) Zum BDSG vgl. ausführlich WUNDRAM, Robert: Datenschutz; ORDEMANN, Hans-Joachim; SCHOMERUS, Rudolf: Bundesdatenschutzgesetz; DAMANN, Ulrich; SIMITIS, Spiros: Bundesdatenschutzgesetz; AUERNHAMMER, Herbert: Bundesdatenschutzgesetz; THOME, Rainer: Datenschutz.
3) Der Begriff 'schutzwürdige Belange' umschreibt im wesentlichen die Privatspähre, auf die das BDSG an mehreren Stellen hinweist.

zwei Gruppen ein. Zur ersteren gehören Personen oder privatrechtliche Unternehmungen, die Datenverarbeitung nur zur Erfüllung eigener Zwecke (III. Abschnitt BDSG), z.B. von Kauf- oder Mietverträgen oder zur Durchführung von Arbeitsverhältnissen, betreiben, während in der zweiten Gruppe all diejenigen Stellen zusammengefaßt sind, die Datenverarbeitung geschäftsmäßig für Dritte betreiben, z.B. Rechenzentren, Detekteien, Auskunfteien.

Im BDSG wird die Datenverarbeitung in die Phasen Speichern, Übermitteln, Verändern und Löschen unterteilt. Nach § 3 ist die Verarbeitung personenbezogener Daten nur zulässig, wenn das BDSG oder eine andere Rechtsvorschrift sie erlaubt oder wenn der Betroffene eingewilligt hat (Zulässigkeit der Verarbeitung). Daraus ergibt sich ein grundsätzliches Verbot mit Erlaubnisprinzip. Dieses kann nach anderen Rechtsvorschriften z.B. HGB, AO, BGB etc. gegeben sein. Damit wird auch das Subsidiaritätsprinzip des BDSG klar formuliert: Das BDSG tritt nur auf, wo keine speziellen Regelungen bestehen. Einen breiten Raum nehmen die Rechte des Betroffenen im BDSG ein. Der Betroffene kann nach § 4 die Richtigkeit der zu seiner Person gespeicherten Daten überprüfen, indem er bei der speichernden Stelle Auskunft verlangt. Unrichtige Daten müssen berichtigt werden, bestrittene sind zu sperren und bzgl. unzulässig gespeicherten Daten besteht ein Recht auf Löschung. Wichtig für den privatwirtschaftlichen Bereich ist auch die Bestellung eines bDSB. Der Datenschutzbeauftragte muß bestellt werden bei Unternehmungen und sonstigen Stellen, die personenbezogene Daten mit Hilfe von ADV-Anlagen verarbeiten und hierbei in der Regel mindestens fünf Arbeitnehmer ständig beschäftigen.

Beim Aufbau eines Sicherheitssystems besteht das Hauptproblem darin, ein den Anforderungen des Datenschutzes genügendes Maßnahmenbündel auszuwählen, das andererseits mit möglichst geringem Aufwand realisiert werden kann. Das Gesetz schreibt vor, daß derjenige, der im Rahmen des § 1 Abs. 2 oder im Auftrag der dort genannten Stellen personenbezogene Daten verarbeitet, technische und organisatorische Maßnahmen zu treffen hat, um die Ausführung der Gesetzesvorschriften, "insbesondere die in der Anlage zu diesem Gesetz genannten Anforderungen"[1] zu gewähr-

---

1) BDSG, Erster Abschnitt, § 6 Abs. 1 Satz 1.

leisten. Die Anlage nennt allerdings keine konkreten Einzelmaßnahmen, sondern macht zehn Zielvorgaben, die mit Sicherungsmaßnahmen ausgefüllt werden sollen. Die Auswahl der Mittel, Maßnahmen und Vorgehensweise zur Erfüllung der einzelnen Zielvorgaben bleibt dem Anwender überlassen. Die Formulierung des § 6 läßt Ausgestaltungen zu, die auf die jeweiligen Gegebenheiten in den Unternehmungen zugeschnitten werden können. Aus der Vielzahl der möglichen Maßnahmen sind diejenigen auszuwählen, zu kombinieren und auf ihre Wirksamkeit zu prüfen, die dem angestrebten Schutzzweck angemessen sind[1], nämlich dem Schutz der Betroffenen vor Schädigung durch Datenmißbrauch. Im Einzelfall müssen daher die Aufwendungen gegen den Schutzwert der zu sichernden Informationen und die Wahrscheinlichkeit eines Mißbrauches abgewägt werden. Der Anforderungskatalog des § 6 BDSG wurde unter Berücksichtigung der Verhältnisse in den Bereichen Technik und Organisation erstellt. Allerdings läßt sich nicht ausschließen, daß aufgrund der technologischen Entwicklung, organisationstheoretischer Erkenntnisse oder der Erkennung von Sicherheitslücken und Mißbrauchsmöglichkeiten eine Änderung des Anforderungskataloges bzw. des Gesetzes notwendig wird[2]. Daher hat der Gesetzgeber sich in einer Verordnungsermächtigung die Fortschreibung der Anlage vorbehalten. Gerade die neuen Informationstechnologien fordern eine Weiterentwicklung des BDSG; diese fand auch schon ihren Niederschlag im durch das Bundesministerium des Inneren am 31.03.1982 vorgelegten Referentenentwurf[3].

Das BDSG ist nicht das einzige Gesetz, das den Schutz personenbezogener Daten regelt. Das Subsidiaritätsprinzip des § 45 BDSG räumt u.a. speziellen arbeitsrechtlichen Datenschutzregelungen Vorrang ein. Von den zahlreichen weitergehenden Rechtsvorschriften des § 45 soll hier das BetrVG herausgegriffen und untersucht werden, da es erhebliche materielle Auswirkungen auf die Gestaltung des Sicherheitssystems besitzt. Durch das **Betriebsverfassungsgesetz** (BetrVG) erhält der Betriebsrat nach § 80 Abs. 1 Ziff. 1 und § 75 BetrVG die Auf-

---

1) Zur Angemessenheit der Maßnahmen vgl. RIHACZEK, Karl: Angemessene Datensicherung, S. 39ff; EHRICH, Hermann: Datensicherung, S. 190ff.
2) Probleme, die das BDSG hier aufwirft skizzieren KARGL, H.; REINER-MANN, H.; SCHMIDT, W.; THOME, R.: Probleme, S. 9ff.
3) Vgl. dazu ausführlich GROCHLA, Erwin; BREITHARDT, Jörg; LIPPOLD, Heiko: Informationsschutz, S. 231ff; RUNGE, Gerd: Novellierungsentwurf, S. 916ff; HENTSCHEL, Bernd: Novellierung, S. 1238ff; O.V.: Die BDSG-Praktiker, S. 30f.

gabe, die Durchführung der zugunsten der Arbeitnehmer geltenden Gesetze, also auch das BDSG, zu überwachen. In Verbindung mit den §§ 94 Abs.
1 (Personalfragebögen), 94 Abs. 2 (Beurteilungen von Vorgesetzten), §§
92–96 (Personalplanungsmaßnahmen), § 80 Abs. 2 (Kenntnis von Verarbeitungsprogrammen), § 95 (Erstellung von Auswahlkriterien) besitzt der
Betriebsrat umfassende Mitbestimmungs- und Mitwirkungsrechte bei den
einzelnen Phasen der Verarbeitung von Personaldaten. Weiterhin fallen
unter den § 83 BetrVG die Schutz- und Kontrollaufgaben des Betriebsrates bezüglich der gespeicherten Daten über einen Arbeitnehmer (z.B.
Recht auf Benachrichtigung). Mitbestimmungs- und Mitwirkungsrechte des
Betriebsrates betreffen auch die betrieblichen Informationsschutz- und
-sicherungsmaßnahmen, z.B. bei der Frage der Ordnung des Betriebes (§
87 Abs. 1 Ziff. 1), bei Berufsausbildungsmaßnahmen (§§ 96–98) und bei
den Arbeitsplatz, die Arbeitsabläufe und -umgebung betreffenden Maßnahmen (§ 91).

Neben dem BDSG und dem BetrVG existieren noch eine ganze Reihe von Gesetzen (über 130 Gesetze), die den Schutz von personenbezogenen Daten
zum Gegenstand haben. Weitere Gestaltungsrestriktionen gehen von zahlreichen Gesetzen aus dem Bereich des Rechnungswesens aus.

b) Normen der Rechnungslegung

Für Buchhaltungs- und Steuerungsdaten in Unternehmungen gelten die
Grundsätze und Normen der Rechnungslegung. Die Unternehmung muß auch
von dieser Seite rechtliche Anforderungen an die Informationsverarbeitung beachten. Darunter fallen hauptsächlich Normen zur Sicherung eines
gesetzentsprechenden Rechnungswesens, die teils im einzelnen kodifiziert, teils nur als Generalklauseln bestimmt sind und die beim Aufbau
von Sicherheitssystemen als Anforderungen bzw. Restriktionen zu berücksichtigen sind. Besonders das Handels- und Steuerrecht beinhalten konkrete Auswirkungen auf den Aufbau eines Sicherheitssystems. Da mit Inkrafttreten der neuen handels- und steuerrechtlichen Bestimmungen von
1977 zum erstenmal die Verwendung von Bildträgern (z.B. Mikrofilm, Mikrofiches) oder von anderen Datenträgern (z.B. magnetische Datenträger
wie Magnetband) als Aufbewahrungsmedien zugelassen werden, ergeben sich
besondere Anforderungen an die Organisation von computergestützten
Buchführungssystemen.

Auf **handelsrechtlicher** Seite lassen sich besonders die Paragraphen §§ 38-47 HGB, §§ 148-161 AktG, §§ 41-42 GmbHG und die §§ 33-34 GenG aufführen. Damit sind die Grundsätze ordnungsmäßiger Buchführung (GoB)[1] angesprochen, die im wesentlichen die Form und den Inhalt einer ordnungsgerechten Rechnungslegung bestimmen[2]. **Steuerrechtlich** finden die Paragraphen §§ 140-147, 154, 158 AO, §§ 4 ff EStG, § 8 EstDVO sowie Abschnitt 29-31 ESTR von 1980 und § 15 UStDB Anwendung. Weiterhin gelten die Grundsätze ordnungsmäßiger Speicherbuchführung (GoS), abgedruckt im Bundessteuerblatt 1978, die Buchführungsrichtlinie vom 11.11.1937, die Rechtsprechung der Gerichte (besonders des RFH und BHF), Gutachten der Industrie- und Handelskammern, Gutachten des Instituts für Wirtschaftsprüfer (bekannt als FAMA-Stellungnahmen)[3], Grundsätze des AWV[4], wirtschaftswissenschaftliche Forschungsarbeiten (Schmalenbach-Gesellschaft usw.) und Gepflogenheiten der ordentlichen und ehrenwerten Kaufleute.

§ 43 Abs. 4 HGB (Führung der Handelsbücher) und § 146 Abs. 5 AO (Ordnungsvorschriften für die Buchführung und für Aufzeichnungen) beinhalten dabei die Forderung, daß automatische Buchführungsformen, wie sie u.a. auch bei integrierten Bks Anwendung finden, einschließlich des dabei angewendeten Verfahrens, den Grundsätzen ordnungsmäßiger Buchführung entsprechen müssen. Daraus ergeben sich konkrete Anforderungen nach einer Sicherung und Aufbewahrung der erforderlichen Belege und Datenträger, der Programme, der Programmunterlagen und nach Plänen beim Auftreten von Kompatibilitätsproblemen (z.B. beim Wechsel von Systemen). In § 43 Abs. 3 HGB und § 146 Abs. 4 AO fordert der Gesetzgeber, daß eine Eintragung oder eine Aufzeichnung nicht in einer Weise verändert werden darf, daß der ursprüngliche Inhalt nicht mehr feststellbar ist. Weiterhin dürfen solche Veränderungen nicht vorgenommen werden, deren Beschaffenheit es ungewiß läßt, ob sie ursprünglich oder später durchgeführt wurden. Diese Vorschriften zielen auf die Kontrollierbarkeit der Arbeitsabwicklung ab. Die Aufbewahrungspflicht ist in § 44

---

1) Die GoB sind ein allgemeiner Rechtsbegriff, der in den Gesetzen nicht im einzelnen definiert wird. Die Auslegung der Grundsätze muß sich am Ziel der Buchführung orientieren, einen möglichst klaren und sicheren Einblick in die Vermögens- bzw. Ertragslage der Unternehmung zu geben. Vgl. KEMNITZER, Rainer: Ordnungsmäßigkeit, S. 13.
2) Vgl. NAGEL, Kurt: Neugestaltung, S. 92.
3) Siehe dazu SCHUPPENHAUER, Rainer: Dokumentation, Teil 2, S. 14f.
4) Ausschuß für wirtschaftliche Verwaltung in Wirtschaft und öffentlicher Hand e.V.

HGB (Aufbewahrung der Handelsbücher, Inventare, Bilanzen) und § 147
Abs. 1 AO (Ordnungsvorschriften für den Aufbau von Unterlagen) gere-
gelt, wonach jeder Kaufmann verpflichtet ist, Belege für Buchungen (Da-
teneingabe), Handelsbücher, Inventare und Bilanzen (Listenausgabe) sowie die zu ihrem Verständnis notwendigen Arbeitsanweisungen (z.B. Orga-
nisationshandbücher, Programmakten, Bedienungsanweisungen) aufzubewah-
ren (Dokumentation und deren Aufbewahrung). Desgleichen läßt sich die
Verpflichtung aus § 147 Abs. 1 Satz 5 AO, auch sonstige Unterlagen auf-
zubewahren, direkt auf Programmdokumente anwenden, in denen die Einzel-
heiten der Besteuerungsrechnung und ihrer Funktionsweise beschrieben
sind. Fristen für die Belegaufbewahrung regeln die Paragraphen §§ 44
(4) HGB, 147 (3) AO, 44 (3) HGB, 43 (4) HGB, 146 (5) AO, Abschnitt 29
(2) 2 EStR und BStBl 63, 64, 67, 69. Nach § 44 Abs. 3 HGB und § 147
Abs. 2 AO können oben aufgeführte Dokumente außer Bilanzen auf Bildträgern oder Datenträgern aufbewahrt werden, wenn dies den GoB entspricht
und die bildliche und inhaltliche Übereinstimmung mit den anderen Unterlagen sowie die Verfügbarkeit und jederzeitige Lesbarkeit sichergestellt ist.

Im Erlaß 'Grundsätze ordnungsmäßiger Speicherbuchführung' (GoS) sind
Anforderungen an die Ordnungsmäßigkeit des Systems der Buchführung aufgestellt[1]. Obwohl der Titel des Erlasses irreführend erscheint, da
er nicht nur die Speicherbuchführung, sondern jede Form der computergestützten Buchführung regelt, sind die GoS in die Einkommensteuerricht-
linien unter Abschnitt 29 Satz 6 und 7 übernommen worden. Die wichtigsten Äußerungen der GoS betreffen die Belegaufbereitung und -funktion,
die Buchung, die Dokumentation und Prüfbarkeit, die Kontrolle und Abstimmung, die Datensicherung, die Aufbewahrung und Sicherung von Datenträgern und die Wiedergabe der auf den Datenträgern geführten Unterlagen.

Die Realisierung der o.a. Normen der Rechnungslegung setzt eine Reihe
von organisatorischen und technischen Sicherungsmaßnahmen voraus, wie
den Aufbau eines internen Kontrollsystems, umfassende Systemdokumenta-
tion, Entwicklung und Implementierung von ordnungsgemäßen Programmen
und die Aufbewahrung aller zum Verständnis des Systems notwendigen Unterlagen.

---

1) Vgl. INSTITUT DER WIRTSCHAFTSPRÜFER IN DEUTSCHLAND E.V. (Hrsg.):
   Handbuch, S. 1146ff.

c) **Sonstige Normen**

An dieser Stelle sollen einige Normen und Richtlinien aufgeführt werden, die nicht unter die oben getroffene Klassifikation fallen, aber trotzdem den Aufbau des Sicherheitssystems als externe rechtliche Bedingungen restriktiv beeinflußen.

Einmal ist die am 01.05.1976 in Kraft getretene **Arbeitsstättenverordnung** zu nennen, die Forderungen an die Ausstattung von 'menschengerechten' Arbeitsstätten stellt und im wesentlichen sicherheitstechnische, arbeitsmedizinische, hygienische und arbeitswissenschaftliche Erkenntnisse berücksichtigt. KRAUS führt einen Fall aus der Datenverarbeitungspraxis an, in dem eine Unternehmung aus Sicherheitsgründen beim Rechenzentrumsneubau an einer Seitenfront keine Fenster einbauen wollte. Der Operator hätte dann von seinem Arbeitsplatz aus keine direkte Sichtverbindung nach außen gehabt. Mit dem Hinweis auf die Arbeitsstättenverordnung (§ 7) konnte der Betriebsrat eine Panzerglasverglasung der genannten Stelle durchsetzen[1).

Mit der 'Verordnung über die Erfassung von Daten für die Träger der Sozialversicherung und für die Bundesanstalt für Arbeit **(DEVO)**' vom 24.11.1972 und der 'Verordnung über die Datenübermittlung auf maschinell verwertbaren Datenträgern im Bereich der Sozialversicherung und der Bundesanstalt für Arbeit **(DÜVO)**' vom 18.12.1972 ermöglichte der Gesetzgeber den Datenträgeraustausch für Meldungen der Arbeitgeber im sozialen Bereich. Um den reibungslosen Ablauf des Datenträgeraustausches zu gewährleisten, sind Bestimmungen hinsichtlich der Form der Antragstellung und Zeichendarstellung auf dem Datenträger etc. notwendig. Daneben gilt es auch, gewisse Sicherungsbestimmungen, die sich sowohl auf Dateien und Datenträger als auch auf Programme, mit denen die Daten er- und übermittelt werden, beziehen, einzuhalten.

Weiterhin sind Gesetze des Wirtschaftsstrafrechts unter dem Aspekt der Computerspionage und -manipulation sowie einschlägige Vorschriften des Gesetzes über Urheberrecht und des Gesetzes gegen den unlauteren Wettbewerb zu nennen[2), die jedoch nicht weiter behandelt werden.

---

1) Vgl. KRAUS, Wolfgang: Datensicherungsmaßnahmen, S. 77.
2) Vgl. dazu ausführlich SIEBER, Ulrich: Computerkriminalität.

E Maßnahmenkategorien und Komponenten eines Sicherheitssystems

Um den ermittelten Risiken in gewünschtem Umfang wirksam begegnen zu können, ist es notwendig, die existierenden und praktizierten Maßnahmenkategorien und Komponenten eines Sicherheitssystems zu kennen. Die Mehrzahl der Maßnahmen[1] läßt sich einteilen in die Kategorien organisatorische, personelle, systemtechnische und versicherungstechnische Maßnahmen. Dabei gehören die organisatorischen und personellen Maßnahmen zur personellen Komponente des Sicherheitssystems, während die systemtechnischen Maßnahmen der technischen Komponente zuzurechnen sind. Neben der Kenntnis dieser Maßnahmenkategorien ist es erforderlich, daß der Gestalter eines Sicherheitssystems sich über mögliche Risikostrategien bewußt ist, die er zur Risikohandhabung einsetzen kann. Es lassen sich vier Strategien bei integrierten Bks unterscheiden:

- o Risikovermeidung   (Risk avoidance)

- o Risikoverminderung (Risk reduction)

- o Risikoakzeptanz   (Risk assumption or retention)

- o Risikoüberwälzung (Risk transfer)

Die Strategien sind jeweils schwerpunktmäßig mit unterschiedlichen Maßnahmen verbunden (siehe Abb. 35), die im folgenden dargestellt und erläutert werden mit dem Ziel, die grundsätzlichen Möglichkeiten der Informationssicherung aufzuzeigen. Jede Unternehmung steht beim Aufbau eines Sicherheitssystems vor der Aufgabe, aus diesen Maßnahmen die für sie notwendigen auszuwählen. Eine detaillierte Auflistung und Diskus-

---

1) Zu den Maßnahmen der Informationssicherung vgl. ausführlich BARTHEL, Thomas H.: Datensicherung, S. 236ff; BERGER, Peter; GRUGELKE, Gunnar; JENSEN, Günter; u.a.: DARUTS, S. 211ff; BLOM, Rolf; u.a.: Security Measures, pp. 113-122; BREUTMANN, B.: Datensicherung, S. 211ff; CARROLL, John M.: The Control, pp. 123-138; COURTNEY, Robert H.: A Systematik Approach, pp. 99-112; DIETRICH, Hubert H.; FRIEBEL, Günter; UNDERBERG, Bodo E.: Datenschutz, S. 1ff; DIERSTEIN, Rüdiger: Datenschutz (IV), S. 604ff; GERLACH, Günter; BESKEN, Reinhard: Maßnahmen, S. 472ff; GREBE, Hartmut: Ein Modell, S. 160ff; KENT, Stephen T.: Security, pp. 396-432; KRAUS, Wolfgang: Maßnahmen, S. 328ff; KRAUSS, Leonard I.; MAC GAHAN, Aileen: Computer Fraud, pp. 45 -380; LEIBROCK, Dieter; GUTMANN, Wilhelm: Datenschutz und Datensicherung (4), S. 103ff; MARTIN, James: Security, Accuracy, and Privacy, pp. 41-411; MARTIN, James: Computer Networks, pp. 517-543; PRITCHARD, John Arthur Thomas: Security, pp. 43-170; RIHACZEK, Karl: Datenschutz; SCHLÖMER, Hans: Datensicherungssystem, S. 134ff; WEISS, Harold: Computer Security, pp. 43-46.

sion konkreter Maßnahmen unterbleibt hier, da dies über den Rahmen dieser Arbeit hinausgehen würde. Allerdings werden zur Verdeutlichung der Wirkungsweise einige beispielhafte Maßnahmen angeführt, die im Hinblick auf integrierte Bks eine besondere Bedeutung besitzen.

I. Risikovermeidung

Die erste mögliche Strategie innerhalb des Risikomanagements stellt die Risikovermeidung dar. Allerdings ist es nur selten möglich, ein Risiko vollständig zu vermeiden; meistens sind sehr hohe Kosten damit verbunden. Bestimmte Risiken können vermieden werden, indem z.B. auf spezielle Dienstleistungen, Anlagen oder Teile von Anlagen verzichtet wird[1]. Dieses Vorgehen kann einmal freiwillig geschehen oder deshalb eintreten, weil es keine geeigneten Sicherungsmaßnahmen zur Bekämpfung eines bestimmten Risikos gibt. Allgemein sollte die Risikovermeidung bei den Planungsüberlegungen zum integrierten Bks oder eines Büroneubaus etc. beachtet werden. Besteht z.B. die Gefahr einer Überflutung der Büros, kann dieses Risiko durch die Auswahl eines anderen Standortes für das Bürogebäude bzw. für das integrierte Bks vermieden werden.

Wird die Risikovermeidung zur Risikohandhabung für bestimmte Risiken gewählt, bleibt es trotzdem unerläßlich, sich in Zukunft wachsam bezüglich des Wiederauftretens der Risiken zu verhalten.

II. Risikoverminderung

Wenn ein Risiko nicht zu vermeiden ist, so muß versucht werden, die Gefahr frühzeitig zu erkennen[2] oder die Schadenswirkungen bzw. das Schadensausmaß durch entsprechende Maßnahmen zu reduzieren. Es lassen sich eine Vielzahl von Maßnahmen identifizieren, die wirksam gegen spezielle Risiken einsetzbar sind, wobei sich in der Literatur überwiegend eine dreifache Klassifizierung in Hardware-, Software- und Orgwaresicherungen durchgesetzt hat. Im folgenden werden die hard-und softwarebezogenen Maßnahmen unter dem Begriff der 'systemtechnischen Maßnahmen'

---

1) Vgl. WARING, Leslie Philip: Management handbook, part 1, p. 7.
2) Vgl. BETSCHART, Franz: Sicherheitskonzepte, S. 258.

behandelt und neben den Orgwaresicherungen eine dritte Kategorie, die personellen Maßnahmen eingeführt.

a) Systemtechnische Maßnahmen

Zu den systemtechnischen Maßnahmen[1] zählen Hard- und Softwaresicherungen. **Hardwaresicherungen** sind alle maschineninternen Sicherungen in den Geräten des lokalen Netzwerkes. Die Möglichkeiten und Erfordernisse dieser Maßnahmen korrelieren sehr stark mit der Art und dem technischen Entwicklungsstand der Geräte. Bei der Auswahl des lokalen Netzes ist daher auf Zuverlässigkeit, Verfügbarkeit, Betriebssicherheit und Wartungsfreundlichkeit der Geräte zu achten. Diese Anforderungen können durch einen modularen Aufbau, leichte Erreichbarkeit beweglicher Systemteile sowie durch regelmäßige und konsequente Wartung der Geräte, die in einem Wartungsvertrag mit dem Hersteller vereinbart werden kann, gewährleistet werden. Neben vorbeugender Wartung besteht die Möglichkeit, daß der Hersteller über Wartungsdienste verfügt, die im Störungsfall auch außerhalb der üblichen Arbeitszeiten durchgeführt werden. Weiterhin bieten Hersteller interne Ersatz- und Ausweichkapazitäten durch entsprechende Gerätekonfigurationen an. Hier lassen sich zwei Geräte- bzw. Systemzustände unterscheiden - fail-safe und fail-soft.

Ein Gerät oder System ist fail-safe, wenn bei Ausfall bestimmter Einheiten die volle Funktionsfähigkeit evtl. mit verminderter Verarbeitungsgeschwindigkeit aufrechterhalten wird[2]. Dies läßt sich durch Gerätedopplung, Geräte- und Anlagenumschaltung oder Bereitstellung von Alternativgeräten erreichen. Die Gerätedopplung wird besonders bei

---

1) Vgl. dazu ausführlich BRÜCK, Hans vor der: Einfluß, S. 173ff; COLE, Gerald D.: Design Alternatives; DAVIES, D.W.: Data Security, pp. 45-56; FASSBENDER, Wolfgang; NIEMEYER, Claus-Peter; RIHACZEK, Karl: Datenschutz, S. 15ff; HAFTPFLICHTVERBAND DER DEUTSCHEN INDUSTRIE V.a.G. (HDI) (Hrsg.): Technik; HERRMANN, Günter: Datensicherung, S. 55ff; KERAMIDIS, S.; REITENSPIESS, M.: Schutzmaßnahmen, S. 260ff; KRAUSE, Jürgen: Sicherungsmöglichkeiten, S. 41ff; KWIATOWSKI, Jürgen: Datenschutz und Datensicherung (6), S. 266ff; MAIER-STADTHERR, Christiane: Sicherungskonzept, S. 21ff; MIEHLE, N.; TUBIES, H.: Bedeutung, S. 197ff; PRITCHARD, John Arthur Thomas: Security; STRNAD, Peter: Wie sicher sind; STRNAD, Peter: Datensicherheit, S. 42ff.
2) Vgl. WOLLESEN, K.H. zitiert nach HELLFORS, Sven; SEIZ, Manfred: Praxis, S. 133.

kritischen Systemkomponenten mit geringer Ausfallsicherheit angewandt, wobei zur Dopplung von Zentraleinheiten unterschiedliche Modelle existieren, die im Einzelfall kombiniert oder abgeändert Anwendung finden, wie das Vorrechnerkonzept, die indirekte Kopplung, Arbeits- oder Aufgabenteilung, Stand-By-Systeme oder Synchronverarbeitung. Bei Stand-By-Lösungen bestehen die Möglichkeiten, die andere Anlage nicht mit der Online-Anlage zu koppeln und nur bei Ausfall umzuschalten (sog. 'cool stand-by') oder eine direkte Kopplung vorzunehmen (sog. 'hot standby'), wobei die andere Anlage eine ständige Kontrollfunktion übernimmt[1]. In lokalen Netzen ließe sich z.B. die Ausfallsicherheit der Server auf diese Weise verbessern. Ein Fail-Soft-System zeichnet sich dadurch aus, daß das System bei Ausfall bestimmter Komponenten mit eingeschränkter Funktionsfähigkeit weiterarbeitet. Hierzu sind Dopplungen der Leitungen, Steuerungen etc. erforderlich. Weitere Hardwaresicherungen bestehen in eingebauten bzw. automatischen Kontrollen wie Codesicherungen, Speicherschutz und Interruptbehandlungen.

Softwaretechnische Maßnahmen werden über Programmsicherungen, d.h. über im Betriebs- und Programmsystem eingebaute Sicherungsmaßnahmen realisiert. Sie können in systemsoftwarebezogene, d.h. von Anlagenherstellern oder Softwarehäusern fest eingebaute, und anwendungsbezogene Verfahren, die Anwender oder Benutzer selbst in die Anwendungsprogramme einfügen, unterschieden werden. Die Softwaresicherungen lassen sich weiterhin in fünf Gruppen einteilen, die die Integrität, Isolation, Identifikation, Zugriffskontrolle und Überwachung innerhalb des Sicherheitssystems gewährleisten[2] (siehe Abb. 36).

Die Integrität bezieht sich auf die innere Stabilität des Systems. Zur Systemintegrität tragen insbesondere Maßnahmen zur Aufrechterhaltung der Systembereitschaft, wie Umkonfigurationen, Ausweichverfahren, Wiederanlaufverfahren, Maßnahmen zur Fehlerbehandlung und Verfahren zur Gewährleistung der Daten- bzw. Informationsintegrität bei. Gerade im letztgenannten Bereich bieten sich für lokale Netze verschiedene Ver-

---

1) Über die vielfältigen Möglichkeiten in diesem Bereich vgl. BAUER, Wolfgang: Rechnerarchitektur, S. 6f; SCHMIDT, Egon: Parallele Architekturen, S. 26; O.V.: FTS-versichert, S. 1ff.
2) Vgl. STEPCZYK, F.M.: Requirements, p. 90; KRAUS, Wolfgang; NAGEL, Kurt: IBM-Studie, S. 122.

schlüsselungstechniken und kryptographische Verfahren an[1].

Unter Isolation wird das Konzept der funktionalen Trennung innerhalb des Systems verstanden. Beispiele für eine Isolation sind die Trennung eines Benutzerprogramms von einem anderen oder die Trennung eines Betriebssystems vom Benutzerprogramm oder die Trennung von Daten, Benutzer- und Anwendungsprogrammen. Eng verbunden mit der Isolation ist die Zugriffskontrolle. Zu ihrer Realisation müssen die Bedingungen, unter denen bestimmte Zugriffe erlaubt sind, vollständig und klar beschrieben werden. Dazu gehören die Definition der Subjekte, die der Benutzer ansprechen darf (z.B. Benutzerprogramme), die Definition der Funktionen, die er ausführen darf (z.B. Lesen, Schreiben) sowie die Objekte, auf die er zugreifen darf (z.B. Dateien, Informationen, Systemfunktionen, Geräte). Diese Angaben sind für jeden Benutzer aufzuführen und in Sicherheitstabellen bzw. Zugriffsmatrizen abzuspeichern[2].

Ein wesentliches Element stellt die Identifikation dar, die die Überprüfung der Übereinstimmung eines vorgelegten, kennzeichnenden Merkmals (Identifikator) mit einem Merkmal, das der zu überprüfenden Instanz durch vorherige Übereinkunft bekannt ist, bezeichnet. Verbunden mit der Identifikation ist die Verifizierung der Identität mit Hilfe von kennzeichnenden Merkmalen (Authentifikatoren), die mit der authentifizierenden Instanz vereinbart wurden[3]. Folgende Identifikationen müssen in lokalen Netzen möglich sein:

o Identifikation des Benutzers, der den Prozess ausführen möchte.

o Identifikation der Station, von der die Anfrage kommt.

o Identifikation der Programme.

o Identifikation der Einheit (Drucker etc.), zu der die angeforderte Information gesendet wird.

---

1) Vgl. dazu ausführlich FEISTEL, Horst: Chiffriermethoden (1), S. 21ff; FEISTEL, Horst: Chiffriermethoden (2), S. 99ff; GROLLMANN, Joachim: Kryptographie, S. 54ff; IBM DEUTSCHLAND GmbH: Datensicherheit; MATYAS, S.M.; MEYER, C.H.: The Role, S. 174ff; RIHACZEK, Karl: Die Verwendung, S. 99ff; RIHACZEK, Karl: Datenverschlüsselung, S. 169ff; RIHACZEK, Karl: Datenverschlüsselung in Kommunikationssystemen; RYSKA, Norbert; HERDA, Siegfried: Verfahren; SCHANNING, Brian P.: Applying Public key, pp. 268-274.

2) Vgl. dazu ausführlich WEDEKIND, Hartmut: Die Implementierung, S. 191ff.

3) Auf Verfahren der Authentifikation wird nicht näher eingegangen. Vgl. dazu ausführlich RYSKA, Norbert; HERDA, Siegfried: Verfahren, S. 336ff; RIHACZEK, Karl: Authentikation, S. 94ff.

o   Identifikation der angesprochenen Dateien, bis hinab zum einzelnen Element[1]) (Siehe Abb. 37).

Als Beispiel für eine Identifikation soll hier die sehr wichtige Benutzererkennung angeführt werden. Grundsätzlich lassen sich drei Arten unterscheiden, wie sich ein Benutzer dem System gegenüber identifizieren kann: Einmal durch etwas, was der Benutzer weiß (z.B. Name, Personalnummer, Kennwort, Frage/Antwort) oder durch etwas, was der Benutzer bei sich trägt (z.B. Kennmarke, Kreditkarte, Firmenausweis) oder schließlich mit Hilfe persönlicher physicher Merkmale, wie Fingerabdruck, Charakteristiken der Stimme oder Unterschrift[2]) (siehe Abb. 38). Die Techniken, mit denen eine Person eindeutig identifiziert werden kann, stellen einen wesentlichen Kernpunkt des Sicherheitssystems dar. Auch wenn heute moderne Ausweislesesysteme mit Verfahren arbeiten, die eine Fälschung mit hoher Wahrscheinlichkeit ausschließen, bleibt immer noch die Gefahr, daß Ausweise verloren gehen. Abhilfe versprechen hier die Identifikationsverfahren, die für die Erkennung personengebundene Merkmale einsetzen. Gerade auf diesem Gebiet wird in den Labors verschiedener Firmen noch gearbeitet.

Als letztes sei auf die Überwachungsverfahren (z.B. Protokollerstellung) hingewiesen, mit denen im nachhinein festgestellt werden kann, wie bestimmte Informationen verarbeitet wurden und welcher Benutzer auf welche Informationen zugegriffen hat. Die Überwachung bildet die Grundlage für umfangreiche Revisionsmöglichkeiten und Rekonstruktionsmöglichkeiten.

b) **Organisatorische Maßnahmen**

Zu den organisatorischen Sicherungsmaßnahmen[3]) zählen solche Maßnahmen, die durch eine besondere Gestaltung der Aufbau- und Ablauforganisation gegeben sind. Diese Definition läßt erkennen, daß die organisa-

---

1) Vgl. LINDEMANN, P.; NAGEL, K.; HERRMANN, G.: Auswirkungen, S. 64.
2) Vgl. ausführlich dazu SZYPERSKI, Norbert; GROCHLA, Erwin; HOMBERGER, Hans-Joachim: Datensicherung, S. 1/81ff.
3) Vgl. dazu ausführlich GLISS, Hans: Datenschutz (II), S. 504ff; HAILER, Gottfried: Orgware-Aufgabe, S. 39ff; GARBE, Helmut: Die organisatorischen Maßnahmen, S. 81ff; LINDEMANN, P.; NAGEL, K.; HERRMANN, G.: Organisation, S. 30ff; STADLER, Norbert: Organisatorische Vorkehrungen, S. 271ff; STADLER, Norbert: Datensicherung durch Organisation, S. 1ff; KONRADT, Horst G.: Datensicherheit, S. 296f; LADUGA, Horst: Datensicherung, S. 176f.

torischen Maßnahmen einen großen Wirkungsbereich umfassen und daher häufig die Voraussetzungen für die Anwendbarkeit der übrigen Sicherungsmaßnahmen bilden. Sowohl im Bereich der Aufbau- als auch der Ablauforganisation können die Maßnahmen in sach-, personen- und raumbezogene Einzelmaßnahmen unterteilt werden[1] (siehe Abb. 39). Weiterhin sind die Maßnahmen hinsichtlich ihrer Zwecksetzung zu unterscheiden in sicherungsspezifische Maßnahmen (bei denen der Zweck der Sicherung im Vordergrund steht, z.B. das Auslagern von Informationsbeständen) und nicht sicherungsspezifische Maßnahmen, deren primäre Zwecksetzung nicht sicherungsspezifisch ist (z.B. Organisationsplan). Nachfolgend werden einige organisatorische Maßnahmen kurz dargestellt.

Neben der Funktionstrennung, der Festlegung personen- und sachorientierter Richtlinien stellt die Dokumentation ein wirkungsvolles Steuerungs-, Organisations- und Kontrollinstrument dar, welches sich in der Praxis mehr und mehr durchgesetzt hat. Die Dokumentation umfaßt dabei nicht nur die reine Programmdokumentation, sondern sämtliche Bereiche der Unternehmung bzw. der Abteilungen[2]. Eine der wichtigsten Voraussetzungen für die Sicherung ist außerdem die klare Regelung der personellen Trennung von Anweisungs-, Ausführungs- und Kontrolltätigkeiten. Hier hat eine klare Aufgabenteilung zwischen den Abteilungen zu erfolgen. So könnte jede Abteilung für die Sicherheit der von ihr selbst erstellten und verwalteten Informationen oder der zur Weiterverarbeitung übernommenen Informationen verantwortlich sein, wobei sich die Sicherungsmaßnahmen nach dem jeweiligen Vertraulichkeitsgrad der Informationen zu richten haben. Die Verantwortung ließe sich über die reine Informationsverarbeitung hinaus bis zum Einsatz geeigneter Ablaufverfahren ausdehnen. Zur Verhinderung von Programm-Manipulationen stellt die Funktionstrennung eine wirkungsvolle Sicherungsmaßnahme dar, z.B. durch die Gliederung der Aufgaben in Programmerstellung und Testen, Prüfung und Genehmigung, Wartung und Änderung, Ausführung und Zuordnung dieser Aufgaben zu den Funktionen Anwendungsprogrammierung, Revision, Änderungsprogrammierung und Operating. Eine weitere wesentliche organisatorische Maßnahme liegt in der Erstellung von Brand- und

---

1) Vgl. MEYER, Carl W.; NAGEL, Kurt: Datenschutz-Manual, S. 24.
2) Vgl. zur Dokumentation ausführlich BAUMANN, Erika: Dokumentationsstelle, S. 27ff; MARKSTEINER, Friedel: Dokumentation, S. 20ff; SCHMIDT, Harald: Kontrolle durch Dokumentation, S. 98ff; SNEED, Harry M.: Dokumentation, S. 22f.

Katastrophenschutzordnungen[1]. Es erscheint notwendig, den gesamten Problemkreis der möglichen Katastrophen mit ihren Ursachen und Auswirkungen eingehend zu erörtern und zu dokumentieren. Dazu eignet sich besonders die Herausgabe eines Katastrophenhandbuches, das als wesentliche Punkte einen Alarmplan, Sofortmaßnahmen, Verantwortlichkeiten, Weisungsbefugnisse, Einsatzpläne, Ausweichsysteme und Wiederbeschaffungsmaßnahmen enthält. Daneben ist durch Richtlinien dafür zu sorgen, daß alle Mitarbeiter über den wesentlichen Inhalt des Katastrophenplanes informiert sind. Weitere Richtlinien sollten u.a. bezüglich der Klassifikation der Informationen, Einstellungskriterien für Mitarbeiter, Dokumentation etc. erstellt und eingeführt werden.

c) Personelle Maßnahmen

Jedes integrierte Bks und auch das Sicherheitssystem werden erst funktionsfähig durch die in ihm tätigen Menschen; seine Leistungsqualität wird wesentlich von der Qualität des eingesetzten Personals bestimmt. Deshalb ist ein qualifizierter und persönlich zuverlässiger Personalstamm notwendig. Daher beziehen sich die personellen Maßnahmen auf die Personalauswahl, Personalüberwachung sowie die Aus- und Weiterbildung[2]. Entsprechend den Anforderungen an die fachliche Qualifikation des Personals sollte für jeden Mitarbeiter bezüglich Aus- und Weiterbildung ein individueller Plan entwickelt werden, der ausgerichtet auf die Tätigkeitsbilder die Fähigkeiten, Interessen und Neigungen jedes Mitarbeiters berücksichtigt. Die Aus- und Weiterbildung der Mitarbeiter besteht in der Regel aus einer Kombination von unternehmungsinterner und -externer Schulung.

Bei der unternehmungsinternen Schulung wird die Ausbildung von eigenem Ausbildungspersonal oder von erfahrenen Fachkräften durchgeführt. Ein wesentlicher Vorteil dieser Schulung liegt in der praxisnahen Ausbildung. Der Schwerpunkt der internen Schulung bezieht sich auf die Ausbildung von Managern und Sachbearbeitern, die in der Aufbauphase des

---

1) Vgl. ausführlich dazu BROADBENT, D.: Contigency Planning, pp. 19-188; HERRMANN, Günter: Vorschläge (Teil 1), S. 27ff; HERRMANN, Günter: Vorschläge (Teil 2), S. 30ff; HERRMANN, Günter: Vorschläge (Teil 3), S. 34ff.
2) Vgl. dazu ausführlich SQUIRES, Tony: The personnel aspect, pp. 29-127; SQUIRES, Tony: People and Security.

Sicherheitssystems bei der Definition, Klassifizierung und Quantifizierung der schutzwürdigen Informationen mitwirken sollen und später, bei realisiertem System, diese Aufgaben selbst durchführen müssen.

Die gezielte Einbeziehung unternehmungsexterner Aus- und Weiterbildungsmöglichkeiten, die von fast allen Herstellern in Form von Kursen oder Seminaren zur Vermittlung von Grund- und Spezialkenntnissen angeboten werden, runden das Schulungsprogramm ab. Weiterhin bestehen auch zahlreiche Möglichkeiten der externen Aus- und Weiterbildung durch herstellerunabhängige Institutionen.

Als weitere personelle Maßnahmen sind die Information und Mitwirkung zu nennen, die jedoch schon in Kapitel D angesprochen wurden. Die Wichtigkeit personeller Maßnahmen ist nicht zu unterschätzen, da auf diese Weise durch Bewußtmachung der Sicherungsproblematik personelle Gefahren, die durch Nachlässigkeit, Unwissenheit und Gewohnheit entstehen, vermieden werden können.

III. Risikoakzeptanz

Ein anderer Weg Risiken zu handhaben, besteht in der Akzeptanz von Risiken, wobei eine aktive und passive Akzeptanz zu unterscheiden sind[1]. Wenn ein Risiko vergleichsweise geringe Konsequenzen bei Eintritt nach sich zieht, d.h. der erwartete Schaden gering ist, erscheint es angebracht, keine speziellen Maßnahmen zu treffen[2]. Die Risikoakzeptanz wird oft auch als Selbstversicherung bezeichnet, besonders dann, wenn ein Notfallfonds eingerichtet wird. Allerdings ist diese Bezeichnung falsch, weil keine Risikoüberwälzung eingeschlossen ist.

Daneben kann ein Risiko unwissentlich akzeptiert werden, da es noch nicht identifiziert wurde (passive Akzeptanz). Diese Haltung bringt allerdings schwerwiegende Folgen für die Unternehmung mit sich, wenn das Risikoereignis tatsächlich einmal eintritt.

---

1) Vgl. CARTER, R.L.: Handbook of insurance, p. 1.1-10.
2) Vgl. WARING, Leslie Philip: Management handbook, p. 8.

IV. Risikoüberwälzung

Die letzte und vierte Methode der Risikohandhabung besteht in der Risikoüberwälzung. Die Versicherungsdeckung kann für vielfältige Risikotypen erworben werden (siehe Abb. 40). Risiken bzw. ihre Konsequenzen werden dabei mittels einer Versicherungspolice vom Versicherten auf den Versicherer übertragen. Die Risikoüberwälzung stellt eine passive Methode der Risikohandhabung dar, weil nach Schadenseintritt eine monetäre Kompensation gezahlt wird. Der Abschluß von Versicherungen bietet allerdings keinen Ersatz für angemessene Sicherungsmaßnahmen, sondern es sollte vielmehr vom Grundsatz ausgegangen werden, daß Versicherungen nur flankierende Maßnahmen innerhalb des Sicherheitssystems sein können. Trotzdem soll den Versicherungen hier ein relativ großer Raum eingeräumt werden, da die vielfältigen Möglichkeiten der Versicherung in der Praxis noch nicht bekannt sind.

Die Versicherungswirtschaft hat für die sich aus der maschinellen Datenverarbeitung ergebenden Gefahrentatbestände verschiedene Versicherungsformen entwickelt, die auch bei integrierten Bks Anwendung finden können. Diese eignen sich dafür, Restrisiken, die auch bei guten Sicherheitssystemen unvermeidlich sind, kalkulierbar zu machen. Die folgenden Ausführungen über mögliche Versicherungen basieren im wesentlichen auf den in der Bundesrepublik Deutschland angebotenen Versicherungen. Aber auch in anderen Ländern bestehen Versicherungsmöglichkeiten auf diesem Gebiet[1]. Die Versicherungswirtschaft unterscheidet sachbezogene Versicherungen, Folgeschaden- bzw. -kostenversicherungen und personenbezogene Versicherungen.

a) Sachversicherungen

Die Sachversicherungen besitzen die Aufgabe, den Schaden an den versicherten Gegenständen selbst zu decken. Innerhalb der einzelnen Sachversicherungen muß wiederum differenziert werden zwischen eigenen oder gemieteten Teilen des Systems und ob sich die jeweilige Versicherung auf die Anlage selbst oder auf die Datenträger bezieht (siehe Abb. 41).

---

1) Vgl. dazu CARTER, R.L.: Handbook of insurance; TASSEL, Dennis van: Computer Security Management.

Zu den wichtigsten und üblichen Sachversicherungen zählen die Feuerversicherung, die Einbruchdiebstahl- und die Leitungswasserversicherung. Versichern lassen sich komplette Anlagen, einschließlich der Zentraleinheiten sowie Peripheriegeräte, auch wenn diese in anderen Betriebsstätten aufgestellt sind. Weiterhin können die für den Betrieb des Systems erforderlichen Klima- und/oder Stromversorgungsanlagen mitversichert werden; ebenfalls unter den Versicherungsschutz fallen Programme, die vom Hersteller komplett bezogen wurden[1]. Die Entschädigung wird geleistet bei Zerstörung oder Beschädigung durch ein unvorhergesehenes Risikoereignis und bei Entwendung der Sachmittel; hierzu zählen auch Schäden, die durch Fahrlässigkeit, unsachgemäße Handhabung und durch Vorsatz Dritter entstanden sind sowie Schäden durch Brand, Blitzschlag, Überschwemmung, Einbruch, Beraubung, Plünderung, Sabotage, Material- oder Konstruktionsfehler. Ausgenommen sind Schäden durch Vorsatz des Versicherungsnehmers, Abnutzung, Wasser- oder Säuredämpfe, die durch die Eigenart der Unternehmung verursacht werden, wie auch Schäden durch Erdbeben, Kriegsereignisse etc. Bei der Entschädigungsleistung besitzt der Versicherte ein Wahlrecht zwischen der Wiederherstellung des Systems in den Zustand, der vor dem Risikoeintritt bestanden hat, oder der Auszahlung des zur Wiederherstellung des Systems erforderlichen Kosten[2]. Werden externe Datenträger zerstört, beschädigt oder entwendet, ist eine Wiederherstellung der Datenträger einschließlich der darauf gespeicherten Informationen erforderlich. Im Schadensfall übernimmt der Versicherer dafür anfallenden Kosten. Keinen Ersatz leistet der Versicherer allerdings bei Schäden, die durch falsches Programmieren, falsche Eingabe von Informationen, falsche Bedienung, versehentliches Löschen oder Wegwerfen der Datenträger entstehen.

b) **Folgeschadenversicherungen**

Die Schäden, die als Folge von Zerstörung, Beschädigung oder des Entzugs der Sachmittel entstehen, werden von den Folgeschadenversicherungen abgedeckt[3]. Unter den Folgeschadenversicherungen bieten die Versicherer dem Versicherungsnehmer die Möglichkeiten der Feuer-Betriebs-

---

1) Vgl. HAFTPFLICHTVERBAND DER DEUTSCHEN INDUSTRIE V.a.G. HDI (Hrsg.):
   Versicherung, S. 2.
2) Vgl. HAMANN, Volker: Computer-Kriminalität, S. 120.
3) Vgl. NAGEL, Kurt: Datensicherung, S. 244.

unterbrechungs-Versicherung (FBU), der Maschinen-Betriebsunterbrechungs-Versicherung (MBU) und der Mehrkostenversicherung[1].

Eine Betriebsunterbrechung im Sinne der FBU-Bedingungen liegt dann vor, wenn ein durch eine versicherte Gefahr (Brand, Blitzschlag, Explosion, Absturz eines bemannten Flugkörpers, seiner Teile oder Ladung) verursachter Sachschaden zu einer Betriebsunterbrechung führt. Ersetzt werden Aufwendungen für ein Ausweichen auf ein fremdes System und laufende Kosten (z.B. Löhne). Wird die technische Einsatzmöglichkeit der Anlage infolge eines Sachschadens an der Anlage einschließlich der Peripherie und/oder Klima- bzw. Versorgungsanlage unterbrochen oder beeinträchtigt, so ersetzt der Versicherer innerhalb der MBU den entstehenden Unterbrechungsschaden. Der Versicherer leistet Entschädigung für den entgangenen Betriebsgewinn und die laufenden Kosten der versicherten Unternehmung, die der Versicherer nicht erwirtschaften kann.

Während die FBU-Versicherungen nur die Folgen von Sachschäden aus Brand etc. abdecken, gelten in der Mehrkostenversicherung als Sachschäden die Ereignisse, die auch für die Sachversicherungen gelten. Als Mehrkosten treten zeitabhängige (fortlaufende) Zusatzkosten (Benutzung von Fremdanlagen, Anwendung anderer Arbeitsverfahren, Inanspruchnahmen von Lohnund Dienstleistungen) und zeitunabhängige (einmalige) Zusatzkosten (einmalige Transport- oder Programmierkosten) auf[2].

c) **Personenbezogene Versicherungen**

Als letzten Bereich innerhalb der Versicherungen sind die personenbezogenen Versicherungen zu erwähnen, die vor allem mit der Zunahme der Computerkriminalität an Bedeutung gewonnen haben. Einmal gibt es die Computer-Mißbrauchversicherung als Sonderform der Vertrauensschadenversicherung. Sie ersetzt Vermögensschäden, die dem Versicherungsnehmer von Vertrauenspersonen durch Löschen von Informationen, Beschädigung, Zerstörung oder Beiseiteschaffen von Datenträgern oder Programmen, Anlagen oder Teilen davon, ungerechtfertigte Bereicherung an Vermögenswerten des Versicherungsnehmers mit Hilfe von Programm-Manipulationen

---

1) Vgl. HEIDINGER, Jan Lubmoir: Computer-Mißbrauch-Versicherung, S. 118.

2) Vgl. HAFTPFLICHTVERBAND DER DEUTSCHEN INDUSTRIE V.a.G. HDI (Hrsg.): Versicherung, S. 8/9.

sowie durch Unterdrückung von Datenträgern zugefügt wird. Als Vertrauenspersonen gelten grundsätzlich alle Mitarbeiter, d.h. alle Personen, mit denen im Zeitpunkt des Versicherungsfalls ein Arbeitsvertrag mit dem Versicherungsnehmer besteht. Als Vermögensschäden gelten versicherungstechnisch alle unmittelbaren Einbußen des Versicherten, womit alle mittelbaren oder Folgeschäden ausgeschlossen sind.

Zur Minderung der sich aus dem BDSG ergebenden Risiken hat die Versicherungswirtschaft die Datenschutzversicherung[1), bestehend aus der Daten-Haftpflichtversicherung für Vermögenschäden und der Daten-Rechtsschutzversicherung, geschaffen. Mittels einer Daten-Haftpflichtversicherung kann sich eine Unternehmung, soweit sie personenbezogene Daten i.S. des BDSG verarbeitet oder verarbeiten läßt, gegen Vermögensschäden versichern, die wegen eines Verstoßes gegen das BDSG von einem Dritten aufgrund gesetzlicher Haftpflichtbestimmungen privatrechtlichen Inhalts geltend gemacht werden. Mitversichert ist in gleichem Umfang die persönliche gesetzliche Haftpflicht der Organe und Bediensteten des Versicherungsnehmers gegenüber Dritten. Ausgeschlossen vom Versicherungsschutz sind Ansprüche aus Auskunft, Berichtigung, Sperrung und Löschung sowie die damit verbundenen Kosten. Diese werden über die Daten-Rechtsschutzversicherung abgedeckt, die die Kosten für eine gerichtliche Abwehr von Ansprüchen Betroffener nach dem BDSG auf die o.g. Rechte und die Verteidigung in Verfahren wegen des Vorwurfs einer Straftat oder Ordnungswidrigkeit gemäß §§ 41, 42 BDSG ersetzt.

d) Umfassender Versicherungsschutz

Bei der Vielzahl von Versicherungsarten, die sich auf dasselbe Objekt beziehen, ist es schwierig, Überschneidungen im Versicherungsumfang zu vermeiden. Beispielsweise erfaßt die Computer-Mißbrauch-Versicherung in einigen Fällen Risiken, die ganz oder teilweise auch von anderen Versicherungszweigen abgedeckt werden (siehe Abb. 42). Daher muß der Versicherungsnehmer selbst dafür sorgen, Versicherungsüberschneidungen zu vermeiden. Als Beispiel für einen solchen überschneidungsfreien, aber dennoch lückenlosen Versicherungsschutz läßt sich folgendes Konzept anführen (siehe Abb. 43): Aus der Schwachstromanlagenversicherung werden die Risiken, die von der Feuer- und EDV-Versicherung gedeckt werden,

---

1) Vgl. O.V.: Datenschutzversicherung, S. 1ff.

herausgenommen. Beim Abschluß der Mehrkosten-Versicherung wird das System aus den vorher abgeschlossenen FBU- bzw. MBU-Versicherungen ausgeschlossen und voll in die Mehrkostenversicherung einbezogen. Die Computer-Mißbrauch-Versicherung wird auf die Schadenstatbestände beschränkt, die von der Schwachstromanlagenversicherung nicht übernommen werden. Das Risiko der Datenträger- und Programm-Manipulation wird jedoch von ihr abgedeckt. Ergänzend kann der Versicherungsnehmer eine Datenschutzversicherung abschließen.

Nachdem nun die Maßnahmenkategorien des Risikomanagements beschrieben worden sind, besteht der nächste Schritt darin, ein geeignetes Maßnahmenbündel bzw. Sicherheitssystem auszuwählen.

V. Auswahl geeigneter Maßnahmen

Die Auswahl von Sicherungsmaßnahmen bzw. Maßnahmenbündeln setzt voraus, daß die Kosten in einem angemessenen Verhältnis zum angestrebten Schutzzweck stehen. Im folgenden soll dieser Zusammenhang - der Sicherungsgrad der Maßnahmen, die Kosten der Maßnahmen und die Optimierung des Sicherheitssystems - deutlich gemacht werden.

a) Wirksamkeit von Maßnahmen

Bei Anwendung von Sicherungsmaßnahmen wird das Risiko, d.h. die Schadenshöhe und die Eintrittswahrscheinlichkeit eines bestimmten Risikoereignisses, verringert. Das Ausmaß der Verringerung hängt primär von der Wirksamkeit der Maßnahmen ab[1]. Der Vorteil von hardwaremäßig realisierten Maßnahmen liegt in der schnellen Wirksamkeit und damit der geringen Belastung des Verarbeitungsablaufes. Mit Hilfe der Softwaremaßnahmen erfolgt die Anpassung des Sicherheitssystems an den individuellen Systembetrieb. Darüber hinaus ermöglicht die Software eine zeitliche Anpassung, d.h. es ist eine ständige Abstimmung mit dem sich wandelnden Sicherheitsbedürfnis möglich. Eine Beschränkung auf systemtechnische Maßnahmen ist jedoch keinesfalls möglich, da ihr Einsatz organisatorische Voraussetzungen mit sich bringt und außerdem eine effektive Sicherung nur im Zusammenspiel von Hardware, Software und Organi-

---

1) Vgl. NAGEL, Kurt: Wirtschaftlichkeitsanalyse, S. 297.

sation möglich ist. Allerdings sollten organisatorische Maßnahmen nur
dann eingreifen, wenn die technischen Lösungen nicht mehr zur Verfügung
stehen, denn die menschliche Versagenswahrscheinlichkeit ist gegenüber
der technischen höher.

Die Literatur macht deutlich, daß eine Feststellung der Wirksamkeit bestimmter Maßnahmen bzw. eine Quantifizierung des Nutzens äußerst
schwierig[1], wenn nicht sogar unmöglich ist. Trotzdem muß – um zu einer Wirtschaftlichkeitsanalyse im Sinne einer Kosten-Nutzen-Gegenüber-
stellung zu kommen – der Versuch unternommen werden, den Nutzen z.B.
durch den verhinderten Schaden auszudrücken. Andere Autoren versuchen,
die Wirksamkeit der Maßnahmen bzw. den Nutzen durch das unterschiedlich
geschätzte Verlustrisiko alternativer Sicherungsmaßnahmen festzustel-
len, um dann im Vergleich mit den jeweiligen Kosten zu einer Minimierung der Gesamtkosten zu gelangen. Auch FUTH nimmt eine reine Kosten-
analyse vor, da er keine Möglichkeit sieht, für den Gesamtbereich der
Maßnahmen Kosten-Nutzen-Analysen durchzuführen. Die hier dargestellten
Positionen zeigen deutlich die Uneinigkeit auf dem Gebiet der Nutzenbewertung von Sicherungsmaßnahmen. Trotzdem soll hier ein Verfahren zur
Nutzenbewertung vorgestellt werden.

Eine verhältnismäßig einfache, ohne umfangreiche Analysen und Berech-
nungen durchführbare Methode stellt die Bewertung der Sicherungsmaßnahmen mit Hilfe von Verhältnisskalen dar. Dabei wird der Nullpunkt eindeutig festgelegt und die Intervallänge frei bestimmt, sodaß die Meß-
werte addiert werden können. LINDEMANN u.a. schlagen vor, mit einer
Skala von 0 bis 5[2] zu arbeiten, wobei der Wert 5 vergeben wird, wenn
eine Maßnahme das Risikoereignis voll abdeckt. Aus Übersichtlichkeits-
gründen empfiehlt es sich, nur dann eine Bewertung vorzunehmen, wenn
eine Maßnahme tatsächlich einen Beitrag zu Erfüllung einer Anforderung
leistet. Da die Einzelmaßnahmen i.d.R. zusätzliche Wirkungen besitzen,
die zur Erfüllung anderer, die Sicherung flankierender Zwecke dienen
oder aber unerwünschte Nebenwirkungen zeigen, erscheint es sinnvoll,
diese Wirkungen ebenfalls festzuhalten[3]. Ob sich die Bewertungen des
Wirkungsgrades in der Matrix als brauchbare Kriterien erweisen, hängt

---

1) Vgl. ANGERMANN, Adolf; THOME, Rainer: Kosten-Nutzen-Analyse, S. 22.
   FUTH, Horst: Ein einfaches Verfahren, S. 228.
2) Vgl. LINDEMANN, P.; NAGEL, K.; HERRMANN, G.: Organisation, S. 102.
3) Vgl. KRAUS, Wolfgang: Datensicherungsmaßnahmen, S. 99.

im wesentlichen von der Sorgfalt und Konsistenz der Bewertungslogik ab. Das subjektive Element läßt sich zwar nicht ausschalten, doch werden die Wertungen transparent und damit der Überprüfung zugänglich.

Im nächsten Schritt der Maßnahmenbewertung werden die in Frage kommenden Einzelmaßnahmen zu Maßnahmenbündeln kombiniert, die insgesamt aus solchen Einzelmaßnahmen bestehen, die möglichst alle Anforderungen an ein Sicherheitssystem zu einem gewissen Grad erfüllen.

b) **Wirtschaftlichkeitsanalyse**

Zur Fixierung der einzelnen Sicherungsmaßnahmen gehört neben der Bestimmung des Wirkungsgrades auch die Ermittlung der Kosten, denn der Aufbau des Sicherheitssystems bringt für die Unternehmung zusätzliche Kosten mit sich. Die reine Kostenaufstellung für den Aufbau und den Betrieb des Sicherheitssystems läßt sich mit relativ hoher Genauigkeit treffen[1]. Diese setzt sich zusammen aus den Einführungskosten (EK) und den laufenden Betriebskosten (BK). Unter die Einführungskosten fallen Kosten für den Kauf von Hardware-Sicherungen, Programmierkosten für Software-Sicherungen, Umstellungskosten für organisatorische Maßnahmen, Kosten für Mitarbeiterschulung sowie Kosten für die Schaffung der Voraussetzungen für die Realisierung des Sicherheitssystems (Aufbau des Systems). Die laufenden Betriebskosten umfassen die Kosten für den bDSB, Miete für Hardware und Lizenzprogramme, Personalkosten für Sicherungsaufgaben, Kosten für höhere Systembelastungen, Kosten für Performance-Verluste und Kosten für die regelmäßige Überprüfung der Sicherungsmaßnahmen[2]. Während der überwiegende Teil der Kosten eindeutig zu quantifizieren ist, bestehen Schwierigkeiten bei der Feststellung jener Kosten, die durch organisatorische Änderungen, Zeitverzögerungen, Leistungsminderungen etc. verursacht werden. Außerdem ergeben sich bei der Realisierung des Sicherheitssystems positive Nebeneffekte, die der Unternehmung zusätzlichen Nutzen bringen und von den Gesamtkosten abzuziehen sind. Dies sind u.a. die Erhöhung des Organisationsgrades, verbesserte Kontrolle bei der Systemnutzung, weniger Verarbeitungsfehler, weniger Wiederholungszeiten und Störungen der Büroarbeit sowie erhöhtes Vertrauen der Mitarbeiter in das technische System.

---

1) Vgl. zu den Kosten von Sicherheitssystemen GOLDSTEIN, Robert C.: Cost of privacy, pp. 65-69.
2) Vgl. LINDEMANN, P.; NAGEL, K.; HERRMANN, G.: Auswirkungen, S. 82.

Trotz zahlreicher Ansätze in der Literatur zur Wirtschaftlichkeitsanalyse und Optimierung eines Sicherheitssystems[1] sind die Probleme bei der Quantifizierung des Wirkungsgrades und der Kosten eines Sicherheitssystems noch nicht gelöst. Im folgenden soll ein Ansatz des MIT dargestellt werden. Er enthält zwar die Schwächen anderer Ansätze nicht. Es darf jedoch auch nicht verkannt werden, daß dieser Ansatz auf weitgehend subjektiv bestimmten und deshalb in ihrer Genauigkeit oft zweifelhaften Determinanten aufbaut. Wenn in Zukunft diese Ansätze weiter entwickelt werden und wenn vor allen Dingen die Bestimmungsgrößen durch statistische Untersuchungen aussagekräftiger werden, kann die Wirtschaftlichkeitsanalyse zu einem wirkungsvollen Instrument des Risikomanagements werden.

Beim Ansatz des MIT wird zunächst eine Übersicht über die Arten von Risiken erstellt[2]. Jedem Risiko wird dann die Eintrittswahrscheinlichkeit und der zu erwartende Verlust im Schadensfall zugerechnet. Aus beiden ergibt sich durch Multiplikation der zu erwartende Gesamtverlust. Daraufhin wird auf der Maßnahmenseite jeder Sicherungsmaßnahme eine Wahrscheinlichkeit zugeordnet, die angibt, inwieweit die Sicherungsmaßnahme ein Risiko nicht abdeckt. Diese Zuordnung erfolgt pro Sicherungsmaßnahme für jedes Risiko, sodaß die Wirksamkeit einer Maßnahme für alle Risiken gekennzeichnet ist. Außerdem werden pro Sicherungsmaßnahme die jährlichen Kosten getrennt nach Einführungs- und Betriebskosten ermittelt. Zur Optimierung des Sicherheitssystems werden unterschiedliche Kombinationen von Sicherungsmaßnahmen gebildet und nach der Formel erwartete Gesamtkosten/Jahr = (EK+Bk)/Jahr + Restrisiko[3] untersucht. Der Vergleich der unterschiedlichen Sicherungsalternativen anhand der Formel wird je nach Sicherheitsgrad unterschiedlich erwartete Gesamtkosten erbringen. Beim optimalen Sicherheitssystem sind die Gesamtkosten minimiert (siehe Abb. 44 bzw. 45). Ist dies nicht zu realisieren, sollte das Bestreben darin liegen, das Sicherheitssystem so nah wie möglich an der optimalen Stelle anzusiedeln.

---

1) Andere Ansätze finden sich bei BROERMANN, Bernhard: Computerüberwachung, S. 20ff; LINDEMANN, P.; NAGEL, K.; HERRMANN, G.: Auswirkungen, S. 101ff; ANGERMANN, Adolf; THOME, Rainer: Kosten-Nutzen-Analyse, S. 20ff; GROCHLA, Erwin; SCHACKERT, Hans Rolf: Datenschutz, S. 204ff; FUTH, Horst: Ein einfaches Verfahren, S. 227ff; HOGREBE, Edmund F.M.: Wirtschaftliche Aspekte, S. 482ff; BREKER, Klaus: Kosten/ Nutzen-Rechnung, S. 1ff.
2) IBM CORPORATION (Ed.): Data Security, pp. 101-105.
3) Unter dem Restrisiko wird dabei der geschätzte Verlust durch Risiken verstanden, der trotz des Sicherheitssystems noch auftritt.

F Organisatorische Gestaltung eines Sicherheitssystems

Nachdem in den vorangegangenen Kapiteln die strukturelle Gestaltungsproblematik des Sicherheitssystems angesprochen wurde, soll im folgenden die "strategisch-dispositive Gestaltungsproblematik"[1] betrachtet
werden. Der Aufbau und die Einführung eines Sicherheitssystems, d.h.
der Gestaltungsprozeß, an dessen Ende der Maßnahmenkomplex steht, verlangt eine sorgfältige und systematische Planung. Hierbei erscheint es
angebracht, sofern es sich nicht um einfache, einzelne Maßnahmen, sondern um einen interdependenten Maßnahmenkomplex oder um ein umfassendes
Sicherheitssystem handelt, den Prozeß im Rahmen eines Projektes durchzuführen. Weiterhin bietet es sich an, das Gesamtprojekt in zeitlich
und kostenmäßig überschaubare Phasen einzuteilen. Der folgende Vorschlag lehnt sich an die in der Literatur zur Planung und Einführung
von Informationssystemen[2] bzw. zu in organisatorischen Gestaltungs-
prozessen[3] beschriebenen Phasenfolgen an. Diese können allerdings
nur Anhaltspunkte zur Vorgehensweise liefern; im konkreten Einzelfall
muß der Aktionsplan auf die spezifischen Belange der Unternehmung, d.h.
die Größe und Aufgabe der Unternehmung, bereits vorhandene Sicherheitsmaßnahmen etc. zugeschnitten sein.

Als Phasen für die organisatorische Gestaltung eines Sicherheitssystems
werden die Voruntersuchung, Detailuntersuchung und Konzeption des Sicherheitssystems, Realisierung eines Sicherheitssystems und die Einführung, Kontrolle und Weiterentwicklung des Sicherheitssystems unterschieden. Zwischen diesen Phasen und den in ihnen enthaltenen Teilauf-
gaben liegt eine starke Interdependenz vor. Aus dieser Erkenntnis und
der Forderung, daß das Sicherheitssystem sich über das gesamte Informationsverarbeitungssystem erstrecken soll, ergeben sich wesentliche
Schwierigkeiten bei der Entwicklung und Einführung des Systems. Einmal
bestehen zwischen der Bestimmung der Maßnahmen und der Entwicklung bzw.
dem Entwurf anderer Teilsysteme (z.B. Informationserfassungssystem)
enge Beziehungen, die eine losgelöste Entwicklung des Sicherheitssy-

---

1) GROCHLA, Erwin: Grundzüge, S. 42.
2) Vgl. SURBÖCK, Erich K.: Management, S. 20ff; HEINRICH, Lutz J.: Systemplanung, Bd. 1 u. Bd. 2; SCHMITZ, Paul; SEIBT, Dietrich: Einführung (1975), S. 140ff; HEILMANN, Heidi: Projektmanagement, S. 1ff.
3) Vgl. GROCHLA, Erwin: Grundlagen, S. 44ff; GROCHLA, Erwin; MELLER;
   Friedrich: Datenverarbeitung, Gestaltung, S. 20ff; ZOGG, Andreas:
   Projekt-Management, S. 7ff.

stems nicht zulassen. Weiterhin sind die Abhängigkeiten zwischen den
einzelnen Teilsystemen zu beachten, denn für den Systemplaner besteht
das Ziel nicht darin, die Sicherheit einzelner Teilsysteme zu erreichen, sondern die gesamte Informationsverarbeitung, die von verschiedenen Teilsystemen unterstützt wird, sicher zu gestalten. Daher erfordert
die organisatorische Gestaltung des Sicherheitssystems den Einsatz verschiedener Spezialisten und Koordinatoren[1]. Das Gestaltungsproblem
stellt sich jedoch nicht von selbst. Anlässe, die erst zu einer Initia-
lisierung eines solchen Projektes führen, können zum einen unternehmungsinterner Natur (z.B. Einführung eines integrierten Bks oder hohe
Kostenbelastung durch einen Schadensfall, der auf unzureichenden Sicherungsmaßnahmen beruht) oder -externer Natur (z.B. neue Vorschriften,
Gesetze) sein. Ist das Gestaltungsproblem von der Unternehmungsleitung
erkannt, kann der Gestaltungsprozeß initiiert werden.

Die Abb. 46 verdeutlicht den Ablauf der Gestaltung des Sicherheitssystems in netzplanmäßiger Form. Dabei weisen die im nachfolgenden Text
von Klammern eingeschlossenen Zahlen auf entsprechende Aktionen im
Netzplan hin. Daneben führt Abb. 47 die einzelnen beteiligten Aktionsträger bzw. -gruppen mit ihren jeweiligen Aufgaben auf.

I. **Voruntersuchung**

Da die Unternehmungsleitung den gesamten Komplex Informationsschutz und
-sicherung nach innen und außen zu verantworten hat, besteht ihre Aufgabe zu Beginn des Projektes darin, die Sicherheitskonzeption festzulegen, d.h. die Ziele zu ermitteln sowie Grundsatzregelungen zur Zieler-
reichung aufzustellen (2) und eine Projektgruppe zu bilden (3) und zu
schulen (5), sowie, falls noch nicht geschehen, einen bDSB zu ernennen
(4). Eine Projektgruppe bzw. -team stellt eine Personenmehrheit dar,
"die gemeinsam und überwiegend hauptamtlich eine Projektlösung erarbeitet"[2] und auch bei eingeführtem Sicherheitssystem als ständige In-
stitution bestehen bleiben kann. Die Vorteile der Projektorganisation
liegen in der interfraktionellen Zusammenstellung, d.h. der Ausrichtung
an den Anforderungen der gestellten Aufgaben unabhängig von der bestehenden Organisationsstruktur, in der eindeutigen Zielsetzung, sachlichen Abgrenzung und zeitlichen Fixierung der Aufgabe und in den zur

---

1) Vgl. THOM, Norbert: Grundlagen des Projektmanagements, S. 2.
2) STEINBUCH, Pitter A.: Organisation, S. 56.

Verfügung stehenden Projektplanungs- und -steuerungsinstrumenten[1]. Die Zusammensetzung der Projektgruppe besteht aus einem Projektleiter, der der Unternehmungsführung angehören sollte, und aus den Leitern der Abteilungen Organisation, Datenverarbeitung, Interne Revision und Werkschutz, sowie dem bDSB, Datensicherungsspezialisten, Organisationsfachleuten etc. und betroffenen Mitarbeitern. Grundsätzlich ist der Projektleiter, der die Aufgaben der Planung, Steuerung und Kontrolle des Projektes hinsichtlich der fundamentalen Bestimmungsgrößen wahrnimmt, im Rahmen der ihm zugestandenen Kompetenzen dem Projektauftraggeber für die im Projektauftrag festgelegte Aufgabenstellung verantwortlich.

Der bDSB ist zunächst über die fixierten Ziele zu informieren und mit entsprechenden Kenntnissen und Fähigkeiten zu versehen (6). Er übernimmt weiterhin die Ermittlung der beim Aufbau des Sicherheitssystems zu beachtenden gesetzlichen Normen (7) und wirkt darüber hinaus bei der Steuerung und Koordination sämtlicher Projektaktivitäten entscheidend mit[2]. Nicht zuletzt beim laufenden Betrieb des Sicherheitssystems fällt dem bDSB eine wesentliche Rolle zu.

Am Aufbau wohl am stärksten beteiligt sind allerdings die Mitglieder der Organsitionsabteilung, da aufwandsmäßig der größte Arbeitsanteil auf die Organisation des Systems entfällt. In den Aufgabenbereich der Datenverarbeitungsabteilung fallen die Planung und Realisierung der systemtechnischen Sicherungsmaßnahmen. Sowohl in der ersten als auch in der zweiten Phase des Projektes (d.h. bei der Zielformulierung, der Erstellung allgemeiner Richtinien und der Schulung) und der laufenden Organisation des Systems ist die intensive Berater- und Gutachtertätigkeit der internen Revision unerläßlich[3]. Insbesondere hat sie sicherzustellen, daß die Prüffähigkeit des Systems mitorganisiert wird. Die Personalabteilung nimmt unter den beteiligten Aufgabenträgern eine Sonderstellung ein. Einmal kann sie durch ihre Erfahrung im Umgang mit vertraulichem Informationsmaterial (Personaldaten) wertvolle Hinweise bei der Definition, Klassifikation und Quantifizierung schutzwürdiger Informationen liefern; zum anderen obliegt ihr auch der Bereich der personellen Maßnahmen, d.h. die Durchführung und Unterstützung der Schulung, Personalauswahl und -politik. Die Aufgaben des Werkschutzes beschränken sich im wesentlichen auf die Sicherung dinglicher Objekte

---

1) Vgl. BREKER, Klaus: Projektierung, S. 142.
2) Vgl. NAGEL, Kurt: Datensicherung, S. 283.
3) Vgl. NAGEL, Kurt: Praktische Hinweise, S. 376.

(Gebäudesicherung, Geländesicherung)[1]. Er leistet einen wesentlichen Beitrag zur Sicherheit durch die Ergänzung der technischen Sicherheitsausstattung, indem er die Alarmsysteme überwacht, die Büroräume mit in seine Streifgänge einbezieht und die Tätigkeit in den Büros zu ungewohnter Zeit überprüft[2]. Als letzte wichtige Gruppe von Aufgabenträgern sind die Benutzer des integrierten Bks und damit auch des Sicherheitssystems zu nennen. Der Mitarbeiter muß in der Lage sein, die zur Verfügung gestellten Systemkomponenten und Sicherungsmethoden und -maßnahmen zu handhaben und zielgerecht anzuwenden. Ein reibungsloses Zusammenwirken von Mensch und Computer und damit eine Optimierung des Systems kann mit verschiedenen Strategien angestrebt werden, die teilweise schon angesprochen wurden: Erhebung der Benutzerbedürfnisse, Schulung und Motivation und Beteiligung der Benutzer. Im Rahmen der Beteiligungsstrategien läßt sich die aktive Beeinflussung des Systems durch die Benutzer in verschiedenen Graden durchführen[3]. Wenn die Mitarbeiter an der Gestaltung mitwirken können, so bedeutet das, daß sie aktiv in einem Informationsaustausch und Entscheidungsprozeß ihre Wünsche und Vorstellungen einbringen können. Bei der Mitbestimmung hingegen dürfen zumindest zentrale Komponenten nicht gegen den ausdrücklichen Willen der Beteiligten gestaltet werden[4]. Gerade die in letzter Zeit vorangetriebene Mitbestimmungsstrategie sollte auch bei der Planung und dem Aufbau von Sicherheitssystemen Eingang finden.

Um eine gewisse Formalisierung, Objektivierung und Kontrolle bei der Realisierung des Sicherheitssystems zu ermöglichen, müssen verschiedene Richtlinien für die Sicherung (Richtlinien für die Definition, Klassifikation und Quantifizierung der schutzwürdigen Informationen) aufgestellt werden (8). Weiterhin besteht der nächste Schritt in der Aufgabe, den bestehenden Sicherheitszustand (9), d.h. die bestehenden Sicherungsmaßnahmen und -einrichtungen zu erfassen. Dabei empfiehlt sich eine Untersuchung nach organisatorischen, personellen und systemtechnischen Sicherheitsvorkehrungen. Besondere Bedeutung haben hier Checklisten erreicht. "Check- oder Prüflisten sind eine Zusammenstellung von logisch abgeleiteten und aus Erfahrung gewonnenen Fragen, die in ihrer Gesamtheit sicherstellen sollen, daß alle Schwachstellen ... erkannt

---

1) Vgl. LINDEMANN, P.; NAGEL, K.; HERRMANN, G.: Organisation, S. 117.
2) Vgl. MÜHLEN, Rainer A.H. von zur: Computer-Kriminalität, S. 177.
3) Zu den Hauptformen partizipativer Systemgestaltung vgl. KUBICEK, Herbert: Interessenberücksichtigung, S. 39ff.
4) Vgl. BREKER, Klaus: Projektierung, S. 144.

werden"[1]. In einem weiteren Schritt wird der ermittelte Ist-Zustand
den vorher definierten Einzelzielen und Anforderungen gegenübergestellt
und jede bestehende Sicherungsmaßnahme auf ihre Wirksamkeit hin überprüft. Ziel ist es herauszufinden, wo Schwachstellen und Lücken bestehen und welche Risiken dadurch entstehen (10). Denn bevor entschieden
werden kann, ob ein bestimmter Aufwand für die Informationssicherung
und den -schutz zumutbar ist, sollten die Konsequenzen, die sich mögli-
cherweise daraus ergeben, daß keine weiteren Sicherungsmaßnahmen getroffen werden bzw. alles beim bisherigen Zustand belassen wird, bekannt sein. Diese Konsequenzen, die in Form des Eintritts eines Risikoereignisses auftreten, lassen sich mit Hilfe der Eintrittswahrscheinlichkeit und des Schadens quantifizieren. Die Risiken äußern sich dadurch, daß Maßnahmen oder Einrichtungen unzureichend sind, andere nicht
richtig gehandhabt werden und wieder andere völlig fehlen. Dies alles
muß festgestellt, lokalisiert und dokumentiert werden. Ausgehend von
dieser Analyse können die Sicherungsmöglichkeiten definiert, klassifiziert und quantifiziert werden (11). Hierbei leisten vor allem Broschü-
ren der Hersteller, Organisations- und Datenverarbeitungsliteratur und
das praktische Wissen der Organisationsberater und die Wirtschaftspra-
xis Hilfe. Die Quantifizierung der Maßnahmen beinhaltet Aussagen über
den Sicherungsaufwand und den Sicherungsgrad. Die Ergebnisse der o.g.
Analysen sind zu dokumentieren und zusammen mit einer sachlichen und
zeitlichen Rahmenkonzeption für das weitere Vorgehen im Schlußbericht
der Voruntersuchung niederzulegen, der der Unternehmungsleitung dann
zugänglich gemacht wird (12). Nach Kenntnisnahme und Beschlußfassung
durch die Unternehmungsführung kann die Phase der Detailuntersuchung
und Systemkonzeption beginnen.

II. **Detailuntersuchung und Konzeption eines Sicherheitssystems**

Der Aufwand für diese Phase ist wegen des größeren Personaleinsatzes
und der längeren Zeitdauer erheblich höher als in der ersten Phase[2].
Die Ziele dieser Projektphase sind das Umsetzen der im Anforderungskatalog spezifizierten Ziele in Wege, sie zu erreichen, die Auswahl der
Maßnahmen und die weitere Verfeinerung des Projektes[3]. Die Aktivitä-

---

1) HEINRICH, Lutz J.: Systemplanung, Bd. 1, S. 23.
2) Vgl. NAGEL, Kurt: Datenschutz (1980), S. 151.
3) Vgl. SURBÖCK, Erich K.: Management, S. 95.

ten bestehen neben der Auswahl von Kontaktleuten in den Fachabteilungen[1) (13) in der Ausarbeitung eines organisatorischen Durchführungsplanes, der eine detaillierte Planung der funktionalen Zuordnung, Ziel-, Mittel-, Personal-, Schulungs- und Kostenplanung enthält (14). Weiterhin sollte die Vorgehensmethode und der zeitliche Ablauf festgelegt werden, sowie die Kontaktleute in den Abteilungen in der Anwendung der Richtlinien unterwiesen (15) und die Projektgruppe geschult und ausgebildet werden (16). Daneben geht es um eine detaillierte Analyse mit Hilfe einer System-, Datenstruktur- und Kommunikationsanalyse der zu schützenden Informationen und der in Frage kommenden systemtechnischen, organisatorischen und personellen Sicherungsmaßnahmen (17) und um die Verknüpfung der zu schützenden Informationen mit den Sicherungsmaßnahmen (18). Dabei sind Maßnahmen und Vorkehrungen vorzuschlagen, die die bestehenden Schwachstellen beheben und die entdeckten Lücken schließen, sodaß alle gestellten Anforderungen erfüllt werden. Die Vielzahl von Maßnahmen decken jedoch häufig nicht nur jeweils ein Risiko ab, sondern genügen meist mehreren Anforderungen gleichzeitig. Es gibt hier nicht nur sinnvolle Ergänzungen, sondern auch Überschneidungen, sodaß mehrere Aktionsvorschläge erarbeitet werden können (19). Das bietet die Möglichkeit, bei der Auswahl geeigneter Maßnahmen darauf zu achten, daß das Sicherheitskonzept sowohl die gesetzlichen Anforderungen berücksichtigt, als auch genügend Sicherheit bietet und wirtschaftlich tragbar ist (20). Die Nutzenbewertung der Maßnahmen bzw. der Maßnahmenbündel erfolgt jedoch meistens nach qualitativen Kriterien unter Einbeziehung quantitativer Beispiele. Das Ergebnis dieser Phase ist der realisierte Systementwurf (21), der der Entscheidungsinstanz vorgelegt wird, die daraufhin über die nächsten Schritte mit den daraus resultierenden Konsequenzen bezüglich bereitzustellender Mittel und Personal zu befinden hat.

III. **Realisierung eines Sicherheitssystems**

Bei positivem Bescheid schließt sich als nächste Phase die Realisierung an (22). Hierbei geht es insbesondere um die Aufgabe Durchführung der Sicherungsmaßnahmen, unterteilt in bauliche (26), organisatorische (24), personelle (25), systemtechnische (23) und versicherungstechnische (27) Maßnahmen, der Koordination aller Maßnahmen mit den ent-

---

1) Vgl. HERRMANN, G.; LINDEMANN, P.; NAGEL, K.: Organisation, S. 20.

sprechenden Stellen (28), Test des Systems (29), Ausarbeitung der Arbeitsanweisungen für die Mitarbeiter (30), die im Sicherheitssystem Aufgaben erfüllen sollen. Hierbei ist es zweckmäßig bei der Durchführung der Sicherungsmaßnahmen nach der Top-down-Methode vorzugehen und folgende Reihenfolge der Maßnahmen zu beachten: "Maßnahmen, die die Unternehmung als Ganzes betreffen, Maßnahmen, die Abteilungen betreffen, Maßnahmen, die einen Arbeitsraum betreffen, Maßnahmen, die einen Arbeitsplatz betreffen, Maßnahmen, die einen Tatbestand (z.B. Datensatz) betreffen"[1].

Eine wesentliche Voraussetzung für ein funtionierendes Sicherheitssystem ist ein ausgeprägtes Sicherheitsbewußtsein der Mitarbeiter in der Unternehmung. In der Erkenntnis, daß die Mitarbeiter die wichtigsten Träger der Sicherungsbemühungen darstellen, sollte ein umfassendes Schulungsprogramm konzipiert werden, das alle Ebenen der Personalhierarchie gleichermaßen anspricht. Es sollte einmal demonstrieren, wie wichtig die Beteiligung und Unterstützung der Unternehmungsführung bei der Lösung der Schutz- und Sicherungsprobleme ist und weiterhin sicherstellen, daß jeder einzelne Mitarbeiter in der Unternehmung die Verantwortlichkeiten innerhalb des Sicherheitssystems versteht und die Hilfsmittel zur Erreichung der Sicherheit kennt und anwenden kann. Darüber hinaus sollte das Bewußtsein um die Wichtigkeit des Sicherheitssystems gefördert und erhalten werden. Die Offenlegung des Sicherheitskonzeptes kann die Effizienz des Sicherheitssystems und der Informationsverarbeitung nur erhöhen. Dabei ist jedoch zwischen der Offenlegung der Sicherungsverfahren und der Sicherungsschlüssel zu unterscheiden[2]. Dies erlaubt es auf der einen Seite, die angewendeten Verfahren durch möglichst viele und kompetente Fachleute untersuchen zu lassen und und auf der anderen Seite die wesentlich leichter zu schützenden Schlüssel in kleinen überschaubaren Bereichen geheimzuhalten.

Hieran schließt sich die Einführung des Sicherheitssystems an (31).

VI. **Einführung, Kontrolle und Weiterentwicklung des Sicherheitssystems**

Die Einführung eines umfassenden Sicherheitssystems bedarf einer guten

---

1) NAGEL, Kurt: Datenschutz (1980), S. 151.
2) Vgl. DIERSTEIN, Rüdiger: Datenschutz (IV), S. 644.

Umstellungsplanung. Vor allem ist darauf zu achten, daß die notwendigen
Richtlinien zum betrieblichen Ablauf vorhanden sind, die eine gewisse
Formalisierung des Sicherheitssystems zulassen[1]. Ist das System einmal eingeführt, dann fallen im wesentlichen folgende Kontroll- und
Steuerungsaufgaben (32) an: Einmal ist die definitorische und klassifi-
katorische Einordnung neu auftretender Informationen sowie die quantitative Einordnung in das System zu erledigen, die vom Benutzer selbst
übernommen werden kann. Weiterhin ist eine laufende kritische Überwachung des Sicherheitssystems hinsichtlich seiner Funktionen und Zweck-
mäßigkeiten und gesetzlichen Funktionen erforderlich[2]. Wichtiger Bestandteil der Kontrolle des Systems ist seine Prüfung. Ohne die Prüfbarkeit des Systems durch einen sachverständigen Dritten ist ein wirk-
samer Informationsschutz nicht realisierbar, was bedeutet, daß die Re-
visionsaufgabe zum integralen Bestandteil des Sicherheitssystems werden
muß. Allerdings läßt sich keine Identität der Revision und des Informationsschutzes ableiten. Der gesamte sachbezogene Teil der Revisionsauf-
gabe, wie z.B. Feststellung und Kritik bezüglich Wirksamkeit und Zweckmäßigkeit bestimmter Prüfungsobjekte, der Effizienz von Entscheidungen,
der Analyse von Geschäftsgeheimnissen etc. hat mit Informationsschutz
und -sicherung wenig zu tun. Aus den betrieblichen Erfordernissen und
den gesetzlichen Vorschriften zum Informationsschutz sind schließlich
Aufgaben und Überschneidungen entstanden, die den Bereich der internen
Revision unmittelbar berühren. Jedoch erscheint es nicht sinnvoll, neben der internen Revision eine eigene Prüfkapazität für das Informationssicherheitssystem aufzubauen[3].

Neben der Revision des Systems gilt es auch, die laufende Weiterentwik-
klung und Anpassung an Umweltveränderungen und interne Entwicklungen
durchzuführen und die Mitarbeiter des Systems einer laufenden Schulung
zu unterziehen (32).

Auch der Prozeß der Gestaltung eines Sicherheitssystems bedarf gewisser
Schutz- und Sicherungsmaßnahmen, die das gesamte Projekt begleiten.
Diese bestehen allerdings hauptsächlich aus organisatorischen und per-
sonellen Maßnahmen[4].

---

1) Vgl. NAGEL, Kurt: Planung und Aufbau, S. 184.
2) Vgl. NAGEL, Kurt: Praktische Hinweise, S. 375.
3) Vgl. HEIGL, Anton: Controlling, S. 36.
4) Vgl. dazu ausführlich HEILMANN, Wolfgang: Kontrolle, S. 68ff; SUR-
   BÖCK, Erich K.: Schutz und Sicherheit bei EDV-Pojekten, S. 268ff.

G Schlußbetrachtung

Die Analyse der Risiken bei integrierten Bks hat deutlich gezeigt, daß der Einsatz von neuen Informationstechnologien im Bürobereich hinsichtlich des Schutzes und der Sicherung von Informationen - personenbezogener und unternehmungsbezogener Art - neue Lösungen erforderlich macht und nach diesen Lösungsmöglichkeiten noch geforscht werden muß. Um den vielfältigen Risiken, die die Informationsbestände sowie die Hardware- und Softwarebestandteile des integrierten Bks bedrohen, wirksam begegnen zu können, müssen nicht nur neue Verfahren für den Informationsschutz und die -sicherung entwickelt werden, sondern sind integrale, umfassende Betrachtungsweisen des Sicherheitsproblems notwendig. Diese lassen sich mit Hilfe eines umfassenden Sicherheitskonzepts bzw. -systems, das in dieser Arbeit skizziert wurde (siehe dazu die zusammenfassende Abb. 48), erreichen. Das Sicherheitssystem ist dabei als fester Bestandteil des integrierten Bks anzusehen.

Ziel dieser Arbeit war es, die wesentlichen Komponenten eines solchen Sicherheitssystems - Ziele, Bedingungen und Maßnahmen - zu beschreiben. Dabei wurde der Versuch unternommen, diese auch hinsichtlich ihrer Praktikabilität zu analysieren und soweit wie möglich, Lösungsvorschläge für die Praxis aufzuzeigen. Im folgenden sollen die wichtigsten Komponenten nochmals kurz beurteilt werden.

Bei den externen **Bestimmungsfaktoren** ergeben sich für den Aufbau von Sicherheitssystemen aus den verschiedenen Gesetzesnormen zwei Schwerpunkte: Einmal die Anforderungen des Datenschutzes im Sinne des BDSG und zum anderen Anforderungen aus den Normen der Rechnungslegung. Die Unternehmungen haben dabei eine Reihe von Vorkehrungen zu treffen, um diesen gesetzlichen Vorschriften zu genügen. Hinsichtlich der internen Bestimmungsfaktoren verlangen der Aufbau und die Durchführung von Sicherungsmaßnahmen ein ausgeprägtes Sicherheitsbewußtsein aller Unternehmungsangehöriger. Durch den stärker werdenden Einsatz von Terminals am Arbeitsplatz werden immer mehr Mitarbeiter mit der Technik konfrontiert. Dies setzt entsprechende Schulung der Mitarbeiter und Einbindung in die Gestaltungsprozesse voraus.

Hinsichtlich der **Zielsetzung** eines Sicherheitssystems wurde deutlich, daß sich das Ziel Informationssicherheit aus unterschiedlichen Teilzielen zusammensetzt. Weiterhin muß beachtet werden, daß das

Sicherheitssystem nicht nur am Formalziel der sicherungs- und kostenorientierten Angemessenheit gemessen werden darf, sondern in Zukunft die Benutzerfreundlichkeit als gleichrangiges Formalziel daneben zu stehen hat.

Der Aufbau eines Sicherheitssystems erfordert weiterhin, daß die **Risiken** und ihre Wirkungen bekannt sind, die die Informationen in der Unternehmung bedrohen. Nur wenn diese analysiert und klassifiziert werden, können adäquate Sicherungsmaßnahmen und -methoden ausgewählt werden. Die Methoden der Risikoanalyse wurden umfassend dargelegt; jedoch gibt es diesbezüglich in der Praxis bis heute noch relativ wenig Erfahrungen.

Bei den **Methoden und Maßnahmen** zum Schutz und zur Sicherung von Informationen liegen die eigentlichen Schwachstellen immer noch im organisatorischen Bereich. Während sich besonders die Hersteller von Systemen verstärkt um eine Verbesserung der Hardware- und Softwaresicherungen bemühen, werden die organisatorischen Maßnahmen in der Praxis – sei es aus mangelndem Wissen oder fehlenden personellen Kapazitäten – oft vernachlässigt. Im allgemeinen sind diese um so besser, je höher der Organisationsgrad einer Unternehmung ist. Weiterhin hat die Versicherungswirtschaft für die Restrisiken, die auch bei guten Sicherheitssystemen immer noch bestehen, notwendige Versicherungsformen entwikkelt. In allen Fällen, in denen mit technischen und organisatorischen Maßnahmen keine genügende Sicherheit erreicht werden kann, ist es möglich, das finanzielle Risiko mittels einer Versicherung abzudecken. Obwohl auf diesem Gebiet vielfältige Möglichkeiten bestehen, wird in der Praxis recht wenig Gebrauch davon gemacht.

Daneben kennen die meisten Unternehmungen die organisatorischen Grundlagen nicht, die zur Planung und zum Aufbau eines wirksamen Sicherheitssystems unbedingt notwendig sind. Es wurde in der Praxis nur im Einzelfall versucht, die **Aktivitäten** für die Systemplanung und -entwicklung genau festzulegen und jeder Aktivität die jeweiligen Aktionsträger detailliert zuzuordnen.

Totz der aufgezeigten Schwierigkeiten im Problembereich Informationsschutz und -sicherung und der Tatsache, daß dieser Bereich noch auf un-

zureichende Beachtung in der Praxis stößt, werden das 'Büro der Zukunft', das technisch auf der Grundlage von lokalen Netzwerken arbeitet, nicht an Informationsschutz und -sicherung und Informationsschutz
und -sicherung nicht am 'Büro der Zukunft' scheitern. Voraussetzung
ist, daß umfassende Informationssicherheitssysteme konzipiert und eingeführt werden, die die in dieser Arbeit angeschnittenen Komponenten
enthalten und berücksichtigen. Dem Plädoyer für ein Informationssicherheitssystem liegt die Erkenntnis zugrunde, daß dadurch ein Beitrag zur
Beherrschung der Informationstechnologie geleistet wird, indem das Sicherheitssystem selbst als konstruktives Gestaltungsinstrument zur Optimierung des integrierten Bks beiträgt.

Die erfolgreiche Gestaltung eines solchen Informationssicherheitssystems liegt in den Händen der Unternehmung bzw. Unternehmungsleitung.
Angesichts der Komplexität der Aufgabenstellung stellt sich hierbei die
Frage nach der Zuständigkeit für die Informationssicherheit in der Unternehmung. Der gesetzlich bestellte betriebliche Datenschutzbeauftragte ist bei der Gestaltung eines integrierten Informationssicherheitssystems in vielen Fällen überfordert. Abhilfe schaffen könnte hier die
Einrichtung einer Instanz, die für die Planung, Organisation und Kontrolle des gesamten betrieblichen Informationssicherheitssystems zuständig und verantwortlich sein sollte - ein Informationssicherheits-
Management. Organisatorisch ließe sich diese Instanz in das Informationsmanagement einordnen. Nur so können die Unternehmungen die Anforderungen und Probleme im Bereich Schutz und Sicherung von Informationen
bewältigen.

Literaturverzeichnis

Verzeichnis der im Literaturverzeichnis
verwendeten Abkürzungen:

AI   Angewandte Informatik
Aufl.   Auflage

Bd.   Band
BFuP   Betriebswirtschaftliche Forschung und Praxis
BIFOA   Betriebswirtschaftliches Institut für Organisation und
                        Automation an der Universität zu Köln
BTS   Bürotechnische Sammlung
BW   Der Betriebswirt

CW   Computerwoche

DAFTA   Datenschutzfachtagung
DBW   Die Betriebswirtschaft
dp   data processing
DSB   Der Datenschutzberater
DSWR   Datenverarbeitung in Steuer, Wirtschaft und Recht
DuD   Datenschutz und Datensicherung
DVR   Datenverarbeitung im Recht

Ed.   Editor
ed.   edited

GMD   Gesellschaft für Mathematik und Datenverarbeitung mbH
GDD   Gesellschaft für Datenschutz und Datensicherung

HMD   Handbuch der modernen Datenverarbeitung (früher
                        Handbuch der maschinellen Datenverarbeitung)
Hrsg.   Herausgeber
hrsg. v.   herausgegeben von (vom)
HWB   Handwörterbuch der Betriebswirtschaft
HWO   Handwörterbuch der Organisation

IO   Management-Zeitschrift Industrielle Organisation
Jg.   Jahrgang

KTV   Kongreß für Textverarbeitung

No.   Numero
Nr.   Nummer

o.J.   ohne Jahr
o.Jg.   ohne Jahrgang
OM   Office Management
o.O.   ohne Ort
ÖVD   öffentliche Verwaltung und Datenverarbeitung

p.   page
pp.   pages

S.	Seite
Sp.	Spalte
u.a.	und andere
Vol.	Volume
zfo	Zeitschrift Führung + Organisation
ZIR	Zeitschrift Interne Revision
ZO	Zeitschrift für Organisation
WPg	Die Wirtschaftsprüfung

ADELMANN, M.: LAN in Verbindung mit öffentlichen Netzen. In: Kongreß-Dokumentation der telecom '83 Deutschland, hrsg. v. der telak e.V., Overath 1983, S. 94-100.

AKADEMIE FÜR ORGANISATION (Hrsg.): Organisatorische Zukunftsperspektiven für den Bereich der Bürokommunikation. Gießen 1982.

ALBERS, Felicitas: Datenschutz: Das Risiko liegt in den Fachabteilungen. In: CW, o.Jg. 1982, Heft 18, S. 5.

ALBERS, Felicitas: Bürocomputer: Offene Fragen in Sachen Sicherheit. In: CW, o.Jg. 1983, Heft 19, S. 14.

ALBERS, Felicitas: Anwendungsstand von Datenschutz- und Datensicherungsmaßnahmen beim Einsatz von Kleincomputern. In: Datenschutzrecht und -praxis im Zeichen der BDSG-Novellierung. Tagungsband, Referate und Ergebnisse der 6. Datenschutzfachtagung (DAFTA), 1982, hrsg. v. H. Gliss, B. Hentschel und G. Wronka, Köln 1983, S. 219-222.

ANDERS, Wolfgang: Kommunikationstechnik und Organisation. Perspektiven für die Entwicklung der organisatorischen Kommunikation. Bd. 2 des Forschungsprojektes Bürokommunikation, hrsg. v. A. Picot und R. Reichwald, München 1983.

ANGERMANN, Adolf; THOME, Rainer: Ansätze für eine Kosten-Nutzen-Analyse des Datenschutzes. In: data report, 8. Jg. 1973, Heft 4, S. 18-22.

ARANDA, Rembert: Personal Office Computing: Information Networks and Videotex as pathways to office automation for professionals and managers. Carnforth 1982.

ASAM, Peter-Michael: Auf dem Weg zum Büro von morgen. In: data report, 15. Jg. 1980, Heft 2, S. 7-9.

AUERNHAMMER, Herbert: Bundesdatenschutzgesetz. Kommentar. Köln-Berlin-Bonn-München 1977.

BAHR, Knut: Technologische Trends in der Bürokommunikation. In: DV Aktuell, Bürokommunikation heute und morgen, hrsg. v. Kurt Nagel, München-Wien 1982, S. 69-92.

BARTHEL, Thomas H.: Datensicherung bei Kleinanwendern der Datenverarbeitung - Forderungen an die Systementwicklung und die Betriebsorganisation von Kleincomputern und deren Einsatz in kleinen organisatorischen Einheiten. In: DuD, o.Jg. 1979, Heft 4., S. 236-241.

BAUER, Wolfgang: Rechnerarchitektur - Begriff und Parameter. In: HMD, hrsg. v. Heidi Heilmann, 19. Jg. 1982, Heft 107, S. 3-9.

BAUKNECHT, Kurt; ZEHNDER, Carl August: Grundzüge der Datenverarbeitung. Stuttgart 1983.

BAUMANN, Erika: Dokumentationsstelle hat übergeordnete Funktion. In:
CW, o.Jg. 1983, Heft 24, S. 27-28

BAYER, Rudolf: Sicherheitsanalyse von Datenverarbeitungssystemen. In:
Datenschutzfibel, hrsg. v. B. Hentschel, H. Gliss, R. Bayer und R.
Dierstein, Köln 1974, S. 69-87.

BAYER, Rudolf: Sichere DV-Systeme als Forderung. In: Datenschutz und
Datensicherung - BDSG - Pflichten der Wirtschaft. Tagungsband, Referate
und Ergebnisse der 1. Datenschutzfachtagung (DAFTA), 1978, hrsg. v. der
GDD, Köln 1979, S. 103-111.

BAYER, Rudolf; DIERSTEIN, Rüdiger: Rahmenkonzept für die Systematik der
Datensicherung. GDD-Dokumentation No. 19, hrsg. v. der GDD, Köln 1979.

BGB (Bürgerliches Gesetzbuch). Textausgabe, 23. Auflage, Stand 1. März
1978, München 1978.

BDSG (Bundesdatenschutzgesetz) - Gesetz zum Schutz vor Mißbrauch personenbezogener Daten bei der Datenverarbeitung vom 27. Januar 1977, abgedruckt im BGBl. I, S. 201.

BECKER, Robert: Der Wandel in der organisatorischen Gestaltung beim
Einsatz von Informationstechnologien. Frankfurt/Main-Bern 1980.

BERG, Thomas; BIERIG, Günter: Ordnungsmäßigkeit und Sicherheit der Datenverarbeitung - Aufgabe und Verpflichtung des DV-Anwenders. In: data
report, 17. Jg. 1982, Heft 3, S. 30-35.

BERGER, Peter; GRUGELKE, Gunnar; JENSEN, Günter; u.a.: Datenschutz bei
rechnerunterstützten Telekommunikationssystemen (DARUTS). Abschlußbe-
richt zum Vorprojekt. Eingereicht vom Institut für Zukunftsforschung,
Berlin 1980.

BERNAU, Gerhard: Organisatorische und technische Probleme auf dem Weg
zu den Bürosystemen der Zukunft. In: Produktivitätssteigerung durch Bürosysteme der Zukunft (BIFOA-Fachseminar am 22./23. Mai 1980). Seminarunterlage, Köln 1980.

BERNAU, Gerhard: Entscheidungsgesichtspunkte für Netzwerkprodukte und
die Rolle von Netzwerken für bessere Kommunikation und Organisation.
In: Online '82, 5. Europäische Kongreßmesse für Telekommunikation am 8.
-11. Februar 1982 in Düsseldorf, Kongreßband IV, hrsg. v. der Online
GmbH, Velbert 1982, S. 9R1-9R14.

BERNAU, Gerhard: Büro-Netzwerke ante portas. In: bit, 18. Jg. 1982,
Heft 6, S. 52-60.

BETSCHART, Franz: Wir brauchen umfassende Sicherheitskonzepte. In: IO,
47. Jg. 1978, Heft 5, S. 257-260.

BIDLINGMAIER, Johannes; SCHNEIDER, Dieter J.-G.: Ziele, Zielsysteme und Zielkonflikte. In: Betriebswirtschaftslehre, Bd. 1: Grundlagen, hrsg. v. Erwin Grochla, Stuttgart 1978, S. 54-58.

BLEAZARD, B.C.: Handbook of data communications. Manchester 1982.

BLOM, Rolf; u.a.: On Security Measures in Distributed Computer Systems. In: Computers & Security, Vol. 1 1982, No. 2, pp. 113-122.

BODE, Albrecht; DREWS, Hans-Ludwig: Die Auswirkungen des Bundesdatenschutzgesetz aus der Sicht der Siemens AG. 3. aktualisierter Sonderdruck aus der Siemens Zeitschrift, Bestell-Nr. D10/1121-03, hrsg. v. der Siemens AG, o.O. 1981.

BÖHNING, Martin; GRÜNWALDT, Heinz; HÜTTL, Udo; u.a.: Elektronische Datenverarbeitung aus der Sicht der Revision. Siemens-Schriftenreihe data praxis, Bestell-Nr. D10/1118-01, hrsg. v. der Siemens AG, München o.J.

BOELL, Hans-Peter: Aufgabe und Bedeutung lokaler Netze für die betriebliche Kommunikation. In: BTS systematisch, 28. Jg. 1982, Heft 330, Teil 5.41, S. 1-18.

BOELL, Hans-Peter: Lokale Netze - Möglichkeiten zur integrierten Kommunikationsabwicklung. In: HMD, hrsg. v. Heidi Heilmann, 19. Jg. 1982, Heft 108, S. 39-52.

BOELL, Hans-Peter: Gefragt sind echte LAN-Problemlösungskonzepte. In: CW, o.Jg. 1983, Heft 26, S. 64-65.

BORNHEIM, Wolfgang: Kontroll- und Sicherungserfordernisse und Vorgaben beim Einsatz von Mikrocomputern. In: Datenschutz: Ordnungsfaktor für Datenverarbeitung und Informationstechnologien. Tagungsband, Referate und Ergebnisse der 5. Datenschutzfachtagung (DAFTA), 1981, hrsg. v. H. Gliss und B. Hentschel, Köln 1982, S. 239-263.

BRACK, Werner: Datensicherung zum Datenschutz. In: DuD, o.Jg. 1977, Heft 1, S. 35-38.

BRÄNDLI, Jürg: EDV-Revision. In: Büro und Verkauf, 51. Jg. 1982, Heft 605, S. 351-356.

BRAUN, F.G.: Zuverlässigkeit von lokalen Kommunikationsnetzen. In: Kongreß-Dokumentation der telecom '82 Deutschland, Band 2, Overath 1982, S. 52-60.

BRAUN, Manfred: Zielgerichtete Steuerung und systematische Überwachung der betrieblichen Datenverarbeitung. Dissertation. München 1981.

BREKER, Klaus: Kosten/Nutzen-Rechnung bei der Datensicherung. In: DSB, o.Jg. 1979, Heft 5, S. 1-3.

BREKER, Klaus: Projektierung von Datensicherungsmaßnahmen. In: Datensicherheit in der Datenverarbeitung. Tagungsband, Referate und Ergebnisse der 2. Datenschutzfachtagung (DAFTA), 1978, hrsg. v. der GDD, Köln 1979, S. 141-147.

BREPOHL, Klaus: Lexikon der neuen Medien. 2., überarbeitete und erweiterte Aufl., Köln 1980.

BREUTMANN, B.: Datensicherung bei Mehrbenutzer-Betriebssystemen von Minirechnern. In: Datenschutzrecht und -praxis im Zeichen der BDSG-Novellierung. Tagungsband, Referate und Ergebnisse der 6. Datenschutzfachtagung (DAFTA), 1982, hrsg. v. H. Gliss, B. Hentschel und G. Wronka, Köln 1983, S. 211-218.

BROADBENT, D.: Contingency Planning. Manchester 1979.

BROERMANN, Bernhard: Computerüberwachung und Computersicherung. In: Output, 1. Jg. 1972, Heft 1, S. 20-27.

BRÜCK, Hans vor der: Einfluß der Sicherheitskernarchitektur auf die Strukturierung von Betriebssystemen. In: Elektronische Rechenanlagen, 22. Jg. 1980, Heft 4, S. 173-179.

BRÜCK, Hans vor der: Die grundlegenden Eigenschaften sicherer DV-Systeme. In: Bereichsspezifischer/Technischer Datenschutz. Forderung und Realisierung in Wirtschaft und Verwaltung. Tagungsband, Referate und Ergebnisse der 4. Datenschutzfachtagung (DAFTA), 1980, hrsg. v. der GDD, Köln 1981, S. 131-137.

BRÜHWILER, Bruno: Risk Management - eine Aufgabe der Unternehmungsführung. Bern-Stuttgart 1980.

BRÜHWILER, Bruno: Sicherheitsplanung vermindert Investitionsrisiken. In: IO, 50. Jg. 1981, Heft 3, S. 126-128.

BUNDESVERFASSUNGSGERICHTSENTSCHEID (BVerfGE) vom 15.12.1983, S. 1-71.

BUSCH, Ulrich: Konzeption betrieblicher Kommunikationssysteme bei SKF. In: Büroinformations- und -kommunikationssysteme, hrsg. v. H.R. Hansen, Berlin-Heidelberg-New York 1982, S. 220-230.

CARROLL, John M.: Computer Security. Los Angeles 1977.

CARTER, R.L.: Handbook of insurance. London 1973.

CAULFIELD INSTITUTE OF TECHNOLOGY (Ed.): Computer Abuse - Risks, Security & Controls. Caulfield 1979.

CHAKROVERTTY, Hari S.: Tele-Kommunikation, Modularität verschiedener Netze, Kompatibilität. In: KTV '82, Kongreßdokumentation (Symposien A) Köln 1982, S. 37-41.

CHANDERSEKARAN, C.S.; SHANKAR, K.S.: On Virtual Maschine Integrity. In:
IBM Systems Journal, Vol. 15 1976, No. 3, pp. 264-269.

COLE, Gerald D.: Design Alternatives for Computer Network Security.
Washington 1978.

COURTNEY, Robert H.: A Systematic Approach to Data Security. In: Computers & Security, Vol. 1 1982, No. 2, pp. 99-112.

CZAPUTA, Bruno; FROMM, Ingrid: Ein "Local Area Network" im Bürokommunikationssystem EMS. In: Kongreß-Dokumentation der telecom '82 Deutschland, Band 2, Overath 1982, S. 38-51.

DAMMANN, Ulrich: Datenschutz und Forschungsfreiheit - Konsequenzen und
Probleme des Entwurfs eines Bundesdatenschutzgesetzes. In: DVR, Bd. 4
1975, Heft 2/3, S. 201-210.

DAMMANN, Ulrich; SIMITIS, Spiros: Bundesdatenschutzgesetz (BDSG) mit
Materialien. 2. Aufl., Baden-Baden 1977.

DARAZS, Günter: Datensicherungs-Möglichkeiten bei Bürokommunikationssystemen. In: Datenschutzrecht und -praxis im Zeichen der BDSG-Novellierung. Tagungsband, Referate und Ergebnisse der 6. Datenschutzfachtagung (DAFTA), 1982, hrsg. v. H. Gliss, B. Hentschel und G. Wronka, Köln
1983, S. 201-210.

DAVIES, D.W.: Data Security in Computer Networks. In: Data Communication and Computer Networks, ed. by S. Ramani, Amsterdam-New York-Oxford
1981, pp. 45-56.

DEPPE, Hermann: Anforderungen an die Ordnungsmäßigkeit der DV aus der
Sicht der internen Revision. In: Datensicherheit in der Datenverarbei-
tung. Tagungsband, Referate und Ergebnisse der 2. Datenschutzfachtagung
(DAFTA), 1978, hrsg. v. der GDD, Köln 1979, S. 54-58.

DEPPE, Hermann: Interne Revision und Datenschutz. In: ZIR, 14. Jg.
1979, Heft 3, S. 145-153.

DEWIS, I.G.; EVANS, A.C.: User view of LANs. In: dp, Vol. 25 1983, No.
4, pp. 19-22.

DIERSTEIN, Rüdiger: Datenschutz (IV). Sicherungsmaßnahmen. In: Der Arbeitgeber, 26. Jg. 1974, Heft 17, S. 640-644.

DIERSTEIN, Rüdiger: Datensicherung in Datenbanksystemen. In: DSB, o.
Jg. 1979, Heft 10, S. 1-8.

DIETRICH, Hubert H.; FRIEBEL, Günter; UNDERBERG, Bodo E.: Datenschutz
bei der Entwicklung und Abwicklung von DV-Verfahren. Konzept eines Sicherungssystems. Sonderdruck, hrsg. von der Siemens AG, München o.J.

DIGNATZ, Eitel: Bisher noch Stiefkind. In: micro Computerwelt, o.Jg.
1982, Heft 12, S. 26-27.

DIRLEWANGER, Werner: Benutzer erwarten 99 Prozent Verfügbarkeit. In: CW, o.Jg. 1983, Heft 29, S. 30-31.

DITTRICH, Klaus: Schutz, Sicherung und Sicherheit. Versuch einer Begriffserklärung aus der Sicht der Informatik. In: GI-11. Jahrestagung in Verbindung mit Third Conference of the European Co-operation in Informatics (ECI) in München am 20.-23. Oktober 1981, Proceedings, hrsg. v. W. Bauer, Berlin-Heidelberg-New York 1981, S. 337-350.

DUGGEN, Peter; ISKANDER, Armin; POHL, Wilfried: Information verteilt verarbeiten. In: ÖVD/Online, o.Jg. 1983, Heft 4, S. 66-70.

EHRICH, Hermann: Datensicherung mit vertretbarem Aufwand. In: DuD, o.Jg. 1978, Heft 4, S. 190-193.

EMMERT, Hans Walter: Kompatible Schnittstellen - ein Mittel zur Nutzung neuer Technologien ohne Konvertierung. In: 1. DV-Anwenderkongreß 1982. Kongreßdokumentation, hrsg. v. der telak-Telecommunikation Akademie e.V., 1982, S. 216-224.

FASSBENDER, Wolfgang: Der Datensicherungskatalog des AWV. In: DuD, o.Jg. 1977, Heft 2, S. 86-88.

FASSBENDER, Wolfgang: Ein Konzept für die Integration der verschiedenen Kommunikationsarten in der Unternehmung. In: AI, 21. Jg. 1979, Heft 3, S. 95-103.

FASSBENDER, Wolfgang; NIEMEYER, Claus-Peter; RIHACZEK, Karl: Datenschutz, Löschen und Sicherung von Wiederanlaufpunkten in der Datenverarbeitung. In: DuD, o.Jg. 1978, Heft 1, S. 15-20.

FEISTEL, Horst: Chiffriermethoden und Datenschutz (1). In: IBM Nachrichten, 24. Jg. 1974, Heft 219, S. 21-26.

FEISTEL, Horst: Chiffriermethoden und Datenschutz (2). In: IBM Nachrichten, 24. Jg. 1974, Heft 220, S. 99-102.

FISCHER, Hans-Jürgen: Interne Revision und Bundesdatenschutzgesetz (BDSG). Erste Erfahrungen der Praxis. In: ZIR, 13. Jg. 1978, Heft 3, S. 129-137.

FISCHER, Thomas: Computer-Kriminalität. Bern 1979.

FORRER, Christian: Ein Vorgehenskonzept für die technische Sicherung der Unternehmung. In: IO, 47. Jg. 1978, Heft 5, S. 250-257.

FRANTA, W.R.; CHLAMTAC, Imrich: Local Networks. Motivation, Technology and Performance. Laxington 1981.

FRÖHLICH, Herbert: Datenpaketvermittlung und HDLC-Datenübertragungs-Prozedur. In: Elektronik, Sonderheft Nr. 50 "Datenkommunikation", o.Jg. 1982, S. 78-88.

FUTH, Horst: EDV-Sicherheit. Organisation. In: HDI-Informationsreihe
EDV-Sicherheit, hrsg. v. Haftpflichtverband der Deutschen Industrie
V.a.G., Hannover o.J.

FUTH, Horst: Ein einfaches Verfahren zur Abschätzung von Kosten und Risiken der Datenschutz- und Datensicherungsmaßnahmen. In: Datenschutz
und Datensicherung (Fachtagung 1976), hrsg. v. R. Dierstein, H. Fiedler
und A. Schulz, Köln 1976, S. 227-238.

FUTH, Horst: Rationalisierung der Datenverarbeitung, Bd. VII. Datenschutz und Datensicherung. München-Wien 1977.

GARBE, Helmut: Die organisatorischen Maßnahmen zur Datensicherung. In:
Datenschutz und Datensicherung bei automatisierter Datenverarbeitung,
BIFOA-Arbeitsbericht 73/4, hrsg. v. E. Grochla u. N. Szyperski, Köln
1974, S. 81-104.

GARBE, Helmut: Inhalt und Wirkungen von materiellen Risiken betrieblicher Datenbestände. In: Datenschutz und Datensicherung bei automatisierter Datenverarbeitung, BIFOA-Arbeitsbericht 73/4, hrsg. v. E.
Grochla u. N. Szyperski, Köln 1974, S. 19-40.

GAUGLER, Eduard; ALTHAUSER, Ulrich; KOLB, Meinulf; MALLACH, Angelika:
Rationalisierung und Humanisierung von Büroarbeiten. Studie im Auftrag
des Bayrischen Staatsministeriums für Arbeit und Sozialordnung, 2. un-
veränderte Auflage, Ludwigshafen 1980.

GEE, K.C.E.: Local Area Networks. Manchester 1982.

GERLACH, Günter; BESKEN, Reinhard: Maßnahmen für Datenschutz und Datensicherung. In: Online, 14. Jg. 1976, Heft 7/8, S. 472-476.

GEUGLIN, Volker: Den ersten Schritt muß das Management wagen. In: CW,
o.Jg. 1983, Heft 12, S. 32-33.

GHISLETTI, Aldo: Informatikgestützte Büroautomation (Teil 1). In: Output, 10. Jg. 1981, Heft 6, S. 23-27.

GHISLETTI, Aldo: Informatikgestützte Büroautomation (Teil 2). In: Output, 10. Jg. 1981, Heft 7, S. 23-28.

GIBBONS, Terry: Integrity and Recovery in Computer Systems. Manchester
1976.

GLASER, Horst: Informationswert. In: HWO, 2. Aufl., hrsg. v. Erwin
Grochla, Stuttgart 1980, Sp. 933-941.

GLISS, Hans: Datenschutz (II). Organisatorische Erfordernisse. In: Der
Arbeitgeber, 26. Jg. 1974, Heft 13, S. 504-508.

GLISS, Hans: Datensicherung als Voraussetzung ordnungsgemäßer Datenver-
arbeitung. In: Deutsche Management Gesellschaft (DMG), Gesellschaft für
Datenschutz und Datensicherung (GDD), Verband deutscher Maschinen- und
Anlagenbau (VDMA) (Hrsg.): Datensicherung – Zwang oder Notwendigkeit.
Bericht über das Hannover-Forum "Datensicherung '80" am 18.4.1980 in
Hannover. S. 27–34.

GLISS, Hans: Datenverarbeitung als Risikofaktor. In: CW, o.Jg. 1981,
Heft 28, S. 6.

GOLDBLUM, Edward: Computerausfall- und Notfallplanung. Eine Untersuchung von Butler Cox & Partners Ltd. London, ausgeführt im Auftrag der
Amdahl Corporation, London 1982.

GOLDSTEIN, Robert C.: The cost of privacy. In: Datamation, Vol. 21
1975, No. 10, pp. 65–69.

GORA, Michael: Neue Managementaufgaben bei der Bürokommunikation. In:
Kongreß-Dokumentation der telecom '82 Deutschland, hrsg. v. der telak
e.V., Overath 1982, S. 188–198.

GRASSMUGG, Bernd: Lokale Netzwerke – eine Modeerscheinung? In: BTS, 27.
Jg. 1981, Heft 323, S. 38–40.

GREBE, Hartmut: Ein Modell zur Datensicherung. In: ÖVD, 3. Jg. 1973,
Heft 4, S. 159–168.

GREINER, Tilmann; JACOBI, Hans-Friedrich: Benutzerpartizipation in der
Systementwicklung. In: CW, o.Jg. 1982, Heft 43, S. 10–12.

GREINER, Tilmann; JACOBI, Hans-Friedrich: Dialog im Frühstadium senkt
Projektfolgekosten. In: CW. o.Jg. 1982, Heft 44, S. 14–16.

GROCHLA, Erwin: Das Büro als Zentrum der Informationsverarbeitung im
strukturellen Wandel. In: Das Büro als Zentrum der Informationsverarbeitung. Aktuelle Beiträge zur bürowirtschaftlichen Forschung, hrsg. v.
Erwin Grochla, Wiesbaden 1971, S. 11–32.

GROCHLA, Erwin: Datenschutz und Datensicherung in ADV-Systemen. In: Datenschutz und Datensicherung bei automatisierter Datenverarbeitung,
BIFOA-Arbeitsbericht 73/4, hrsg. von E. Grochla u. N. Szyperski, Köln
1974, S. 7–18.

GROCHLA, Erwin: Datensicherung als aktuelles organisatorisches Problem.
In: Datensicherung in ADV-Systemen (BIFOA-Fachseminar am 30./31. Januar
1975). Seminarunterlage, Köln 1975.

GROCHLA, Erwin: Einführung in die Organisationstheorie. Stuttgart
1978.

GROCHLA, Erwin: Grundzüge und gegenwärtiger Erkenntnisstand einer Theorie der organisatorischen Gestaltung. In: Elemente der organisatorischen Gestaltung, hrsg. v. Erwin Grochla, Reinbek bei Hamburg 1978, S. 40-65.

GROCHLA, Erwin: ADV-Systeme (Komponenten und Gestaltung). In: HWO, 2. Aufl., hrsg. v. Erwin Grochla, Stuttgart 1980. Sp. 274-292.

GROCHLA, Erwin: Organisatorische Gestaltung, theoretische Grundlagen der. In: HWO, 2. Aufl., hrsg. v. Erwin Grochla, Stuttgart 1980, Sp. 1831-1844.

GROCHLA, Erwin: Unternehmungsorganisation. 8. Aufl., Reinbek bei Hamburg 1980.

GROCHLA, Erwin: Entwicklungstendenzen und Anwendungskonsequenzen modernen Informationstechnologien. In: HMD, hrsg. v. Hans Eduard Littmann, 18. Jg. 1981, Lieferung 100/101 (Juli/September), S. 1-14.

GROCHLA, Erwin: Grundlagen der organisatorischen Gestaltung. Stuttgart 1982.

GROCHLA, Erwin: Informationstechnologische Entwicklung und Integration der Informationsverarbeitung als Ausgangspunkte der Gestaltung computergestützter Informationssysteme. In: Computergestützter Außendienst und Marketingkonzeptionen in der Versicherungsunternehmung (BIFOA-Fachseminar am 23./24. Juni 1983). Seminarunterlage, Köln 1983.

GROCHLA, Erwin; ALBERS, Felicitas; RÜSCHENBAUM, Ferdinand: Einsatz von Kleincomputern in Klein- und Mittelbetrieben. Ein datenschutzrechtliches und datensicherungstechnisches Problem. Ergebnisse einer empirischen Untersuchung. In: DuD, o.Jg. 1983, Heft 3, S. 186-192.

GROCHLA, E.; ALBERS, F.; RÜSCHENBAUM, F.: Entwicklung eines Datenschutz- und Datensicherungskonzeptes für den Einsatz von Personal Computern und MDZ-Anlagen (EDAS). Forschungsbericht DV 84-007. hrsg. v. Bundesministerium für Forschung und Technologie, Bonn 1984.

GROCHLA, Erwin; BREITHARDT, Jörg; LIPPOLD, Heiko: Informationsschutz bei integrierten Bürokommunikationssystemen (INKOM). Unveröffentlichter Forschungsbericht vorgelegt dem Bundesminister für Forschung und Technologie, Köln 1983.

GROCHLA, Erwin; MELLER, Friedrich: Datenverarbeitung in der Unternehmung. Grundlagen. Reinbek bei Hamburg 1974.

GROCHLA, Erwin; MELLER, Friedrich: Datenverarbeitung in der Unternehmung. Gestaltung und Anwendung. Reinbek bei Hamburg 1977.

GROCHLA, Erwin; SCHACKERT, Hans Rolf: Datenschutz im Betrieb. Organisation und Wirtschaftlichkeitsaspekte. Braunschweig-Wiesbaden 1982.

GROCHLA, E.; WEBER, H.; ALBERS, F.; WERHAHN, Th.: Ein betriebliches Informationsschutzsystem - Notwendigkeit und Ansatzpunkte für eine Neuorientierung. In: AI, 25. Jg. 1983, Heft 5, S. 187-194.

GROLLMANN, Joachim: Anwendungen und Verfahren der Kryptographie. In: ÖVD/Online, o. Jg. 1983, Heft 5, S. 54-58.

GRONNING, Torben G.: Data Security and the Finacial Community. In: Data Security and Data Processing, Volume 4, Study Results: Massachusetts Institute of Technology, Form G320-1374, ed. by IBM, White Plains 1974, pp. 113-136.

GRONNING, Torben G.; et al.: User Requirements Survey. In: Data Security and Data Processing, Volume 4, Study Results: Massachusetts Institute of Technology, Form G320-1374, ed. by IBM, White Plains 1974, pp. 5-24.

HAFTPFLICHTVERBAND DER DEUTSCHEN INDUSTRIE V.a.G. (HDI) (Hrsg.): EDV-Sicherheit. Technik. Hannover, o.J.

HAFTPFLICHTVERBAND DER DEUTSCHEN INDUSTRIE V.a.G. (HDI) (Hrsg.): EDV-Sicherheit. Versicherung. Hannover, o.J.

HAILER, Gottfried: Datensicherung als Orgware-Aufgabe. In: Deutsche Management Gesellschaft (DMG), Gesellschaft für Datenschutz und Datensicherung (GDD), Verband deutscher Maschinen- und Anlagenbau (VDMA) (Hrsg.): Datensicherung - Zwang oder Notwendigkeit. Bericht über das Hannover-Forum "Datensicherung '80" am 18.4.1980 in Hannover. S. 39-53.

HAMANN, Volker: Computer-Kriminalität und Versicherung. In: Datenschutz und Datensicherung bei automatisierter Datenverarbeitung. BIFOA-Arbeitsbereicht 73/4, hrsg. v. E. Grochla und N. Szyperski, Köln 1973, S. 115-126.

HAMM, M.: Sperrylink Office System. Büroinformations- und -kommunikationssystem von Sperry Univac. In: Büroinformations- und -kommunikationssysteme, hrsg. v. H. R. Hansen, Berlin-Heidelberg-New York 1982, S. 516-528.

HAMMACHER, Norbert: Datenschutz und Werkschutz. Zusammenhänge, Gemeinsamkeiten und Schnittstellen. In: DSB, o.Jg. 1979, Heft 2, S.1-4.

HASCHKE, Wolfgang: DV-Revisor: Beruf mit Aufstiegschancen. In: CW, o.Jg. 1982, Heft 35, S. 26.

HASCHKE, Wolfgang: Dokumentation nicht Selbstzweck der Revision. In: CW, o.Jg. 1983, Heft 24, S. 20-21.

HASENKAMP, Ulrich: Die Entwicklung der Hardware für betriebliche Datenverarbeitung. In: BFuP, 33. Jg. 1981, Heft 4, S. 313-322.

HAUSCHILDT, Jürgen: Zielsysteme. In: HWO, 2. Aufl., hrsg. v. Erwin Grochla, Stuttgart 1980, Sp. 2419-2430.

HAUTER, Adolf: Datenschutz-Datensicherung. Was kann der Informationsgefährdung entgegengesetzt werden? Sonderdruck aus: Datascope, o.Jg. 1972, Hefte 7/8.

HAUTER, Adolf: Datensicherung. Ein Weg zum EDV-Sicherheitsbericht. In: Online, 11. Jg. 1973, Heft 7/8, S. 513-520.

HAUTER, Adolf: Sicherung der Informationen durch organisatorische Kontrollen und Revision der DV. In: Jahrbuch der EDV-Akademie I, hrsg. v. Heidi Heilmann, Stuttgart-Wiesbaden 1972, S. 275-267.

HEIDINGER, Jan Lubmoir: Die Computer-Mißbrauch-Versicherung. Dissertation. München 1980.

HEIGL, Anton: Controlling - Interne Revision. Stuttgart-New York 1978.

HEILIGENSTADT, Rainer: Personal Computer als unsichere Kantonisten. In: CW, o.Jg. 1982, Heft 32/33, S. 22.

HEILMANN, Heidi: Projektmanagement. In: Organisation (Loseblattwerk), hrsg. v. P. Lindemann und K. Nagel, Bd. 1, Grundwerk, Teil 4.5., Neuwied 1976, S. 1-35.

HEILMANN, Wolfgang: Das Datensicherungssystem. In: Handbuch des Datenschutzes, hrsg. v. Heidi Heilmann, Stuttgart-Wiesbaden 1977, S. 234-249.

HEILMANN, Wolfgang: Kontrolle der Systementwicklung - Anforderungen, Vorgaben, Entwurf. In: Eigenmächtigkeit oder Kontrolle der Datenverarbeitung. Tagungsband, Referate und Ergebnisse der 3. Datenschutzfachtagung (DAFTA), 1979, hrsg. v. der GDD, Köln 1980, S. 68-72.

HEINEN, Edmund: Grundlage betrieblicher Entscheidungen. Das Zielsystem der Unternehmung, 3. Aufl., Wiesbaden 1976.

HEINEN, Edmund: Industriebetriebslehre als Entscheidungslehre. In: Industriebetriebslehre, 6., verbesserte Aufl., hrsg. v. Edmund Heinen, Wiesbaden 1978, S. 23-78.

HEINEN, Edmund; SABATHIL, Peter: Informationswirtschaft. In: Industriebetriebslehre. 6., verbesserte Auflage, hrsg. v. Edmund Heinen, Wiesbaden 1978, S. 770-926.

HEINRICH, Lutz J.: Systemplanung, Bd. 1: Analyse und Grobprojektierung von Informationssystemen. Berlin-New York 1976.

HEINRICH, Lutz J.: Systemplanung, Bd. 2: Feinprojektierung, Einführung und Pflege von Informationssystemen. Berlin-New York 1976.

HELLFORS, Sven; SEIZ, Manfred: Praxis betrieblicher Datensicherung: Datenschutz und Datensicherung durch personelle, organisatorische und technische Maßnahmen. Berlin 1977.

HENKEL, Norbert; SCHARFENBERG, Heinz: Integrierte Bürotechnologie - Wunsch oder Wirklichkeit? In OM, 30. Jg. 1982, Heft 1, S. 14-18.

HENSSLER, Roland: Informations-Management - eine Chance. In: OM, 31. Jg. 1983, Heft 7/8, S. 604-605.

HENTSCHEL, Bernd: Datenschutz: Novellierung auf alten Wegen? In: OM, 30. Jg. 1982, Heft 12, S. 1238-1239.

HERDA, Siegfried: Datensicherung und Datenschutz. Glossar und annotierte Bibliographie. Bd. 1: Glossar. Bericht des IST. St. Augustin, 1978.

HERGENHAHN, Gerhard: Die Aufgaben eines betrieblichen Datenschutzbeauftragten. In: IBM Nachrichten, 25. Jg. 1975, Heft 227, S. 240-243.

HERRMANN, Günter: Datensicherung als Software- und Hardware-Aufgabe. In: Deutsche Management Gesellschaft (DMG), Gesellschaft für Datenschutz und Datensicherung (GDD), Verband deutscher Maschinen-und Anlagenbau (VDMA) (Hrsg.): Datensicherung - Zwang oder Notwendigkeit. Bericht über das Hannover-Forum "Datensicherung '80" am 18.4.1980 in Hannover. S. 55-61.

HERRMANN, Günter: Vorschläge für einen Katastrophenplan (Teil 1): Wenn's im Rechenzentrum brennt. In: CW, o.Jg. 1982, Heft 36, S. 27-28.

HERRMANN, Günter: Vorschläge für einen Katastrophenplan (Teil 2): Wenn's im Rechenzentrum brennt. In: CW, o.Jg. 1982, Heft 37, S. 30-33.

HERRMANN, Günter: Vorschläge für einen Katastrophenplan (Teil 3): Wenn's im Rechenzentrum brennt. In: CW, o.Jg. 1982, Heft 38, S. 34-35.

HERRMANN, G.; LINDEMANN, P.; NAGEL, K.: Begriffserklärung und Aufgaben. In: Datenschutz und Datensicherung - Organisationsprobleme. IBM-Beiträge zur Datenverarbeitung, Methoden und Techniken 6, hrsg. v. G. Herrmann, P. Lindemann und K. Nagel, Stuttgart 1975, S. 9-11.

HERRMANN, G.; LINDEMANN, P.; NAGEL, K.: Organisation des Datenschutzes. In: Datenschutz und Datensicherung - Organisationsprobleme. IBM-Beiträge zur Datenverarbeitung, Methoden und Techniken 6, hrsg. v. G. Herrmann, P. Lindemann und K. Nagel, Stuttgart 1975, S. 16-21.

HEYMANN, Frank: Mängelschwerpunkte bei der Prüfung von Datensicherungsmaßnahmen in Bayern. In: Datenschutzrecht und -praxis im Zeichen der BDSG-Novellierung. Tagungsband, Referate und Ergebnisse der 6. Datenschutzfachtagung (DAFTA), 1982, hrsg. v. H. Gliss, B. Hentschel und G. Wronka, Köln 1983, S. 107-119.

HILL, Wilhelm: Organisationsziele. In: HWO, 2. Aufl., hrsg. v. Erwin Grochla, Stuttgart 1980, Sp. 1814-1825.

HILL, Wilhelm; FEHLBAUM, Raymond; ULRICH, Peter: Organisationslehre 1.
Ziele, Instrumente und Bedingungen der Organisation sozialer Systeme.
2., verbesserte Aufl., Bern und Stuttgart 1976.

HÖRING, Klaus: Überblick über Entwicklungsstand, Angebot und Einsatzbe-
reiche lokaler Netzwerke. In: Lokale Netzwerke – Entwicklungsstand und
Einsatzmöglichkeiten (BIFOA-Fachseminar am 25./26.11.1982). Seminarunterlage, Köln 1982.

HOFFMANN, Horst-Joachim: Securicom '83: Datendieben auf die Finger se-
hen. In: CW, o.Jg. 1983, Heft 10, S. 1 u. 4.

HOGREBE, Edmund F.M.: Wirtschaftliche Aspekte des Datenschutzes. In:
Auswirkungen des Datenschutzes, hrsg. v. der GMD, München-Wien 1979, S.
482-511.

HOLLER, Eberhard: Technologien und Einsatzschwerpunkte von lokalen Netzen. In: Kongreß-Dokumentation der telecom '82 Deutschland, Band 2,
Overath 1982, S. 8-15.

IBM CORPORATION (Ed.): Data Security and Data Processing, Vol. 3 Part,
Study Results: Sate of Illinois, White Plains 1974.

IBM Deutschland GmbH: Datensicherheit durch Kryptographie. IBM-Form GC
12-1385-0, Stuttgart 1978.

INSTITUT DER WIRTSCHAFTSPRÜFER IN DEUTSCHLAND E.V.(Hrsg.): WP Handbuch
1981. Düsseldorf 1981.

JARRETT, Dennis: The electronic office. A Management Guide to the Office of the Future. Aldershot 1982.

JEAN, Willy: Kann oder muß der Anwender Datenschutz betreiben? In: Information, 35. Jg. 1981, Heft 12, S. 36-37.

JIRASEK, Johann: Das Unternehmen – ein kybernetisches System. 2., völlig neubearbeitete und wesentlich erweiterte Auflage, Berlin 1977.

KAFKA, Gerhard: Modems – Verbindung von Terminals zu Netzwerken. In:
Elektronik, Sonderheft Nr. 50 "Datenkommunikation", o.Jg. 1982, S. 49-
58.

KAFKA, Gerhard: Multiplexer – Datenübertragung in konzentrierter Form.
In: Elektronik, Sonderheft Nr. 50 "Datenkommunikation", o.Jg. 1982, S.
59-68.

KAFKA, Gerhard: Lokale Netzwerke – die Basis für integrierte Informati-
ons-Systeme. In: Elektronik, Sonderheft Nr. 50 "Datenkommunikation",
o.Jg. 1982, S. 69-77.

KAPPLER, Ekkehard: Partizipation. In: HWO, 2. Aufl., hrsg. v. Erwin
Grochla, Stuttgart 1980, Sp. 1845-1855.

KARCHER, Harald B.: Bürokommunikationssysteme – Chancen und Grenzen ihres Einsatzes. In: Organisation der Kommunikation (GfürO-Fachtagung 1983 am 29./30. April 1983). Seminarunterlage, Gießen 1983.

KARCHER, Harald B.: Büro der Zukunft. Einflußfaktoren der Marktentwicklung für innovative Bürokommunikations-Terminals. 3. Aufl., München 1983.

KARGL, Herbert: Risiko und Sicherheit im Bereich der automatisierten Datenverarbeitung (ADV). In: WPg, 27. Jg. 1974, Heft 7, S. 181-186.

KARGL, H.; REINERMANN, H.; SCHMIDT, W.; THOME, R.: Probleme des Bundesdatenschutzgesetzes aus betriebswirtschaftlicher Sicht. In: DuD, o.Jg. 1979, Heft 1, S. 9-16.

KENT, Stephen T.: Security in Computer Networks. In: Protocols and Techniques for Data Communication Networks, ed. by Franklin F. Kuo, Englewood Cliffs 1981, pp. 396-432.

KEMNITZER, Rainer: Ordnungsmäßigkeit der Datenverarbeitung als Voraussetzung ordnungsgemäßer Unternehmungsführung. In: Deutsche Management Gesellschaft (DMG), Gesellschaft für Datenschutz und Datensicherung (GDD), Verband deutscher Maschinen- und Anlagenbau (VDMA) (Hrsg.): Datensicherung – Zwang oder Notwendigkeit. Bericht über das Hannover-Forum "Datensicherung '80" am 18. April 1980 in Hannover. S. 7-25.

KERAMIDIS, S.; REITENSPIESS, M.: Schutzmaßnahmen im Betriebssystem für eine Multimikrocomputerkonfiguration. In: DuD, o. Jg. 1981, Heft 4, S. 260-264.

KERNER, H.; BRUCKNER, G.: Rechnernetzwerke. Systeme, Protokolle und das ISO-Referenzmodell. Wien-New York 1981.

KIESER, A.; KUBICEK, H.: Organisation. Berlin-New York 1977.

KISTNER, Bernd: Software für verteilte Netze. In: 1. DV-Anwenderkongreß 1982. Kongreßdokumentation, hrsg. v. der telak-Telecommunication Akademie e.V., 1982, S. 350-356.

KLAPPERT, Friedrich W.: "Lokales Kommunikationsnetz" im praktischen Einsatz. In: IO, 51. Jg. 1982, Heft 9, S. 323-326.

KLAUS, Georg; LIEBSCHER, Heinz: Wörterbuch der Kybernetik. Bd. 1 (Abbildung – Multiprogramming). Frankfurt/Main 1979.

KOCH, Andres: Dezentralisierung mit Lokalnetzwerken. In: Output, 11. Jg. 1982, Heft 1, S. 35-39.

KONRADT, Horst G.: Datensicherheit. In: OM, 31. Jg. 1983, Heft 4, S. 296-297.

KOPETZ, Hermann: Software-Zuverlässigkeit. München-Wien 1976.

KRAUS, Wolfgang: Organisatorische und technische Maßnahmen zur Realisierung des Datenschuztes. In: DSWR, 2. Jg. 1973, Heft 26, S. 328-333.

KRAUS, Wolfgang: Datensicherungsmaßnahmen nach dem BDSG. Köln 1978.

KRAUS, Wolfgang: Stand der Datensicherungspraxis in Unternehmen und Behörden. Ergebnisse einer empirischen Erhebung. In: DuD, o.Jg. 1978, Heft 4, S. 194-199.

KRAUS, Wolfgang; NAGEL, Kurt: IBM-Studie zur Datensicherung. In: IBM Nachrichten, 25. Jg. 1975, Heft 225, S. 122-126.

KRAUS, Wolfgang; NAGEL, Kurt: Wesentliche Ergebnisse der IBM-Studie zur Datensicherung. In: Online, 14. Jg. 1976, Heft 3, S. 124-134.

KRAUS, Wolfgang; NAGEL, Kurt: Die EDV Checklisten-Sammlung. Stuttgart u.a. 1977.

KRAUSE, Jürgen: Die Sicherungsmöglichkeiten durch hardware- und systemsoftwareorientierte Maßnahmen. In: Datenschutz und Datensicherung bei automatischer Datenverarbeitung, BIFOA-Arbeitsbericht 73/4, hrsg. v. E. Grochla und N. Szyperski, Köln 1974, S. 41-54.

KRAUSS, Leonard I.; MAC GAHAN, Aileen: Computer Fraud and Countermeasures. Englewood Cliffs 1979.

KREIBICH, Rolf: Datenschutz bei rechnerunterstützten Telekommunikationssystemen - DARUTS. In: analysen und prognosen, 13. Jg. 1981, Heft 3/4, S. 29-31.

KREIFELTS, Thomas: Anwenderanforderungen an ein Bürokommunikationssystem, hrsg. v. der GMD, München-Wien 1982.

KROPPENBERG, Ulrich: Dezentralisierungstendenzen der Datenverarbeitung durch neue Informationstechnologien. Frankfurt/ Main 1979.

KRÜCKEBERG, Fritz: Die Gewährleistungsarchitektur als eine betriebliche Notwendigkeit für Büroinformations- und -kommunikationssysteme. In: Büroinformations- und -kommunikationssysteme, hrsg. v. H.R. Hansen, Berlin-Heidelberg-New York 1982, S. 160-168.

KRÜCKEBERG, Fritz: Bürokommunikation und ihr Umfeld. In: Informationstechnik und Bürosysteme, hrsg. v. P. Wisskirchen, Th. Kreifelts, u.a., Stuttgart 1983, S. 96-120.

KRÜCKEBERG, Fritz; WISSKIRCHEN, Peter: Die Terminologie auf diesem Gebiet ist heute sehr uneinheitlich. Forschungs- und Entwicklungstendenzen für Konzeption, Einführung und Einsatz von Systemen zur Unterstützung der Büroarbeit. In: die computer zeitung, 13. Jg. 1982, Heft 24, S. 28-30.

KUBICEK, Herbert: Informationstechnologie und organisatorische Regelungen. Berlin 1975.

KUBICEK, Herbert: Interessenberücksichtigung beim Technikeinsatz im Büro- und Verwaltungsbereich. München-Wien 1980.

KWIATKOWSKI, Jürgen: Datenschutz und Datensicherung (6). Die Sicherungsmöglichkeiten im EDV-Anwendungssystem. In: IBM Nachrichten, 24. Jg. 1974, Heft 222, S. 266-270.

LADUGA, Horst: Datensicherung, die nichts kostet. In: bit, 17. Jg. 1981, Heft 3, S. 176-177.

LAICHER, E.: Datenschutz - Rechtmäßigkeit - Ordnungsmäßigkeit. In: DuD, o.Jg. 1982, Heft 1, S. 35-37.

LEFFSON, U.: Die Grundsätze ordnungsmäßiger Buchführung. 4. Aufl., Düsseldorf 1976.

LEHMANN, Helmut: Integration. In: HWO, 2. Aufl., hrsg. v. Erwin Grochla, Stuttgart 1980, Sp. 976-984.

LEIBROCK, Dieter; GUTMANN, Wilhelm: Datenschutz und Datensicherung (4). Maßnahmen zur Datensicherung in der Praxis. In: IBM Nachrichten, 24. Jg. 1974, Heft 220, S. 103-107.

LEISTER, Rolf-Dieter: Was ist in der Bürokommunikation wünschenswert und machbar? In: ÖVD/Online, o.Jg. 1982, Heft 1, S. 42-45.

LENK, Klaus: Datenschutzprobleme im Hochschulbereich. In: ÖVD, 12. Jg. 1974, Heft 7, S. 312-314.

LENZ, Matthew Jnr.: Risk management Manual. Santa Monica 1981.

LEYRER, Anton: Kosten-/Nutzenüberlegungen bei Büroautomationskonzepten. 1. DV-Anwenderkongreß 1982. Kongreßdokumentation, hrsg. v. der telak-Telecommunication Akademie e.V., 1982, S. 208-215.

LINDEMANN, Peter: Interdependenzen zwischen Datenschutz - Organisation - Revision. In: DSWR, 3. Jg. 1974, Heft 2, S. 34-37.

LINDEMANN, Peter: Der Datenschutzbeauftragte. In: DV Aktuell 1976, Datenschutz und Datensicherung, hrsg. v. Kurt Nagel, Stuttgart 1975, S. 77-81.

LINDEMANN, Peter: Datenschutz und Datensicherung. In: EDV-Leiter Handbuch, hrsg. v. K. Hülck, H.-P. Mrachacz u. H. Solf, München 1976, S. 649-675.

LINDEMANN, P.; NAGEL, K.; HERRMANN, G.: Organisation des Datenschutzes. Neuwied-Berlin 1973.

LINDEMANN, P.; NAGEL, K.; HERRMANN, G.: Auswirkungen des Bundes-Datenschutzgesetzes auf die Wirtschaft. Neuwied 1977.

LIPPOLD, Heiko: Benutzerfragen und andere humanorientierte Aspekte der Textverarbeitung. In: Organisation der Textverarbeitung (BIFOA-Fachseminar am 11./12.2.1982). Seminarunterlage, Köln 1982.

LIPPOLD, Heiko: Automatisierte Datenverarbeitung und Management. In: zfo, 51. Jg. 1982, Heft 2, S. 65-70.

LIPPOLD, Heiko: Benutzeradäquanz computergestützter Informationssysteme. In: BW, 24. Jg. 1983, Heft 1, S. 15-23.

LIPPOLD, Heiko; BREITHARDT, Jörg; WOLFRAM, Gerd: Informationsrisiken in lokalen Netzen. In: nachrichten, elektronik + telematik, 38. Jg. 1984, Heft 12, S. 439-443.

LÖFFELHOLZ, Josef: Wirtschaftlichkeit und Rentabilität. In: HWB, 3. Band, hrsg. v. E. Grochla u. W. Wittmann, Stuttgart 1976, Sp. 4461-4467.

LORENZ, Gert: Integrierte Bürokommunikation und öffentliche Dienste. In: Telematik magazin, o.Jg. 1982, Heft 2, S. 23-26.

LUTZ, Theo: Die Informationsverarbeitung im Büro von morgen. In: DV Aktuell, Bürokommunikation heute und morgen, hrsg. v. K. Nagel, München-Wien 1982, S. 57-67.

MAG, Wolfgang: Kommunikation. In: HWO, hrsg. v. Erwin Grochla, 2. Aufl., Stuttgart 1980, Sp. 1031-1040.

MAIER-STADTHERR, Christiane: Sicherungskonzept für große Datenbanken. In: data report, 17. Jg. 1982, Heft 6, S. 21-25.

MALLMANN, Otto: Zielfunktionen des Datenschutzes. Schutz der Privatsphäre - korrekte Information. Dissertation. München 1977.

MANNHEIM, Hermann; WISSMANN, Karl-Heinz: Entwicklungstendenzen zu Grundsätzen ordnungsmäßigen Datenschutzes. In: WPg, 30. Jg. 1977, Heft 11, S. 285-289.

MARKSTEINER, Friedel: Dokumentation und Datenschutz. In: DuD, o.Jg. 1978, Heft 4, S. 207-210.

MAROCK, Jürgen: Benutzersysteme. In: HWO, 2. Aufl., hrsg. v. Erwin Grochla, Stuttgart 1980, Sp. 300-307.

MARTIN, James: Security, Accuracy, and Privacy in Computer Systems. Englewood Cliffs 1973.

MARTIN, James: Computer Networks and Distributed Processing. New York 1981.

MARX, Günter: Probleme der Informationstechnik. In: AI, 23. Jg. 1981, Heft 4, S. 140-143.

MATYAS, S.M.; MEYER, C.H.: The Role of Cryptography in Electronic Data Processing. In: DuD, o.Jg. 1981, Heft 3, S. 174-179.

MEFFERT, Heribert: Informationssysteme. Grundbegriffe der EDV und Systemanalyse. Düsseldorf 1975.

MERTENS, Peter: Gefahren eines übertriebenen Datenschutz. In: DuD, o.Jg. 1982, Heft 1, S. 21-26.

MERTENS, Peter; WEIGAND, Ludwig: Vorteile abgestufter, dezentralisierter EDV-Konzepte in einem Großbetrieb. In: Online, 19. Jg. 1981, Heft 10, S. 744-766.

MEYER, Carl W.; NAGEL, Kurt: Datenschutz-Manual. München 1982.

MEYNA, Arno: Einführung in die Sicherheitstheorie. München-Wien 1982.

MIEHLE, N.; TUBIES, H.: Bedeutung von Sicherungs-Software. In: DuD, o.Jg. 1980, Heft 4, S. 197-204.

MÖHR, Christian; BRÜHWILER, Bruno: Kennen wir unsere EDV-Risiken? Eine Risiko-Analyse schafft Klarheit. In: IO, 49. Jg. 1980, Heft 6, S. 309-312.

MOERIKE, Michael: Lokale Netze - Ein Vergleich. In: HMD, hrsg. v. Heidi Heilmann, 20. Jg. 1983, Heft 111, S. 27-35.

MORGENBROD, Horst G.; SCHWÄRTZEL, Heinz G.: Rationelle Organisation für Büro und Verwaltung. Planung und Einführung zeitgemäßer Informationstechnik mit Entscheidungshilfen und Checklisten. Landsberg 1982.

MOURA E SÁ, Raul de: Die wichtigsten Punkte eines EDV-Sicherheitskonzepts. In: IO, 51. Jg. 1982, Heft 6, S. 229-233.

MÜHLEN, Rainer A.H. von zur: Computer-Kriminalität. Gefahren und Abwehrmaßnahmen. Neuwied-Berlin 1972.

MÜLLER, Fritz R.: Gratwanderung. Berufsbild des DV-Leiters im Wandel. In: CW, o.Jg. 1981, Heft 8, S. 26-27.

MÜLLER-NOBILING, Hans-Martin: Wem gehört die Kommunikation? In: zfo, 30. Jg. 1982, Heft 7, S. 363-369.

MUSIOL, Achim: Organisatorische und wirtschaftliche Aspekte der integrierten Telekommunikation und ihre Folgen für die Büroarbeit. In: Kongreß-Dokumentation der telecom '82 Deutschland, Band 1, Overath 1982, S. 213-228.

NAAB, A.: <u>Was ist</u> ein integriertes Breitband-Kommunikationsnetz? In: Elektronische Rechenanlagen, 23. Jg. 1981, Heft 5, S. 221-225.

NAGEL, Kurt: <u>Praktische Hinweise</u> zur Planung und Einführung eines Sicherungssystems. In: DSWR, 2. Jg. 1973, Heft 27, S. 374-379.

NAGEL, Kurt: <u>Neugestaltung</u> der handels- und steuerrechtlichen Buchführungs-Vorschriften. In: DV Aktuell 1976, Datenschutz und Datensicherung, hrsg. v. Kurt Nagel, Stuttgart 1975, S. 92-100.

NAGEL, Kurt: <u>Stand</u> der Hardware-, Software- und Orgware-Sicherungen. In: DV Aktuell 1976, Datenschutz und Datensicherung, hrsg. v. Kurt Nagel, Stuttgart 1975, S. 166-167.

NAGEL, Kurt: <u>Wirtschaftlichkeitsanalyse</u> bei Datensicherungssystemen. In: IBM Nachrichten, 26. Jg. 1976, Heft 232, S. 295-299.

NAGEL, Kurt: <u>Datensicherung</u> in der Unternehmung. Wiesbaden 1977.

NAGEL, Kurt: <u>Ordnungsmäßigkeit</u> und Revisionsfähigkeit <u>der Datenverarbeitung(1)</u>. In: IBM Nachrichten, 29. Jg. 1979, Heft 246, S. 29-35.

NAGEL, Kurt: <u>Datenschutz</u> und Datensicherung. In: Wirtschaftsinformatik, Bd. 3: EDV-Anwendungen, hrsg. v. H.-D. Plötzeneder, Stuttgart-New York <u>1980</u>, S. 137-152.

NAGEL, Kurt: <u>Datensicherung und Datenschutz</u>. In: HWO, 2. Aufl., hrsg. v. E. Grochla, Stuttgart 1980, Sp. 477-486.

NAGEL, Kurt: <u>Planung und Aufbau</u> von Datensicherungssystemen. In: Wirtschaftsschutz und Sicherheitstechnik, 2. Jg. 1980, Heft 6, S. 178-187.

NAGEL, Kurt: <u>Zusammenhänge</u> zwischen Datensicherung und Prüfbarkeit. In: Wirtschaftsschutz und Sicherheitstechnik, 4. Jg. 1982, Heft 10, S. 396-401.

OBELODE, G.; WINDFUHR, M.: <u>Datenschutz und Datensicherung (5)</u>. Methoden zum Datenschutz und zur Datensicherheit - vorgestellt an einem praktischen Beispiel. In: IBM Nachrichten, 24. Jg. 1974, Heft 221, S. 232-236.

ORDEMANN, Hans-Joachim; SCHOMERUS, Rudolf: <u>Bundesdatenschutzgesetz</u>. 3., neubearbeitete und erweiterte Aufl., München 1982.

PAUSCH, Rainer: <u>Zwischenbericht</u> über Einsatz und Möglichkeiten moderner Informationstechnologien und ihre Auswirkungen. In: Datenschutz: Ordnungsfaktor für Datenverarbeitung und Informationstechnologien. Tagungsband, Referate und Ergebnisse der 5. Datenschutzfachtagung (DAFTA), 1981, hrsg. v. H. Gliss und B. Hentschel, Köln 1982, S. 325-341.

PEEZ, Leonard: <u>Wie man</u> den Datenschutzbeauftragten einsetzt. Wiesbaden 1978.

PEUCKERT, Heribert: Kommunikationssysteme machen die Büroarbeit effektiver. In: telcom report, 5. Jg. 1982, Heft 5, S. 269-273.

PICKERING, Geoff R.; MORRIS, Hugh A.: Local Area Networks (LANs) - Eine Lösung für morgen. In: HMD, hrsg. v. Heidi Heilmann, 20. Jg. 1983, Heft 111, S. 37-52.

PIEPENBRINK, Fritz: Bürosysteme als neue Herausforderung der DV. In: CW, o.Jg. 1982, Heft 42, S. 41.

PRICE, S.G.: Introducing the Electronic Office. Manchester 1979.

PRITCHARD, John Arthur Thomas: Computer Security. Risk management in action. Manchester 1978.

PRITCHARD, John Arthur Thomas: Computer Security: Facts and Figures. Manchester 1979.

PRITCHARD, John Arthur Thomas: Security in On-Line Systems. Manchester 1979.

PÜTTER, Paul Stefan: Datensicherung - ihre Realisierung und Kontrolle. In: ÖVD, 19. Jg. 1981, Heft 5, S. 3-8.

PYBUS, Richard: Lokale Glasfasernetze noch in der Marktnische. In: CW, o.Jg. 1983, Heft 13, S. 76.

RABICH, Adalbert: Datenträgervernichtung. In: Wirtschaftsschutz und Sicherheitstechnik, 4. Jg. 1982, Heft 3, S. 78-84.

RABICH, A.: Sicherung und Rationalisierung der Datenverarbeitung - ein Widerspruch? In: OM, 30. Jg. 1982, Heft 6, S. 626-629.

RAGETT, Robert: Linking systems: Heading for a $ 1 bn business. In: Finacial Times Survey: The Electronic Office, p. IX, Financial Times, Tuesday April 13 1982.

REICHWALD, Ralf: Neue Systeme der Bürotechnik und Büroarbeitsplatzgestaltung - Problemzusammenhänge. In: Neue Systeme der Bürotechnik, hrsg. v. R. Reichwald, Berlin 1982, S. 11-48.

REICHWALD, Ralf: Einsatz neuer Kommunikationstechniken (Teil 1). In: die computer zeitung, 14. Jg. 1983, Heft 4, S. 10-11.

REICHWALD, Ralf; MANZ, Uli: Akzeptanzchancen neuer Systeme der Bürokommunikation aus Anwendersicht. In: Sozio-ökonomische Anwendungen der Kybernetik und Systemtheorie, hrsg. v. Hermann Krallmann, Berlin 1982, S. 231-250.

RIHACZEK, Karl: Angemessene Datensicherung. In: DuD, o.Jg. 1977, Heft 1, S. 39-41.

RIHACZEK, Karl: Datenschutz und offene Kommunikationssysteme. In: Eigenmächtigkeit oder Kontrolle der Datenverarbeitung. Tagungsband, Referate und Ergebnisse der 3. Datenschutzfachtagung (DAFTA), 1979, hrsg. v. der GDD, Köln 1980, S. 275-279.

RIHACZEK, Karl: Die Verwendung kryptographischer Verfahren. In: DuD, o.Jg. 1980, Heft 2, S. 99-103.

RIHACZEK, Karl: Datenschutz und Kommunikationssysteme. Wiesbaden 1981.

RIHACZEK, Karl: Datenverschlüsselung ohne Vorurteile. In: DuD, o.Jg. 1981, Heft 3, S. 169-173.

RIHACZEK, Karl: Authentikation in Kommunikationssystemen mit Hilfe der Verschlüsselung. In: DuD, o.Jg. 1982, Heft 2, S. 94-103.

RIHACZEK, Karl: Datenverschlüsselung in Kommunikationssystemen. Unveröffentlichtes Manuskript. o.O. 1982.

RINGLE, Günther: Das Zielsystem für die Gestaltung eines betrieblichen Kommunikationssystems. In: BW, 23. Jg. 1982, Heft 2, S. 3-8.

ROMMEL, Hans-Martin: Local Area Networks - Forderungen der Anwender. In: Kongreß-Dokumentation der telecom '82 Deutschland, Band 2, Overath 1982, S. 22-37.

ROOS, Günter: Kontrolle in Klein- und Mittelbetrieben - Möglichkeiten und Verfahren der DV-Kontrolle in Klein- und Mittelbetrieben. In: Eigenmächtigkeit oder Kontrolle der Datenverarbeitung. Tagungsband, Referate und Ergebnisse der 3. Datenschutzfachtagung (DAFTA). 1979, hrsg. v. der GDD, Köln 1980, S. 134-141.

RÜFFER, Peter: Die Sicherung der maschinellen Datenverarbeitung. In: BTS systematisch, 25. Jg. 1979, Heft 292, Teil 4.88, S. 1-12.

RUNGE, Gerd: Novellierungsentwurf zum Bundesdatenschutzgesetz. In: OM, 30. Jg. 1982, Heft 10, S. 916-918.

RUPPENTHAL, Norbert: Datensicherung aus der Sicht eines EDV-Leiters. In: DuD, o.Jg. 1979, Heft 1, S. 48-50.

RYSKA, Norbert; HERDA, Siegfried: Kryptographische Verfahren in der Datenverarbeitung. Berlin-Heidelberg-New York 1980.

SANDEN, Dieter von: Kommunikation und Kommunikationsnetze. In: Output, 12. Jg. 1983, Heft 1, S. 69-72.

SANDSCHEPER, Günter: Lokalnetze. Nutzen, Komponenten und Lieferanten. In: ÖVD/Online, o.Jg. 1983, Heft 4, S. 78-80.

SAUER, Dieter F.: Ist Platz für das Büro von Morgen! In: CW, Extra, o. Jg. 1983, Heft 13, S. 10-13.

SCHÄFER, Georg: Schwachstellenanalyse. Mehrere Fliegen mit einer Klappe
schlagen. In: DuD, o.Jg. 1983, Heft 3, S. 192-197.

SCHANNING, Brian P.: Applying Public key Distribution to local Area
Networks. Computers & Security, Vol. 1 1982, No. 3, pp. 268-274.

SCHAPPER, Claus-Henning: Datensicherung als gesetzlicher Auftrag. In:
Deutsche Management Gesellschaft (DMG), Gesellschaft für Datenschutz
und Datensicherung (GDD), Verband deutscher Maschinen- und Anlagenbau
(VDMA) (Hrsg.): Datensicherung - Zwang oder Notwendigkeit. Bericht über
das Hannover-Forum "Datensicherung '80" am 18.4.1980 in Hannover. S. 35
-38.

SCHELLHAAS, Holger; SCHÖNECKER, Horst: Kommunikationstechnik und Anwender. Band 1 des Forschungsprojektes Bürokommunikation, hrsg. v. A. Picot und R. Reichwald, München 1983.

SCHENCK, Udo: Anwendungsbezogene Auswahl von Datennetzen. In: Kongreß-
Dokumentation der telecom '83 Deutschland, hrsg. v. der telak e.V.,
Overath 1983, S. 215-223.

SCHICKER, P.: Datenübertragung und Rechnernetze. Stuttgart 1983.

SCHINDLER, Sigram: Neue Kommunikationssysteme und das Büro der Zukunft
- ein Beitrag zur Begriffsentwirrung. In: HMD, hrsg. v. Heidi Heilmann,
19. Jg. 1982, Heft 108, S. 3-18.

SCHLÖMER, Hans: Datensicherungssystem für On-Line-Verarbeitung - Beispiel einer realisierten Anwendung. In: Datensicherheit in der Datenverarbeitung. Tagungsband, Referate und Ergebnisse der 2. Datenschutzfachtagung (DAFTA), 1978, hrsg. v. der GDD, Köln 1979, S. 134-138.

SCHMID, Werner: Statt Qual der Wahl - Qualität durch Auswahl. In: CW,
o.Jg. 1983, Heft 28, S. 20-21.

SCHMIDT, Egon: Digitale Unterschrift muß Nachricht sichern. In: CW,
o.Jg. 1982, Heft 40, S. 19.

SCHMIDT, Egon: Parallele Architekturen immer attraktiver. In: CW, o.Jg.
1983, Heft 12, S. 26.

SCHMIDT, Egon: Computer sollen menschlicher werden. In: CW, o.Jg. 1983,
Heft 21, S. 12-13.

SCHMIDT, Harald: Kontrolle durch Dokumentation - die systembegleitende
Dokumentation als Kontrollinstrument. In: Eigenmächtigkeit oder Kontrolle der Datenverarbeitung. Tagungsband, Referate und Ergebnisse der
3. Datenschutzfachtagung (DAFTA), 1979, hrsg. v. der GDD, Köln 1980, S.
98-102.

SCHMITZ, Paul: Einführung in offene Kommunikationssysteme und die Technologie lokaler Netzwerke. In: Lokale Netzwerke – Entwicklungsstand und
Einsatzmöglichkeiten (BIFOA-Fachseminar am 25./26.11.1982). Seminarunterlage, Köln 1982.

SCHMITZ, Paul; HASENKAMP, Ulrich: Rechnerverbundsysteme. Offene Kommunikationssysteme auf der Basis des ISO-Referenzmodells. München-Wien
1981.

SCHMITZ, Paul; SEIBT, Dietrich: Einführung in die anwendungsorientierte
Informatik. München 1975.

SCHMITZ, Paul; SZYPERSKI, Norbert; HÖRING, Klaus: Bürokommunikation.
Bezugsrahmen und Perspektiven der Anwendungen. In: OM, 31. Jg. 1983,
Heft 6, S. 504-509.

SCHNEEWEISS, W.: Zuverlässigkeitskennwerte für kleinere Kommunikationsnetze. In: Elektronische Rechenanlagen, 25. Jg. 1983, Heft 3, S. 124-
128.

SCHÖNECKER, Horst G.: Bedienerakzeptanz und technische Innovationen.
Dissertation. München 1980.

SCHRÖDER, Wolfgang: Lokale Netze – Versuch einer Begriffsdefinition.
In: CW, o.Jg. 1982, Heft 48, S. 43.

SCHUPPENHAUER, Rainer: Gliederung für ordnungmäßige Dokumentation. In:
Online, o.Jg. 1982, Heft 8, S. 76-79.

SCHUPPENHAUER, Rainer: Dokumentation: De-facto-Standards und gesetzliche Vorschriften, Teil 2. In: CW, o.Jg. 1982, Heft 38, S. 14-15.

SCHUPPENHAUER, Rainer: Neue EDV-Techniken bergen besondere Risiken. In:
CW, o.Jg. 1983, Heft 12, S. 27-28.

SEIDEL, E.: Organisation und Recht. In: ZO, 46. Jg. 1977, Heft 8, S.
443-448.

SEIDEL, Ulrich: Das aktuelle Thema: Datenschutz. Teil I. Rechtsgrundlagen und theoretische Aufriß. In: Online, 11. Jg. 1973, Heft 3, S. 143-
153.

SHORT, G.E.: Threats and Vulnerabilities in an Computer System. In: Data Security and Data Processing, Vol. 5, Study Results: TRW Systems
Inc., Form CG 320-1374, ed. by IBM, White Plains 1974, pp. 25-74.

SIEBER, Ulrich: Computerkriminalität und Strafrecht. Köln-Berlin-Bonn-
München 1980.

SMITH, Grant N.: The State of Practice of Computer Security. In: Data
Security and Data Processing, volume 4, Study Results: Massachussetts
Institute of Technology, Form G 320-1374, ed. by IBM, White Plains
1974, pp. 163-178.

SMITH, James E.: Risk management for small computer installations. In:
Advances in Computer Security Management, Vol. 1, ed. by Thomas A. Rul-
lo, Philadelphia-London-Rheine 1980, pp. 1-32.

SNEED, Harry M.: Dokumentation als Abfallprodukt der Softwareentwick-
lung. In: CW, o.Jg. 1983, Heft 24, S. 22-23.

SPANIOL, Otto: Lokale Netze: Architektur, Standards, Internetting. In:
Büroinformations- und -kommunikationssysteme, hrsg. v. H.R. Hansen,
Berlin-Heidelberg-New York 1982, S. 1-17.

SPIEGEL, Klaus: Standardisierung lokaler Netze. Übersicht über die Aktivitäten von IEEE, ECMA, ISO, CCITT und DIN. In: Kongreß-Dokumentation
der telecom '82 Deutschland, Band 2, Overath 1982, S. 16-21.

SPOHN, J. Peter: Datenschutz bei integrierten Bürosystemen. In: analysen und prognosen, 13. Jg. 1981, Heft 3/4, S. 31-33.

SQUIRES, Tony: Computer Security - The personnel aspect. Manchester
1980.

SQUIRES, Tony: People and Security - An Introduction. Manchester 1980.

STADLER, Norbert: Organisatorische Vorkehrungen zum Datenschutz und Datensicherung. In: ÖVD, 5. Jg. 1975, Heft 6, S. 271-276.

STADLER, Norbert: Datensicherung durch Organisation. Freiburg i. Breisgau 1975.

STEINBUCH, Pitter A.: Organisation. 2., durchgesehene Aufl., Ludwigshafen 1979.

STEINLE, Dieter: Lokale Netze - Chance und Herausforderung. In: CM, 30.
Jg. 1982, Heft 11, S. 1060-1070.

STEMBERGER, K.: Was ist ein Lokales Rechnernetz? In: Elektronische Rechenanlagen, 23. Jg. 1981, Heft 4, S. 168-172.

STEPCZYK, F.M.: Requirements for Secure Operating Systms. In: Data Security and Data Processing, Vol. 5, Study Results: TRW Systems Inc.,
Form CG 320-1374, ed. by IBM, White Plains 1974, pp. 75-205.

STRIEWISCH, Karl F.: Aus der Sicht des Ingenieurs: Planung integraler
Sicherungssysteme. In: Wirtschaftsschutz und Sicherheitstechnik, 4. Jg.
1982, Heft 8/9, S. 357-360.

STRNAD, Peter: Datenschutz: Kontrolle ist besser. In: data report, 13.
Jg. 1978, Heft 5, S. 12-17.

STRNAD, Peter: Datensicherheit - die wichtigste Ebene ist das Betriebssystem. In: DuD, o.Jg. 1979, Heft 1, S. 42-47.

SPIEGEL, Klaus: Standardisierung lokaler Netze. Übersicht über die Aktivitäten von IEEE, ECMA, ISO, CCITT und DIN. In: Kongreß-Dokumentation der telecom '82 Deutschland, Band 2, Overath 1982, S. 16-21.

SPOHN, J. Peter: Datenschutz bei integrierten Bürosystemen. In: analysen und prognosen, 13. Jg. 1981, Heft 3/4, S. 31-33.

SQUIRES, Tony: Computer Security - The personnel aspect. Manchester 1980.

SQUIRES, Tony: People and Security - An Introduction. Manchester 1980.

STADLER, Norbert: Organisatorische Vorkehrungen zum Datenschutz und Datensicherung. In: ÖVD, 5. Jg. 1975, Heft 6, S. 271-276.

STADLER, Norbert: Datensicherung durch Organisation. Freiburg i. Breisgau 1975.

STEINBUCH, Pitter A.: Organisation. 2., durchgesehene Aufl., Ludwigshafen 1979.

STEINLE, Dieter: Lokale Netze - Chance und Herausforderung. In: OM, 30. Jg. 1982, Heft 11, S. 1060-1070.

STEMBERGER, K.: Was ist ein Lokales Rechnernetz? In: Elektronische Rechenanlagen, 23. Jg. 1981, Heft 4, S. 168-172.

STEPCZYK, F.M.: Requirements for Secure Operating Systms. In: Data Security and Data Processing, Vol. 5, Study Results: TRW Systems Inc., Form CG 320-1374, ed. by IBM, White Plains 1974, pp. 75-205.

STRIEWISCH, Karl F.: Aus der Sicht des Ingenieurs: Planung integraler Sicherungssysteme. In: Wirtschaftsschutz und Sicherheitstechnik, 4. Jg. 1982, Heft 8/9, S. 357-360.

STRNAD, Peter: Datenschutz: Kontrolle ist besser. In: data report, 13. Jg. 1978, Heft 5, S. 12-17.

STRNAD, Peter: Datensicherheit - die wichtigste Ebene ist das Betriebssystem. In: DuD, o.Jg. 1979, Heft 1, S. 42-47.

SURBÖCK, Erich K.: Schutz und Sicherheit bei EDV-Projekten. In: Datenschutz und Datensicherung (Fachtagung 1976), hrsg. v. R. Dierstein, H. Fiedler und A. Schulz, Köln 1976, S. 268-283.

SURBÖCK, Erich K.: Management von EDV-Projekten. Berlin-New York 1978.

SZYPERSKI, Norbert: Analyse der Merkmale und Formen der Büroarbeit. In: Bürowirtschaftliche Forschung, hrsg. v. Erich Kosiol, Berlin 1961, S. 75-132.

SZYPERSKI, Norbert: Der Zwang zur Planung zukünfiger Bürosysteme. In: Produktivitätssteigerung durch Bürosysteme der Zukunft (BIFOA-Fachseminar am 22./23. Mai 1980). Seminarunterlage, Köln 1980.

SZYPERSKI, Norbert: Auswirkungen der neuen Kommunikationstechniken auf die Verwaltung und Büroorganisation. In: OM, 30. Jg. 1982, Heft 1, S. 22–23.

SZYPERSKI, Norbert; ESCHENRÖDER, Gerhard: Unterstützung der Büroarbeit durch Bürokommunikationssysteme. In: HMD, hrsg. v. Heidi Heilmann, 19. Jg. 1982, Heft 108, S. 53–64.

SZYPERSKI, Norbert; GROCHLA, Erwin; HÖRING, KLaus; SCHMITZ, Paul: Bürosysteme in der Entwicklung. Studien zur Typologie und Gestaltung von Büroarbeitsplätzen. Braunschweig 1982.

SZYPERSKI, Norbert; GROCHLA, Erwin; HOMBERGER, Hans-Joachim: Datensicherung für die betriebliche Praxis – ein Maßnahmenkatalog von der Zugangs- bis zur Organisationskontrolle. Köln 1982.

SZYPERSKI, Norbert; WINAND, Udo: Entscheidungstheorie. Stuttgart 1974

SZYPERSKI, Norbert; WINAND, Udo: Grundbegriffe der Unternehmungsplanung. Stuttgart 1980.

TASSEL, Dennis van: Computer Security Management. New York 1972.

TOST, Ronald: Anwenderanforderungen an die technische Infrastruktur zur Bürokommunikation. In: Kongreß-Dokumentation der telecom '83 Deutschland, hrsg. v. der telak e.V., Overath 1983, S. 128–135.

THOM, Norbert: Grundlagen des Projektmanagements – Ziele, Aufgaben, Organisation. In: Modernes Management von Datenverarbeitungs- und Textverarbeitungsprojekten (BIFOA-Fachseminar am 23./24. September 1982). Seminarunterlage, Köln 1982.

THOME, Rainer: Datenschutz. München 1979.

TRENCSENI, S.: Lokale Rechnernetze. Jülich 1982.

VOSSBEIN, Reinhard: Prüfverfahren und Datensicherung beim Einsatz von Minicomputern. In: Datenschutz: Ordnungsfaktor für Datenverarbeitung und Informationstechnologien. Tagungsband, Referate und Ergebnisse der 5. Datenschutzfachtagung (DAFTA), 1981, hrsg. v. H. Gliss und B. Hentschel, Köln 1982, S. 264–272.

WARING, Leslie Philip: Management handbook of computer security. Manchester 1978.

WARNECKE, Hans-Jürgen; BULLINGER, Hans-Jörg; SCHLAUCH, Rolf: Auswirkungen neuer Technologien auf das Büro der Zukunft. In: Bürotechnik, 27. Jg. 1979, Heft 12, S. 1396–1406.

WEBER, Felix: Kein Allheilmittel gegen weiche Fehler. In: CW, o.Jg. 1982, Heft 49, S. 36-38.

WEDEKIND, Hartmut: Die Implementierung einer Sicherheitsmatrix. In: AI, 21. Jg. 1979, Heft 5, S. 191-197.

WEISE, Karl-Theodor: Zur Organisation der Datensicherung. In: DuD, o.Jg. 1981, Heft 1, S. 34-39.

WEISE, Karl-Theodor: Datenschutz im Büro der Zukunft. In: KTV '82, Kongreßdokumentation (Workshops), Köln 1982, S. 251-263.

WEISS, Harold: Computer Security - An Overview. In: Datamation, Vol. 20 1974, No. 1, pp. 42-46.

WELLHÖRNER, Ernst-Eberhard: Strategische und organisatorische Aspekte des Einsatzes von Kommunikationsmedien. In: 1. Europäischer Kongreß über Büro-Systeme & Informationsmanagement, Proceedings, München 1983, Teil 1.3.

WENINGER, L.: Produktübersicht: Typen, Merkmale und Prinzipien unterschiedlicher Konzepte für lokale Netzwerke. In: Büroinformations- und -kommunikationssysteme, hrsg. v. H.R. Hansen, Berlin-Heidelberg-New York 1982, S. 18-32.

WESSELS, Johannes: Strafrecht. 12. Auflage, Heidelberg 1982.

WIESNER, Barbara: Der Schutz von Daten in Computersystemen ist durch Kryptographie allein nicht gewährleistet. In: DuD, o.Jg. 1981, Heft 4, S. 265-269.

WILL, Hartmut J.: Ordnungsmäßigkeit von Informationssystemen. In: Büro und Verkauf, 51. Jg. 1982, Heft 601, S. 197-201.

WITTMANN, Waldemar: Information. In: HWO, 2. Aufl., hrsg. v. Erwin Grochla, Stuttgart 1980, Sp. 894-904.

WOLLNIK, Michael: Einflußgrößen der Organisation. In: HWO, 2. Aufl., hrsg. v. Erwin Grochla, Stuttgart 1980, Sp. 592-613.

WONG, Ken: Information how to analyse its value. In: Computer management, Vol. 9 1975, No. 3, pp. 13-17.

WONG, Ken: Putting a price on information. In: Computer management, Vol. 9 1975, No. 4, pp. 37-38.

WONG, Ken: Risk analysis and control. A guide for DP managers. Manchester 1977.

WOOD, Michael B.: Introducing computer security. Manchester 1982.

WOOLDRIDGE, Susan; CORDER, Colin R.; JOHNSON, Claude R.: Seurity Standards for Data Processing. London and Basingstoke 1973.

WUNDRAM, Robert: Datenschutz im Betrieb. 2., überarbeitete Aufl., Berlin 1981.

ZEMANEK, H.: Die Zukunft der Informationssysteme. In: Entwicklungstendenzen der Systemanalyse, hrsg. v. H.R. Hansen, München-Wien 1978, S. 539-556.

ZILAHI-SZABÓ, Miklós G.: Verteilte Systeme. In: HMD, hrsg. v. H.E. Littmann, 18. Jg. 1981, Lieferung 100/101, Teil 9/4/33, S. 1-8.

ZOGG, Andreas: Systemorientiertes Projekt-Management. Zürrich 1974.

O.V.: Die Datenschutzversicherung. Muß man sie haben? In: DSB, o.Jg. 1978, Heft 2, S. 17-20.

O.V.: Katastrophenabwehrplanung im Rechenzentrum. In: DSB, o.Jg. 1980, Heft 4, S. 1-6.

O.V.: Anforderungsprofil eines EDV-Revisors. Ein Beitrag der IIR-Arbeitskreise: 'Revision bei elektronischer Datenverarbeitung', 'Revision bei elektronischer Datenverarbeitung in Kreditinstituten'. In: Revision bei elektronischer Datenverarbeitung. Kommentierte Prüfungsfragen für die Revisionspraxis, erarbeitet im Arbeitskreis 'Revision bei elektronischer Datenverarbeitung' des Deutschen Instituts für Interne Revision e.V., 4. Überarbeitete Aufl., hrsg. v. Deutschen Institut für Interne Revision e.V., Berlin 1982, S. 86-90.

O.V.: Bürokommunikation mit Personal-Computern - Neue Gefahren für die Datensicherheit. In: DSB, o.Jg. 1982, Heft 6, S. 1-4.

O.V.: Die BDSG-Praktiker emanzipieren sich. In: CW, o.Jg. 1982, Heft 47, S. 30-33.

O.V.: Broad Band - Broad Application. In: Systems International, 1983, No. 1, pp. 56-58.

O.V.: Computerkriminalität: Kampf dem Datendieb. In: CW, o.Jg. 1983, Heft 6, S. 3.

O.V.: Der Anwender ist gefordert! In: microbit, o.Jg. 1983, Heft 3, S. 4-8.

O.V.: Hoffentlich FTS-versichert. Die neue DV-Philosophie: Fehlertolerante Systeme. In: Diebold Management Report, o.Jg. 1983, Heft 4, S. 1-5.

O.V.: Lufthansa als Pionier. In: Wirtschaftswoche, 37. Jg. 1983, Heft 18, S. 52-55.

O.V.: Mehr Sicherheit durch EDV-Revision. In: die computer zeitung, 14. Jg. 1983, Heft 28, S. 13.

O.V.: Schwachstellen werden aufgehoben. In: die computerzeitung, 14. Jg. 1983, Heft 18, S. 8.

Anhang

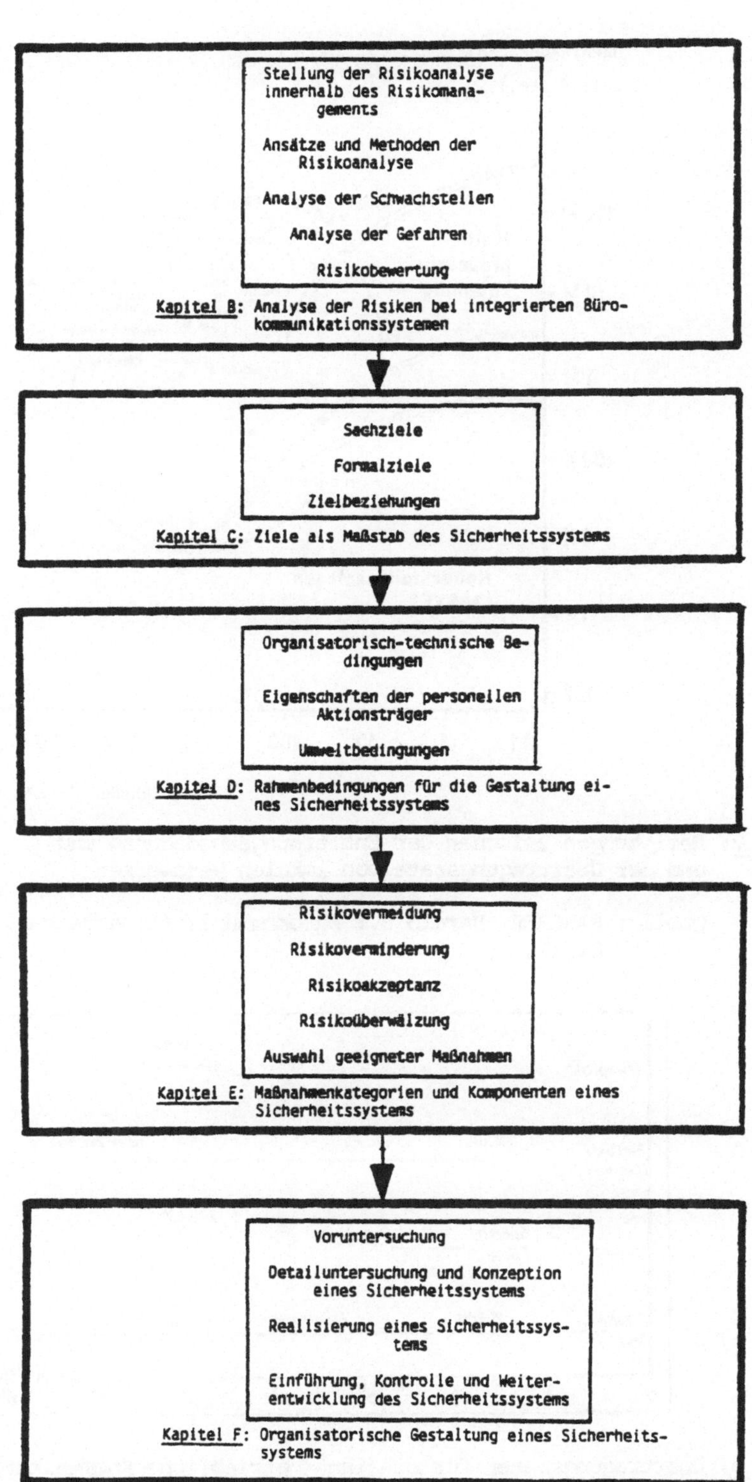

Abb. 1: Vorgehensweise

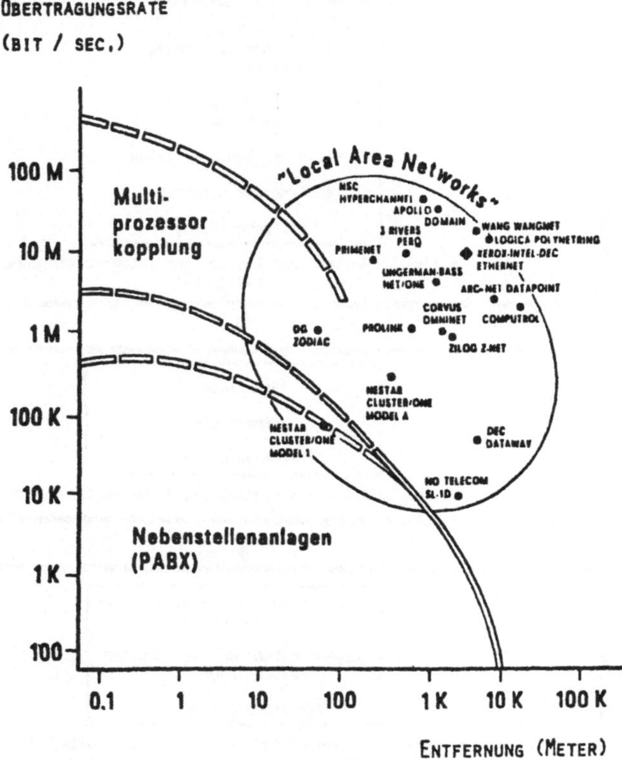

Abb. 2: Beziehungen zwischen der Entfernungsausdehnung und
und der Übertragungsrate von lokalen Netzwerken

Quelle: KARCHER, Harald B.: Bürokommunikationssysteme,
S. 17.

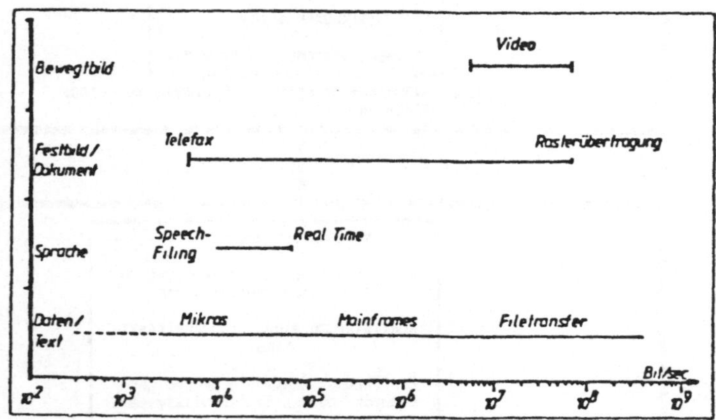

Abb. 3: Übertragungsraten für die innerbetriebliche Kommunikation

Quelle: SANDSCHEPER, Günter: Lokalnetze, S. 78.

	Datenschutz		Datensicherung	
	im engeren Sinne	im weiteren Sinne	im engeren Sinne	im weiteren Sinne
Wozu?	Schutz personenbezogener Daten vor Mißbrauch	zusätzlich Schutz organisationsbezogener Daten vor Mißbrauch	Sicherung gegen Verfälschung, Fehler und Verlust	Sicherung gegen Beschädigung, Zerstörung und Katastrophen
Wen?	den einzelnen Bürger	die Gesellschaft als Ganzes	die Datenverarbeitung (Rechenzentrum)	den Betriebsablauf (Unternehmen)
Was?	Privatsphäre, Persönlichkeitsrechte	Amts- und Geschäftsgeheimnisse	Daten (Datenträger, Dateien, Datenbanken)	Systeme (Abläufe, Programme) und Anlagen/Einrichtungen
Wovor?	Vorsätzliche und widerrechtliche Nutzung und Verwendung	Vorsätzliche und widerrechtliche Nutzung und Verwendung	Lesen, Verändern, Löschen, Ergänzen	Beschädigung, Zerstörung und Katastrophen
Wie?	Grundgesetz, Datenschutzgesetze	Gesetzliche Bestimmungen und betriebliche Regelungen	Allgemeine und objektbezogene Maßnahmen	Allgemeine und objektbezogene Maßnahmen

Abb. 4: Übersicht über Begriffe und Merkmale des Datenschutzes und der Datensicherung

Quelle: FUTH, Horst: Rationalisierung, Bd. VII, S. 16.

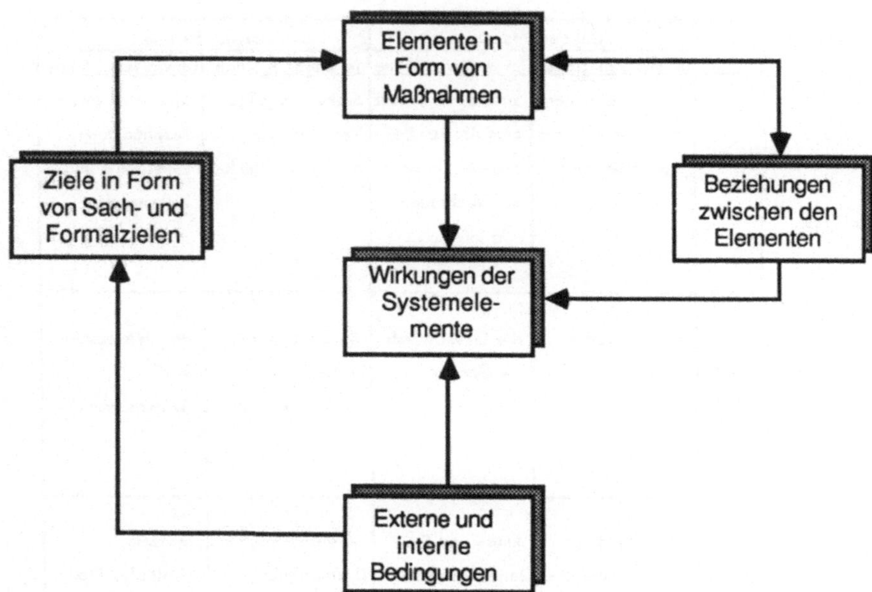

Abb. 5: Komponenten und Beziehungen innerhalb eines Informationssicherheitssystems

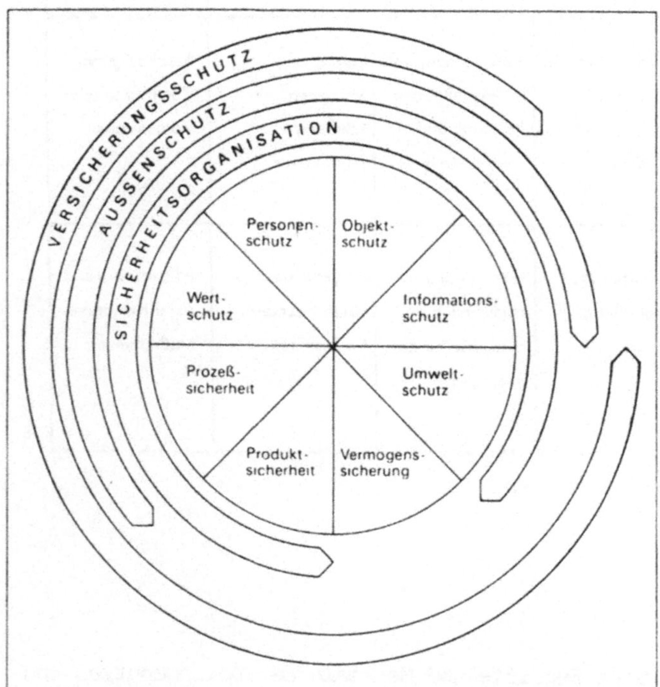

Abb. 6: Struktur eines Gesamtschutzkonzeptes

Quelle: BETSCHART, Franz: Sicherheitskonzepte, S. 259

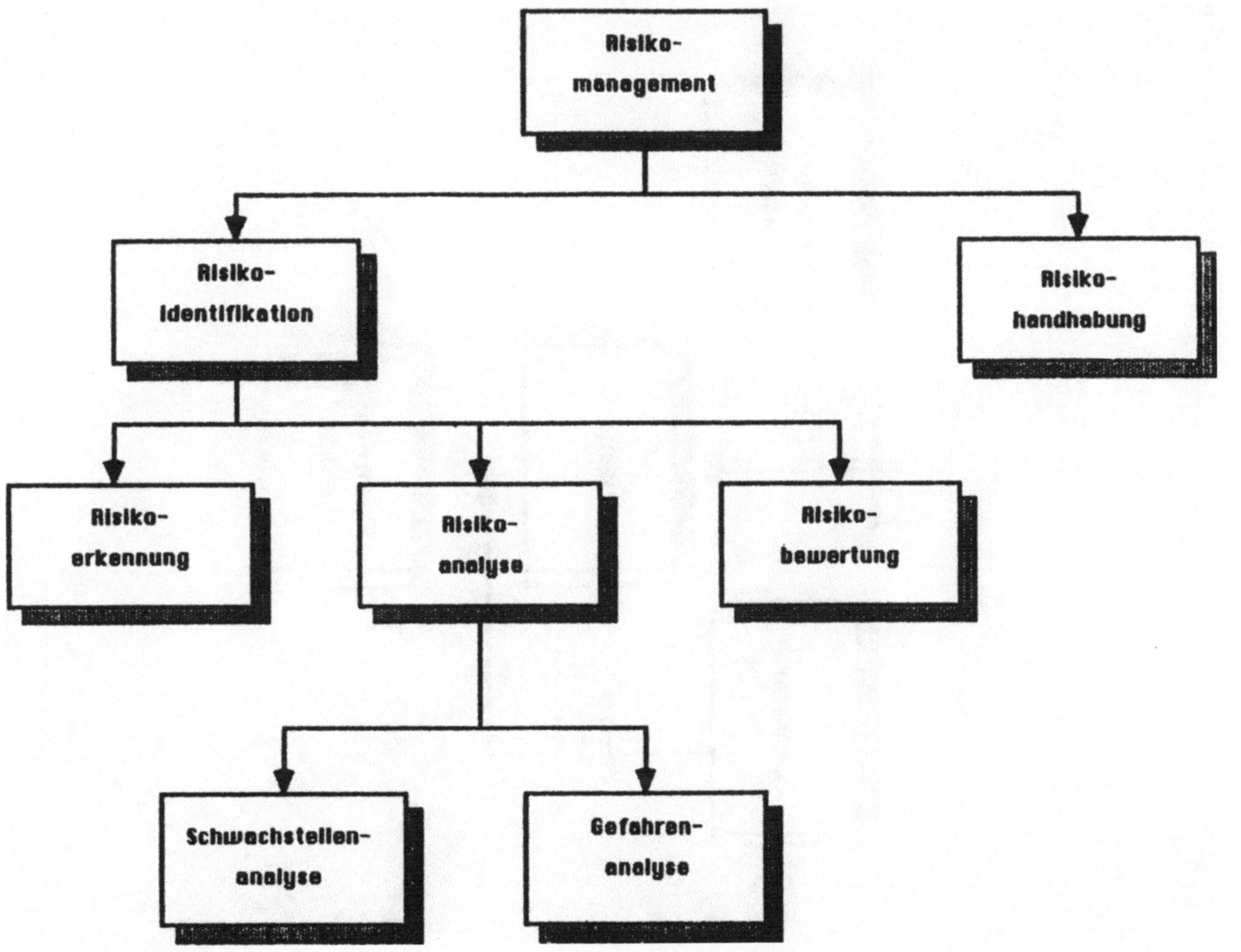

<u>Abb. 7</u>: Stellung der Risikoanalyse innerhalb des Risikomanagements

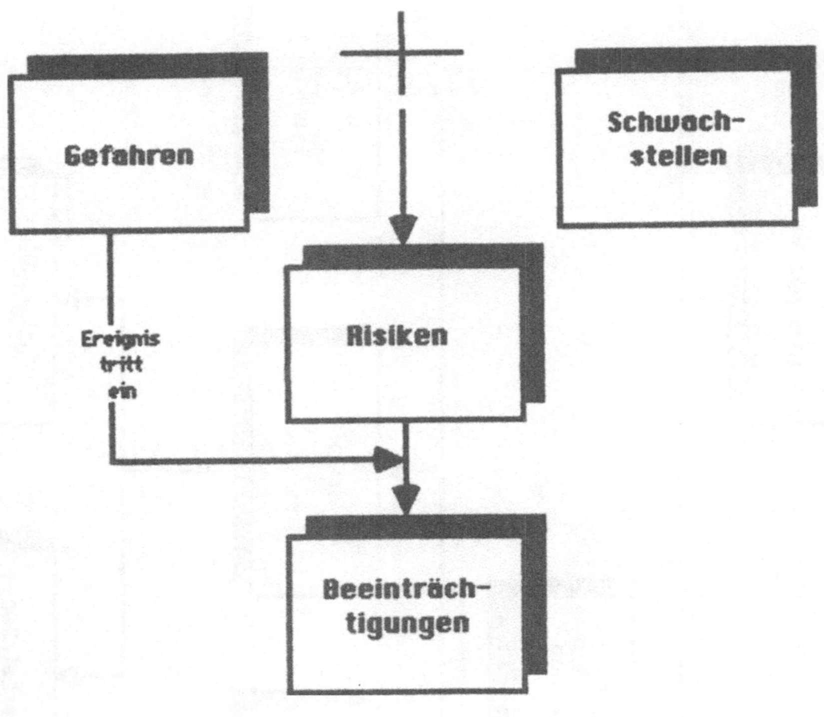

Abb. 8: Zusammenhang zwischen Gefahr, Schwachstelle und Risiko

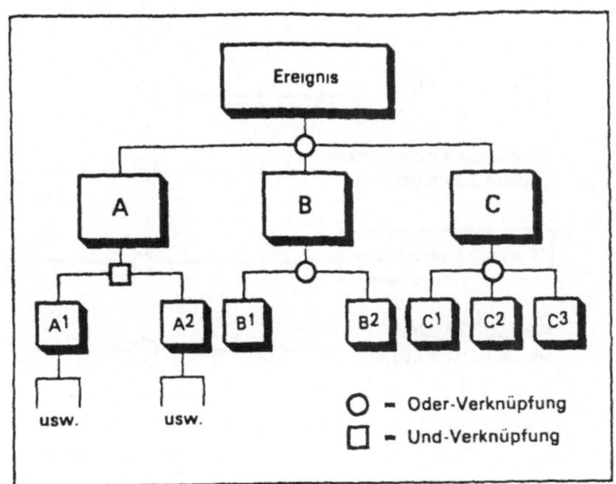

Abb. 9: Fehlerbaum-Analyse

Quelle: BRÜHWILER, Bruno: Methoden, S. 259.

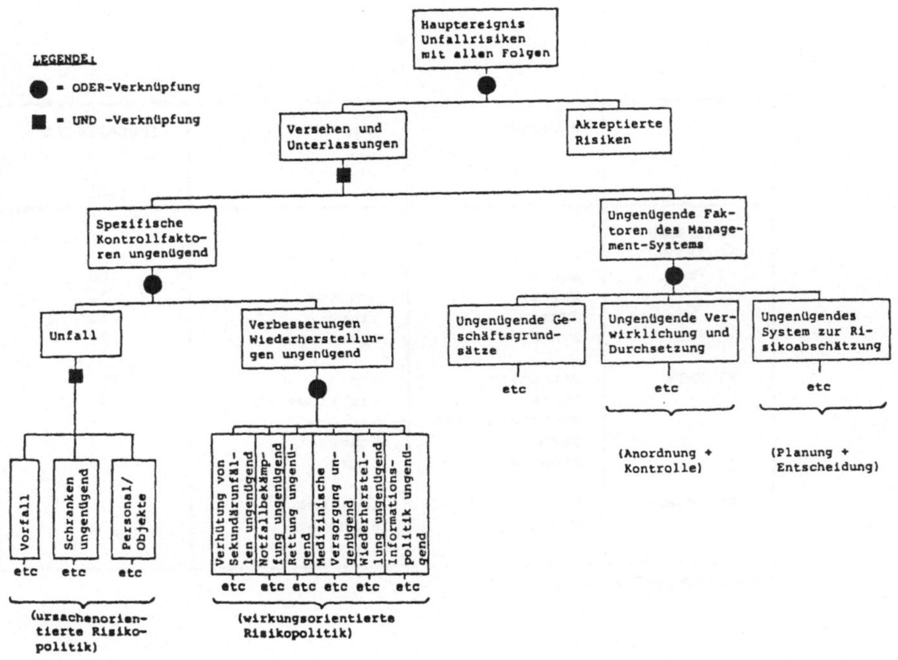

Abb. 10: MORT-Methode

Quelle: BRÜHWILER, Bruno: Risk Management, S. 95.

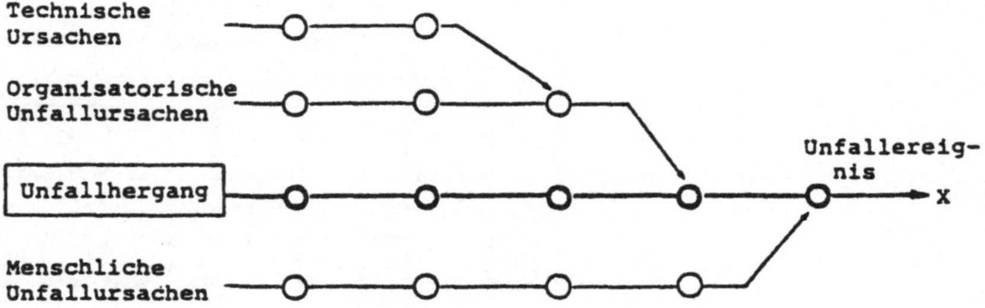

Abb. 11: Netzplantechnik für die Einzelschadenanalyse

Quelle: BRÜHWILER, Bruno: Risk Management, S. 84.

	Supplier	LAN	Installations in W. Europe* 1981
Baseband 50 KBPS– 1 MBPS	Acorn	Econet	100
	Corvus	Omninet	50
	Extel	Hinet	50
	Zynar	Clusterbus	50
>1 MBPS	Datapoint	Arc	360
	Toltec	Cambridge Ring	20
	Ungermann Bass	Net One	16
	Xerox	Ethernet	3
	Xionics	Xinet	6
Broadband	Sytek	Localnet	3
	Ferranti	Videodata	2

* Quelle: Quantum Science Corporation 1982

Abb. 12: Verbreitung lokaler Netzwerke in Europa

Quelle: SCHELLHAAS, Holger; SCHÖNEKCER, Horst: Kommunikationstechnik, S. 88.

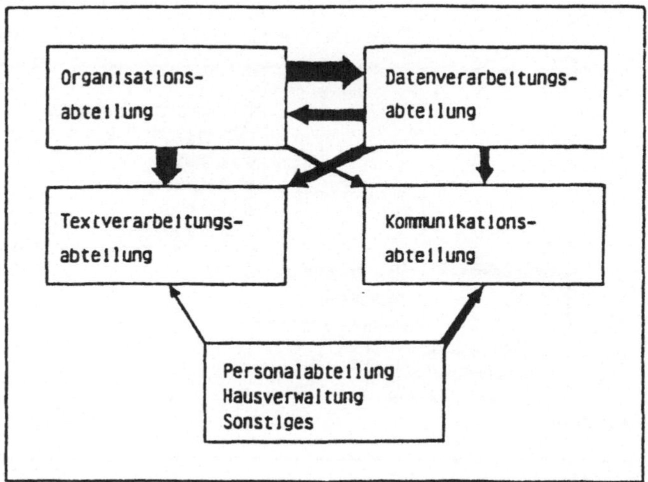

Abb. 13: Bestehende Zuständigkeiten und Beziehungen für
integrierte Bks in den Unternehmungen

Quelle: SCHELLHAAS, Holger; SCHÖNECKER, Horst:
Kommunikationstechnik, S. 94.

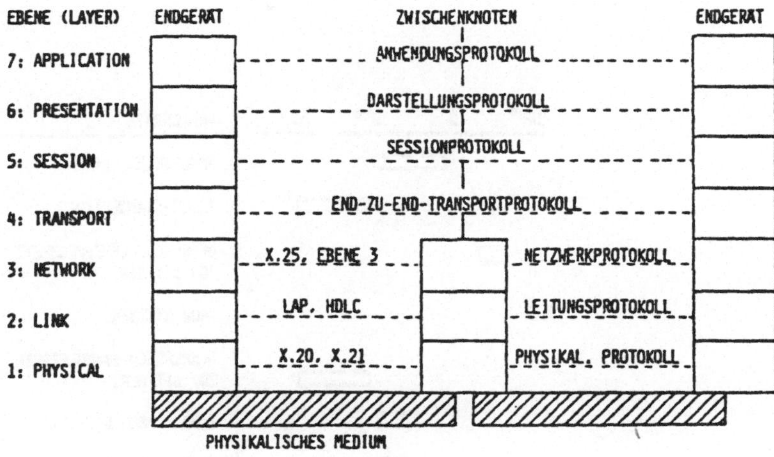

Abb. 14: ISO-Referenzmodell für offene Systeme

Quelle: KERNER, H.; BRUCKNER, G.: Rechnernetzwerke, S. 115.

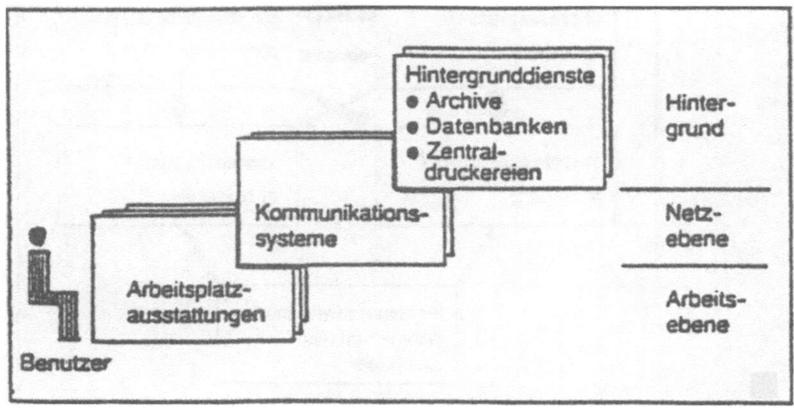

Abb. 15: Gliederung der lokalen Netzwerke

       Quelle: HENKEL, Norbert; SCHARFENBERG, Heinz:
             Integrierte Bürotechnologie, S. 17.

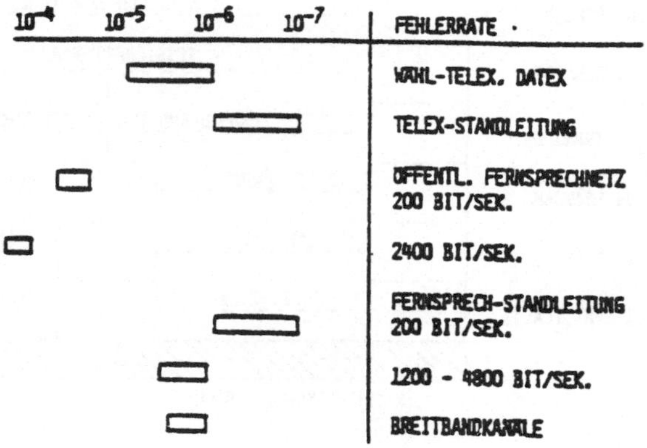

Abb. 16: Fehlerwahrscheinlichkeit auf verschiedenen
Übertragungskanälen

       Quelle: KERNER, H.; BRUCKNER, G.: Rechner-
             netzwerke, S. 39.

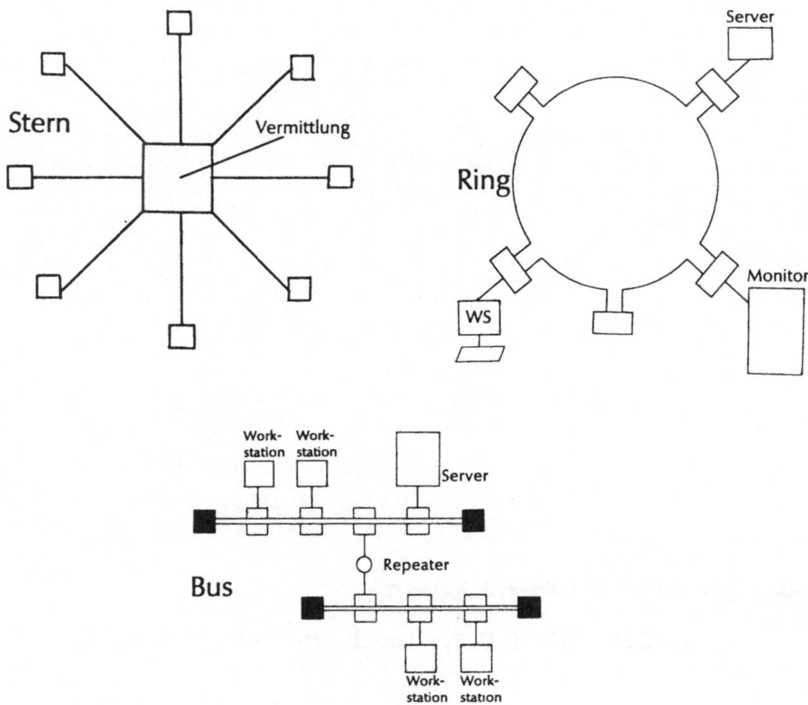

Abb. 17: Grundsätzliche Topologien lokaler Netzwerke

Quelle: STEINLE, Dieter: Lokale Netze, S. 1062.

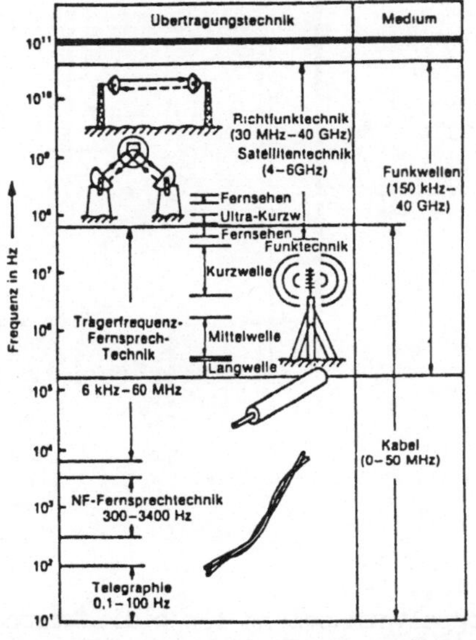

Abb. 18: Übertragungstechniken und -medien für elektrische Signale

Quelle: BREPOHL, Klaus: Lexikon, S. 158.

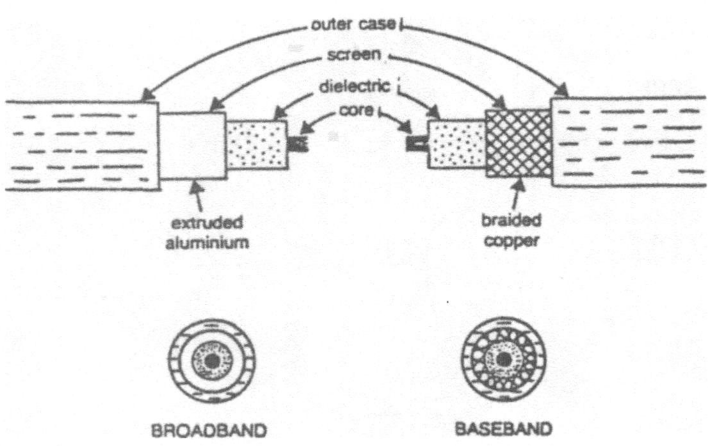

<u>Abb. 19</u>: Typen von Koaxialkabeln

Quelle: GEE, K.C.E.: Local Area Networks, p. 68.

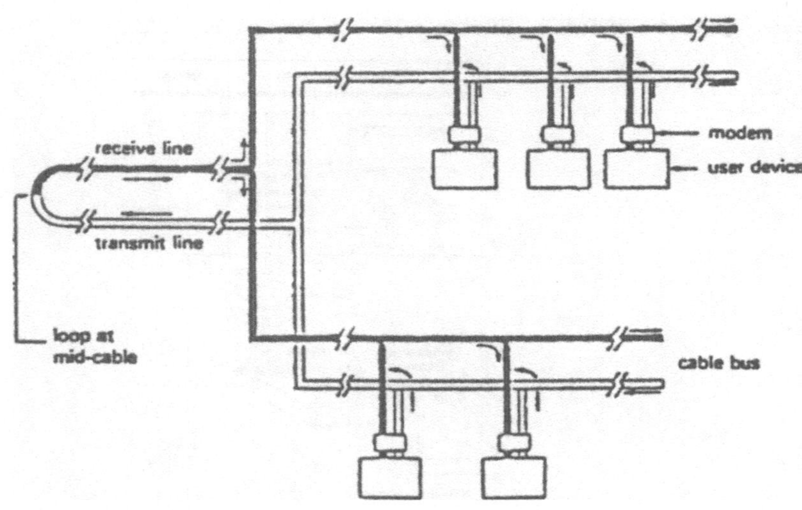

<u>Abb. 20</u>: Doppelverkabelung für bidirektionale Kommunikation
beim Breitbandberfahren

Quelle: O.V.: Broad Band - Broad Application, p. 56.

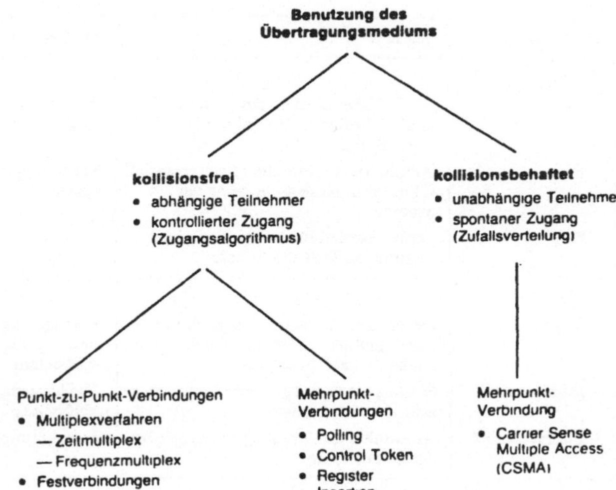

Abb. 21: Steuerungsmechanismen für den Zugriff auf das
Übertragungsmedium bei lokalen Netzwerken

Quelle: BOELL, Hans-Peter: Möglichkeiten, S. 44.

Risiken	Maßnahmen
Angriffe auf Arbeitsplatzsysteme können fast ebenso „erfolgreich" sein wie solche auf zentrale Rechenzentren	Zugriffsschutz, Berechtigungsprüfungen
Unerlaubte Datenzugriffe, Eingriffe in den Systembetrieb	Datenträgerverschluß, Beschränkung von Funktionsberechtigungen
Verarbeitung nicht aktueller Informationen; Kontrollverlust	Sicherung durch zentrales Updating und zentrale Bestandsverwaltung
Falsche oder unberechtigte Zugriffe; Aussendung falscher Nachrichten, Informationsverlust, Mithören	Zugriffsschutz; Berechtigungsprüfungen (Identifikation, Autorisation und Authentikation)
Zeitdiebstahl	Einrichtung und Überprüfung von Funktionsberechtigungen
Zerstörung, Verlust oder Verfälschung von Informationsbeständen durch falsches Handling	Gründliche Einweisung und Schulung der Benutzer; Plausibilitätsprüfungen

Risiken bei Arbeitsplatzsystemen und mögliche Maßnahmen

Abb. 22: Überblick über technische Schwachstellen und Maßnahmen zu
ihrer Beseitigung bei lokalen Netzwerken

Quelle: Lippold, Heiko; Breithardt, Jörg; Wolfram, Gerd:
        Informationsrisiken, S. 439/440/442.

Netzmerkmale	Risiken	Maßnahmen
Topologie:		
– Stern	Ausfall bzw. Störung des zentralen Vermittlers beeinträchtigt Informationsübertragung	Redundanz, Gerätekopplung
– Ring	Ausfall der Repeater und Leitungsausfall führen zum Ausfall des gesamten Systems	Verzopfung, Umgehungsschalter
– Bus	Leitungsausfall führt zum Ausfall des betroffenen Teils des Systems	
Medien:		
– Kupferkabel	mechanisch unbeständig, schlechte Impedanz; emittiert elektrische Felder; Abstrahlung bei Übertragung	Abschirmung durch Verkleidung, Datenverschlüsselung
– Koaxialkabel	Störung durch elektronische Wellen möglich; Kabel anzapfbar	Abschirmung, Datenverschlüsselung
– Glasfaserkabel	Absorption und Streuung der Signale bei der Übertragung	Regeneratoreneinsatz
Technik:		
– Basisband	Signalabschwächung, Reflexionsanfälligkeit	Verstärker
– Breitband	Frequenzumsetzer als Schwachstelle	Stand-by-Anlage, Redundanzerhöhung
Zugriffsverfahren:		
– Token-Verfahren	Tokenverlust; Tokenverdopplung, Adreßverfälschung	Besonders gesicherte „Loop-Supervisor"-Station
– CSMA/CD	Fehler beim häufigen Kopieren	

Netzwerkmerkmale und mögliche Gegenmaßnahmen

Server-Art	Risiken	Maßnahmen
Datei-Server	Informationskonzentration	Stand-by-System, Back-up-Lösungen, Redundanz
	Vielfältige Zugriffsmöglichkeiten	Zugriffskontrolle, Protokollerstellung
Print-Server	Vertrauliche Druckerzeugnisse Zentrale Aufstellung	„Closed-Shop-Betrieb", Identifikation des Benutzers
Location-Server	Informationen und Dienstleistungen zur Benutzung des lokalen Netzwerkes	Protokollierung, Identifikation, Zugriffskontrolle, Redundanz
Application-Server	Ausfall	Stand-by-Anlage, Wartungsfreundlichkeit
Message-Server	Viele gespeicherte Nachrichten, Verteilerlisten	Protokollierung, Identifikation, Isolation, Zugriffskontrolle, Gerätedopplung
Kommunikations-Server	Ausfall	Stand-by-Anlage, Redundanz

Server-Einrichtungen bergen Sicherheitsrisiken

Abb. 22: Überblick über technische Schwachstellen und Maßnahmen zu
ihrer Beseitigung bei lokalen Netzwerken

Quelle: Lippold, Heiko; Breithardt, Jörg; Wolfram, Gerd:
Informationsrisiken, S. 439/440/442.

GARBE unterscheidet:

1. Katastrophenrisiko
2. Risiko vorsätzlicher Sachbeschädigung
3. Diebstahlrisiko
4. Risiko widerrechtlicher Eingriffe
5. Risiko fahrlässiger Kunstfehler
6. Risiko technischer Störungen
7. Risiko unbeabsichtigter Einblicke in die Datenbestände

MOURA E SA unterscheidet:

1. Katastrophen
2. Böswillige Störung
3. Verletzung der Privatsphäre
4. Veruntreuung
5. Hardwarerisiken
6. Nachlässigkeit

FUTH unterscheidet:

1. Katastrophenrisiko
2. Fehlerrisiko
3. Mißbrauchsrisiko

BAYER/DIERSTEIN unterscheiden:

1. Fehlfunktionen und Ausfälle der Hardware
2. Systemfehler und Systemausfälle
3. Fehlfunktionen der Anwendungssoftware
4. Ausfälle oder Störungen der Versorgungseinrichtungen
5. Entwendung, Verfälschung oder Zerstörung von Daten und Programmen
6. Sabotage
7. Katastrophen

MARTIN unterscheidet:

1. Höhere Gewalt
2. Hardware- und Programmfehler
3. Menschliche Nachlässigkeit
4. Böswillige Zerstörung
5. Computer-Kriminalität
6. Einbruch in die Privatsphäre

BRACK führt an:

1. Technisches Versagen
2. Menschliches Versagen
3. Unvermögen, Fahrlässigkeit, Vorsatz, höhere Gewalt

SHORT klassifiziert in:

1. Ausfall von Rechnerleistung
2. Zugriff auf sensitive Informationen
3. Unbefugtes Verändern von Programmen

<u>**Abb. 23**</u>: Einteilung der Gefahrenarten in der Literatur

Quellen: GARBE, Helmut: Inhalt und Wirkungen, S. 19ff; MOURA E SA, Raul de: Die wichtigsten Punkte, S. 231; S. 259; MARTIN, James: Security, Accuracy, and Privacy, p. 12/13; FUTH, Horst: Rationalisierung, Bd. VII, S. 57; SHORT, G.E.: Threats, p. 31; BAYER, Rudolf; DIERSTEIN, Rüdiger: Rahmenkonzept, S. 7; BRACK, Werner: Datensicherung zum Datenschutz, S. 35.

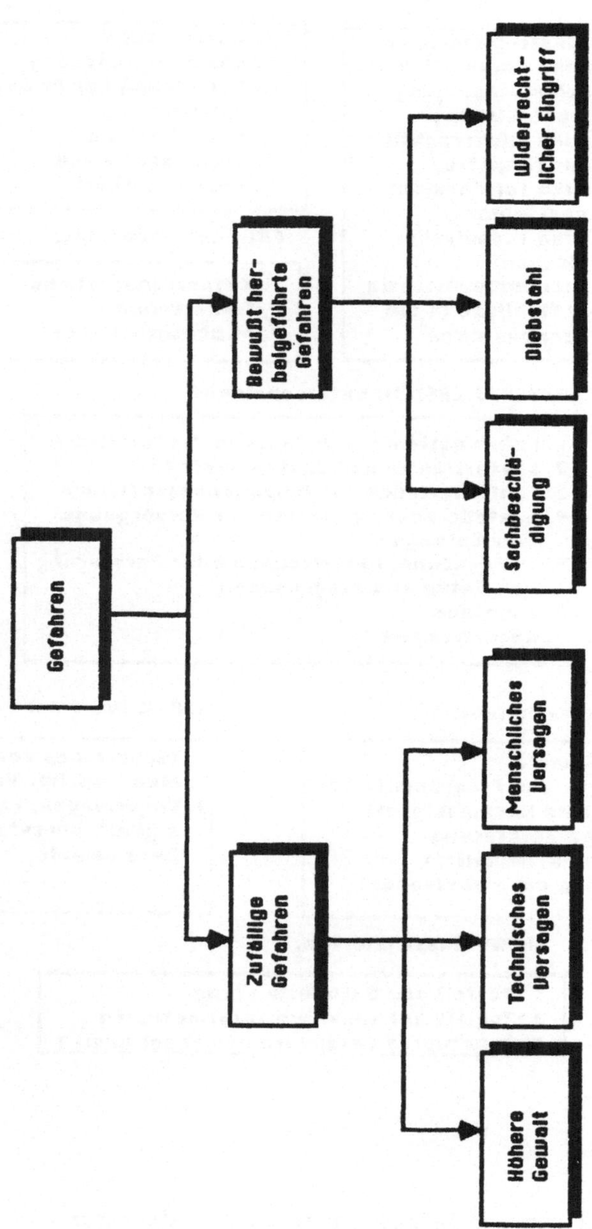

Abb. 24: Einteilung der Gefahrenarten

In Anlehnung an GROCHLA, E.; ALBERS, F.; RÜSCHENBAUM, F.:
Entwicklung, S. 31 ff.

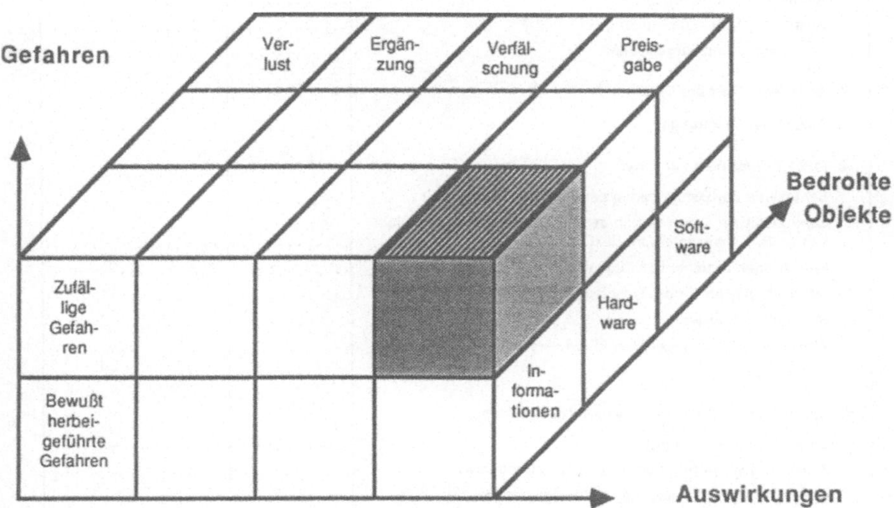

Abb. 25: Überblick über Gefahren, Auswirkungen und Objekte
der Gefährdungen

In Anlehnung an STRNAD, P.: Datenschutz, S. 17.

P : Rating for the probability of an event occurring:

0 : Virtually impossible
1 : Might happen once in 400 years
2 : Might happen once in 40 years
3 : Might happen once in 4 years (1000 working days)
4 : Might happen once in 100 working days
5 : Might happen once in 10 working days
6 : Might happen once a day
7 : Might happen 10 times a day

Abb. 26: Schlüssel für die Schätzung der Eintrittswahrscheinlichkeiten von Risikoereignissen

Quelle: MARTIN, James: Security, Accuracy, and Privacy,
          p. 14.

Einflußgrößen	DM	Wertigkeit (falls keine DM-Angabe möglich)
1. *Entwicklungskosten der Datei*		
Kosten der Datensammlung	....	....
Kosten der Datenaufbereitung	....	....
Dateiaufbau und -organisation	....	....
2. *Materieller Wert der Datei*		
Kosten der Datenträger	....	....
3. *Immaterieller Wert der Datei*		
Schutzwert der Daten wegen der Personenbezogenheit	....	....
Schutzwert der Daten wegen der betriebsinternen Vertraulichkeit (z. B. Gehaltsdaten, Produktionsgeheimnis)	....	....
Wert für den bestehenden Organisations- und Betriebsablauf	....	....
Informationswert für die Entscheidungsfindung	....	....
Rationalisierungswert	....	....
Wissensvorsprung gegenüber Mitbewerbern	....	....
Image-Wert	....	....
4. *Wiederherstellkosten bei Totalverlust (Zerstörung)*		
Datenwiederbeschaffung	....	....
Personalaufwand für Erfassung, Aufbereitung usw.	....	....
Kosten für Übergangslösung (manuelles Verfahren)	....	....
Opportunitätskosten für die Übergangszeit	....	....
Rekonstruktion des Dateiaufbaus	....	....
Maschinenkosten für Rekonstruktion der Datei	....	....
Test (Vollständigkeitsprüfung)	....	....
Image-Verlust (verlorenes Vertrauen)	....	....
5. *Wiederherstellkosten bei Teilverlusten (Modifikationen, Fehlverarbeitung von Datensätzen)*		
Kosten der Entdeckung	....	....
Schäden bis zur Entdeckung	....	....
Korrektur des falschen Outputs während der Zeit bis zur Entdeckung	....	....
Berichtigung, Rekonstruktion der aktuellen Daten	....	....
Wiederholungsläufe (Personal, Zeit, Maschinenkosten)	....	....
Direkte Schäden durch Fehler, Änderungen usw. (z. B. Unterschlagung, entgangene Zinsen)	....	....
Vertrauensschaden bei Kunden, Geschäftspartnern und eigenen Mitarbeitern	....	....
6. *Kosten durch Preisgabe (unberechtigtes Lesen oder Kopieren)*		
Verlust von Betriebsgeheimnissen oder sonstigen Wissensvorteilen gegenüber Mitbewerbern	....	....
Verstoß gegen gesetzliche Bestimmungen (BDSG)	....	....
Verschlechterung des Betriebsklimas	....	....
Image-Verlust (intern und extern)	....	....
7. *Kosten durch Rechtsverletzung*		
Nichteinhaltung der gesetzlichen Bestimmungen	....	....
Prozeßkosten	....	....
Beeinträchtigung des Geschäftsverlaufes bei Entdeckung	....	....
Image-Verlust	....	....

<u>Abb. 27</u>: Einflußgrößen für die Wertbestimmung einer Datei

Quelle: NAGEL, Kurt: Wirtschaftlichkeitsanalyse, S. 297.

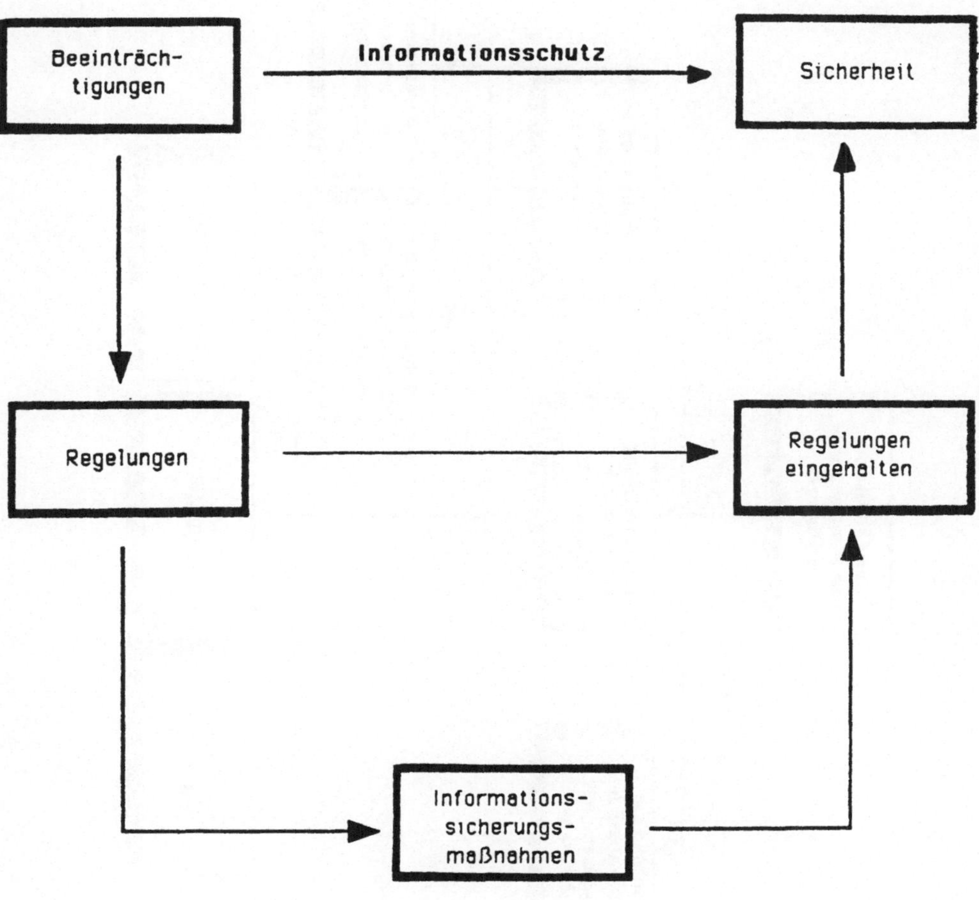

<u>Abb. 28</u>: Begriffszusammenhänge zwischen Schutz, Sicherheit und
Sicherungsmaßnahmen

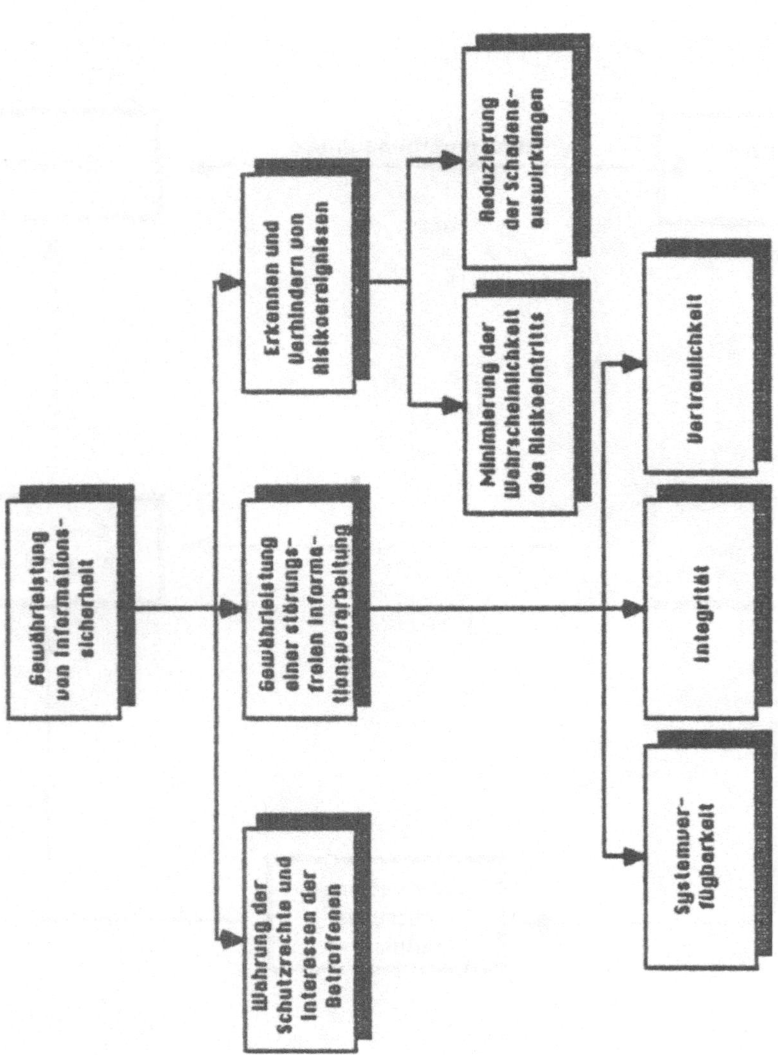

<u>**Abb. 29**</u>: Sachzielsystem des Informationssicherheitssystems

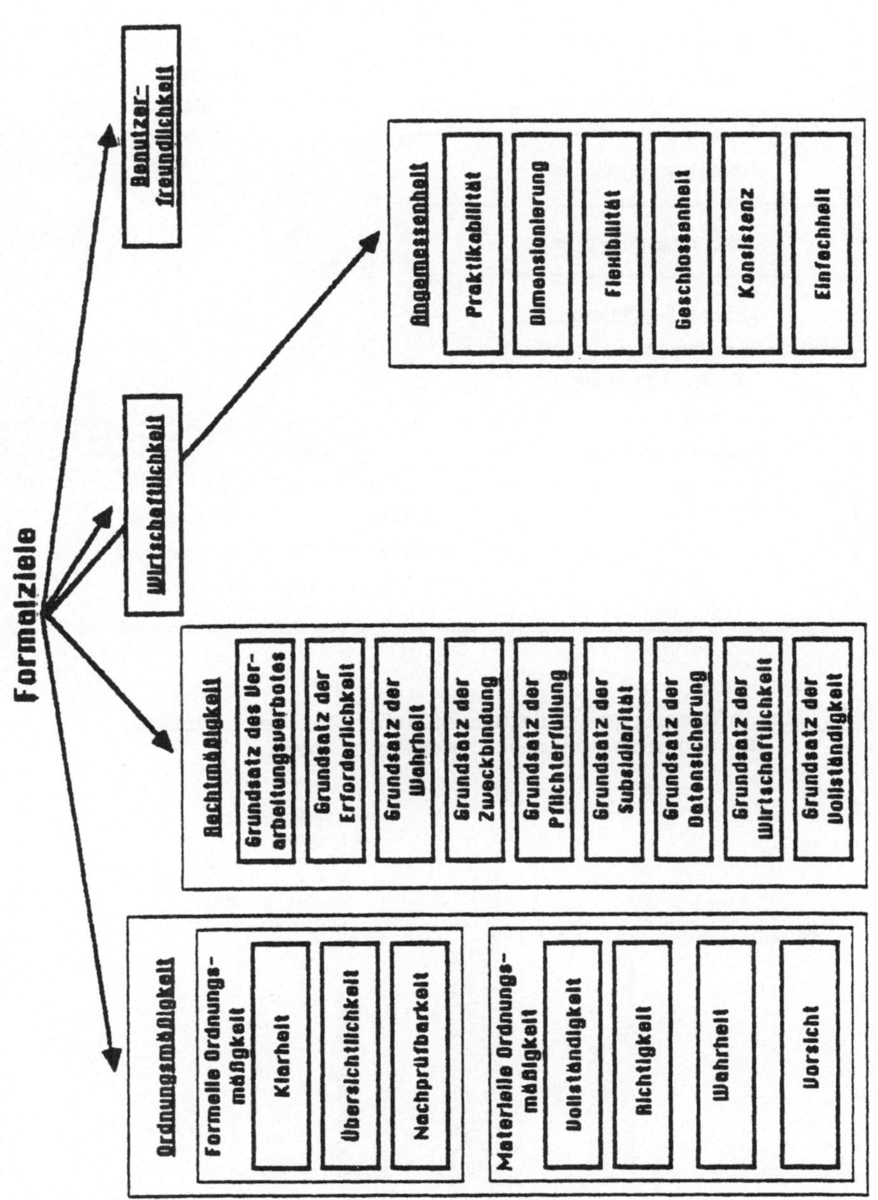

Abb. 30: Formalzielsystem des Informationssicherheitssystems

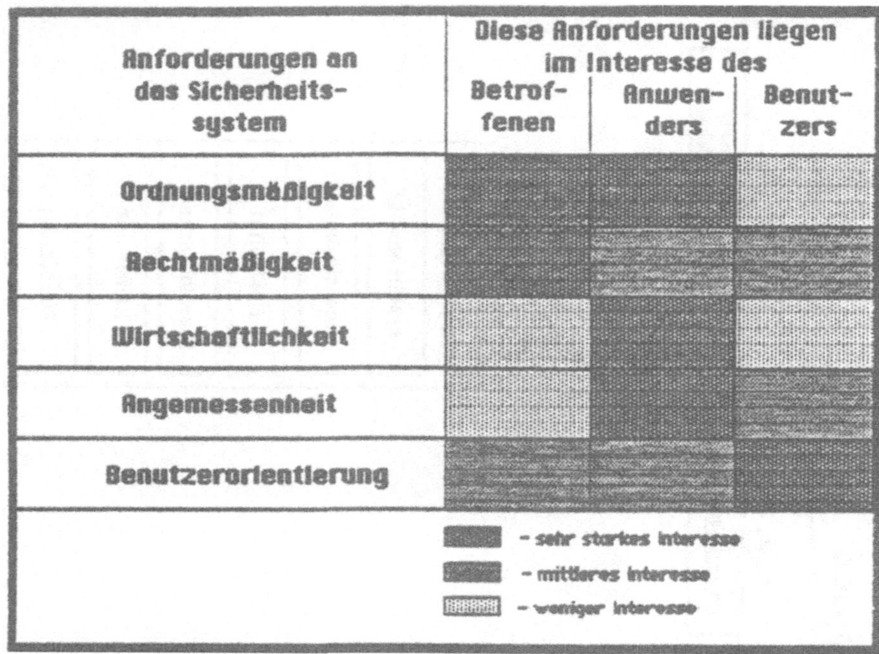

Abb. 31: Anforderungen unterschiedlicher Interessengruppen
an ein Informationssicherheitssystem.

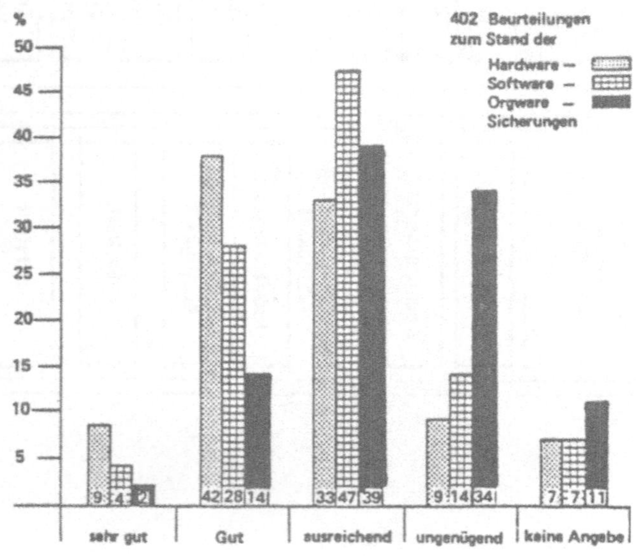

Abb. 32: Stand der Sicherungsmaßnahmen

Quelle: NAGEL, Kurt: Stand, S. 166.

```
        If your organization were to commit an additional
5 percent of its annual computer budget to data security
measures, rank your personal choice among the following
alternatives (1 = most preferred, 5 = least preferred).

Ranking (percentages)
1st   2nd   3rd   4th   5th

05    17    10    19    49    Physical computer site protection
10    23    20    38    14    Software sophistication (operating
                                 system)
28    14    40    09    11    Software sophistication (user
                                 programs)
12    23    10    31    19    Personnel practices
45    23    20    03    08    Data input/output controls, audit
                             Other:
```

Abb. 33: Antworttableau

Quelle: GRONNING, Torben G.: Data Security, p. 132.

Methode der Computermanipulation	Zahlungen an Angestellte oder andere Personen	Buchhaltung/ Inventar- Auszahlungen	Fakturierung Inkasso/ Einlagen	Diverse
Einfügen oder verändern von Eingabedaten	40	44	17	–
Unterdrückung von Eingabedaten	2	3	2	–
Verändern von Dateien	6	3	1	2
Verändern von Programmen	2	7	5	–
Missbräuchliches Operating	4	1	–	–
Verschiedene, Unbekannte	2	11	2	2
Total	56	69	27	4

Anmerkung:
Dass die Summe der Totale nicht 150 ergibt, liegt daran, dass manche Fälle in mehr als einer Kategorie klassiert wurden.

Abb. 34: Manipulations-Methoden (Amerikanische Studie)

Quelle: FISCHER, Thomas: Computer-Kriminalität, S. 19.

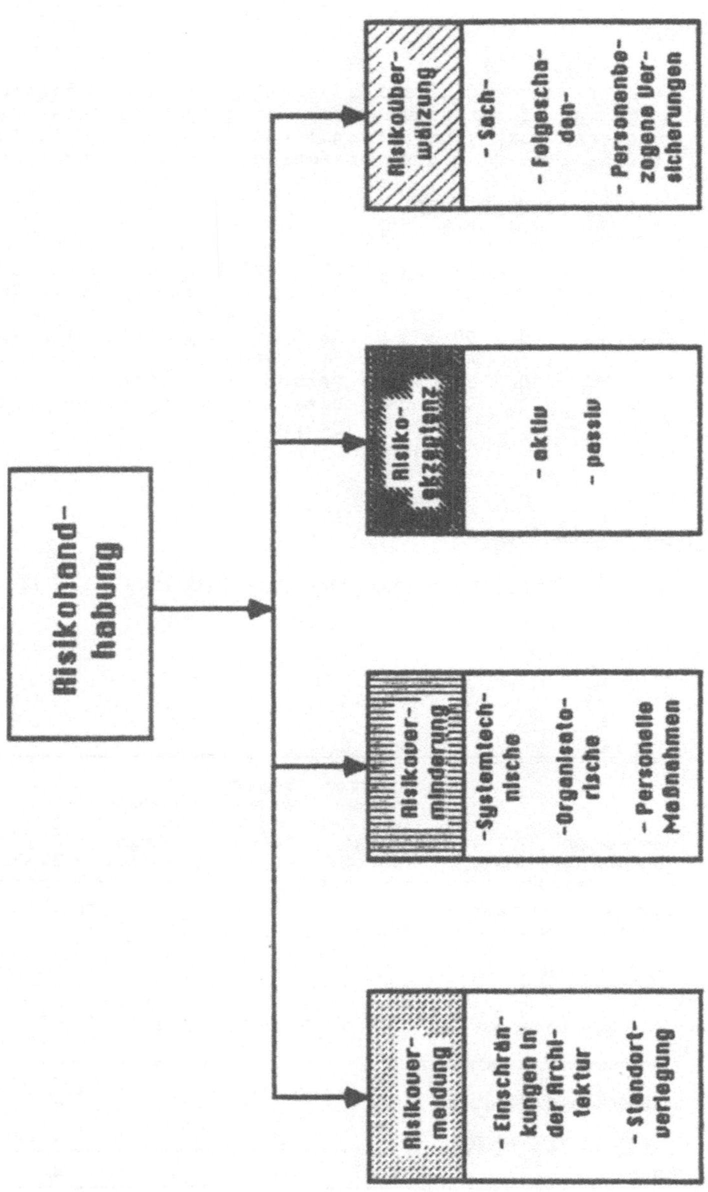

<u>Abb. 35</u>: Risikostrategien und Maßnahmenkategorien

In Anlehnung an PRITCHARD, John Arthur Thomas:
Risk management, p. 56.

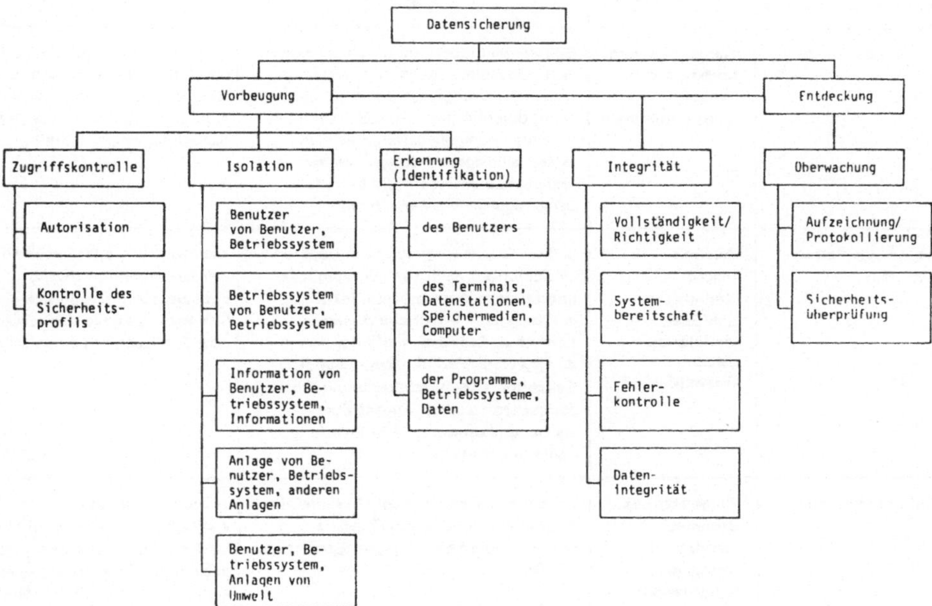

Abb. 36: Elemente eines sicheren Betriebssystems

Quelle: KRAUS, Wolfgang; NAGEL, Kurt: Ergebnisse, S. 131.

Zuidentifizierendes Element	Identifizierende Systemkomponente					
	Benutzer	Terminal	Programm	Computer	Betriebssystem	Systemoperator
Benutzer		✦	✦		✦	
Datenstation				✦	✦	
Ein-/Ausgabe-Station				✦	✦	
Datenträger und Speichermedien				✦	✦	✦
Computer		✦		✦	✦	
Programm					✦	
Betriebssystem	✦			✦		
Datei					✦	
Datenelemente					✦	

Abb. 37: Identifikationsmatrix

Quelle: LINDEMANN, P.; NAGEL, K.; HERRMANN, G.:
            Auswirkungen, S. 65.

Persönliche Identifikation	BEISPIELE	VORTEILE	NACHTEILE
Etwas, was die Person weiß	Name, Password, vorbestimmter Dialog, Geheimnummern	Billigste Methode; wird durch die meisten Betriebssysteme unterstützt, genügt einfachen Sicherungsansprüchen; Änderungen leicht durchführbar; Methodik kann im Einzelfall komplex gestaltet werden (Mehrfacheingabe, häufiger Wechsel, gezielter Zuschnitt auf die Zugriffsberechtigung eines Benutzers).	Nicht nachahmungssicher; erfor personliche Verschwiegenheit ui Vorsicht; Gefahr unfreiwilliger Preisgabe hoch (Blick uber die Schulter). Vergeßlichkeit.
Etwas, was die Person bei sich trägt	Ausweis, magnetische Kennmarke, Schlüssel, laminierte, gelochte Ausweiskarten	Schwer fälschbar, maschinelle Kontrolleinrichtungen verfügbar, für räumliche und zeitliche Zugangsbeschränkung sehr gut geeignet; magnetische Ausweise sicherer als Schlüssel; vielfältige Anwendungsgebiete (Parkplatzbewachung), Geldautomaten, Kreditkarte usw.); bei computergesteuerter Zugangsüberwachung (Ausweisleser) ist Protokollierung möglich.	Kann verloren oder gestohlen werden; mit viel Aufwand duplizierbar (insbesondere . Schlüssel) spezielle Ausweisleser oder Schlösser sind erforderlich
Persönliche Merkmale	Fingerabdruck, Stimme, Handabmessungen, Lippenabdruck, Unterschrift	Fälschung nahezu unmöglich, eindeutige Zuordnung von Zugangs-/Zugriffserlaubnis zu einem (einzigen) Berechtigten möglich.	Je nach Verfahren unterschiedlid Wahrscheinlichkeit, daß a) falsch Merkmal doch akzeptiert wird b) richtiges Merkmal abgewiesen wird; Verfahren z. T. umstandlic und aufwendig.

Abb. 38: Übersicht über Verfahren zur Benutzeridentifikation

Quelle: KRAUS, Wolfgang: Datensicherungsmaßnahmen, S. 149.

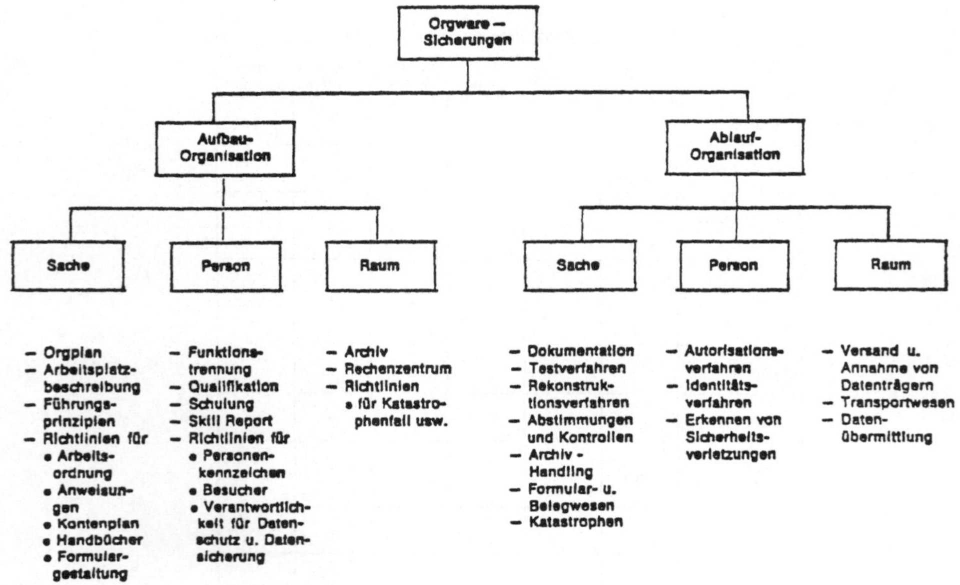

Abb. 39: Einteilung der organsatorischen Sicherungsmaßnahmen

Quelle: LINDEMANN, P.; NAGEL, K.; HERRMANN, G.: Organisation, S. 32.

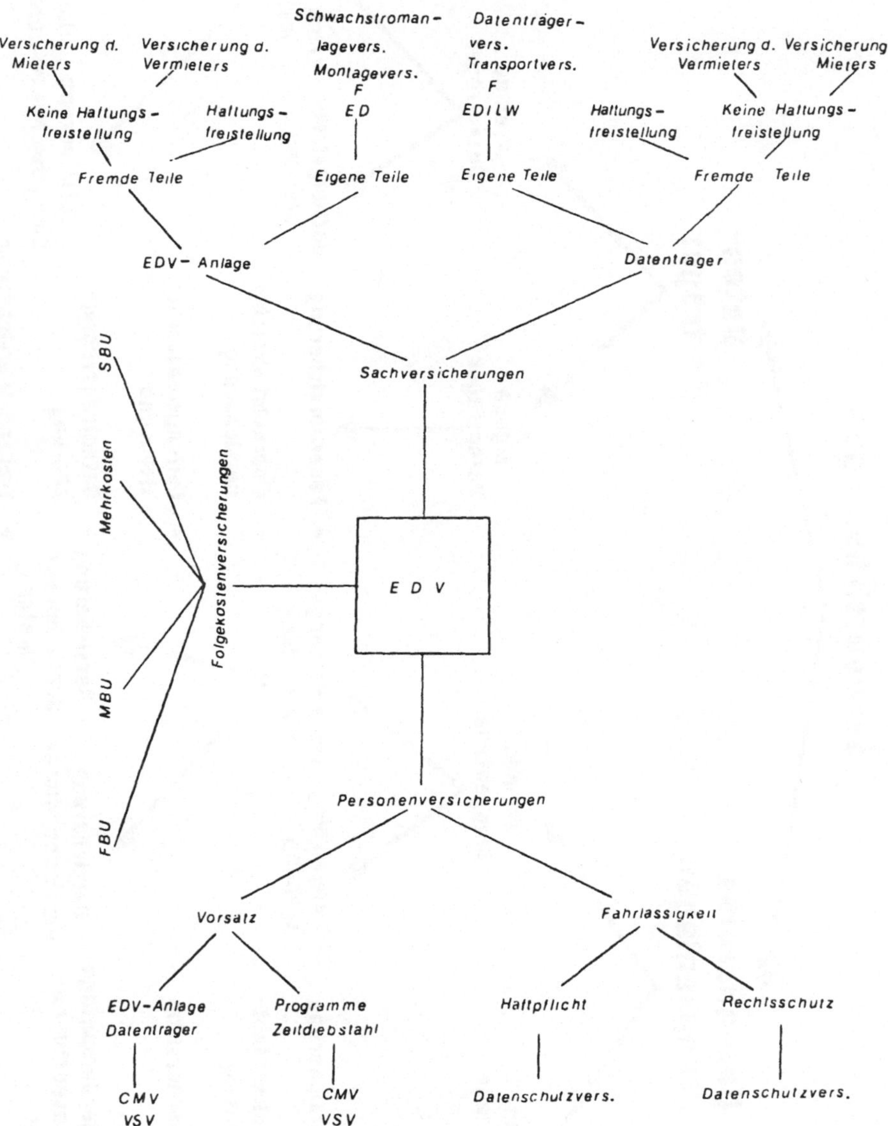

Abb. 40: Versicherungsmöglichkeiten im EDV-Bereich

Quelle: HEIDINGER, Jan Lubomoir: Computer-Mißbrauch-Ver-
         sicherung, S. 105.

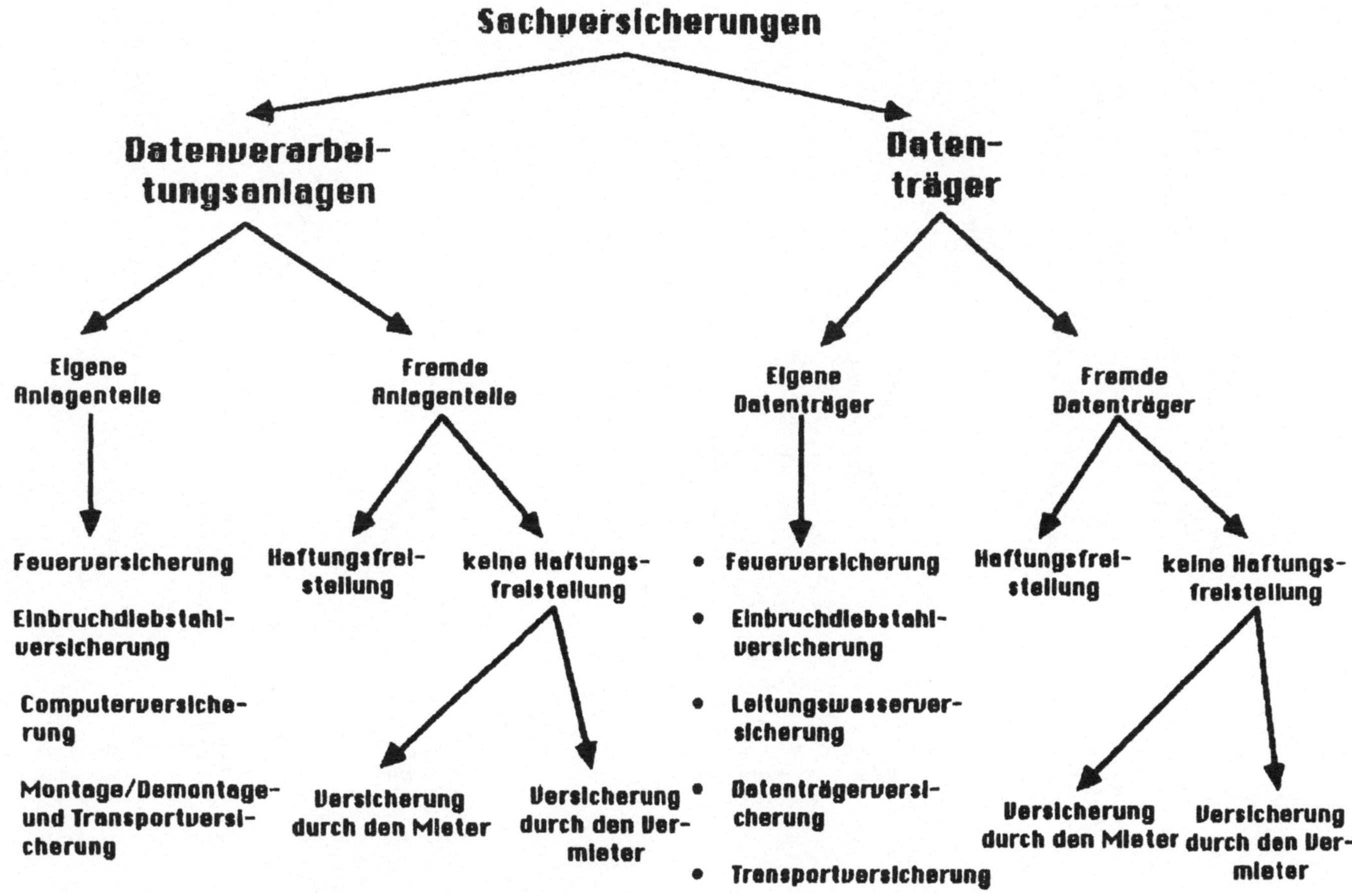

Abb. 41: Überblick über sachbezogenen Versicherungsschutz

Quelle: NAGEL, Kurt: Datensicherung, S. 246.

Versicherungsmöglichkeiten \ EDV	EDV-Anlage	Datenträger mit Programmen	CMV	
Sachversicherungen				
Feuer -	X	X	—	Keine Überschneidung sondern Ergänzung
ED -	X	X	X	Überschneidung, wenn der Schadenstifter eine Vertrauensperson ist.
LW -	—	X	X	
Montage/ Demontage	X	—	X	
Transport	X	X	X	
Schwachstrom	X	—	X	Überschneidung § 1 Ziff. 1 des AVB der CMV
Datenträgervers.	—	X	X	
Folgekostenversicherungen				
FBU	X	—	—	Keine Überschneidung sondern Ergänzung
MBU	X	—	—	
Mehrkosten	X	—	—	
SBU	X	—	—	
Personenbezogene Versicherungen				
VSV	X	X	X	Teilweise Überschneidung
Datenschutz a) Haft	—	X	—	Ergänzung
b) Rechtsschutz	—	X	—	
Sonst.				
Miete	X	—	X	Teilweise Überschneidung
Leasing	X	—	X	

<u>Abb. 42:</u> Überschneidungen der Computer-Mißbrauch-Versicherung mit anderen Versicherungsmöglichkeiten

Quelle: HEIDINGER, Jan Lubmoir: Computer-Mißbrauch-Versicherung, S. 102.

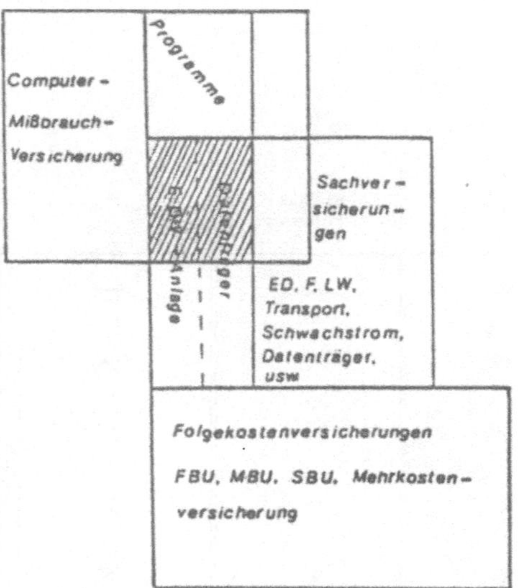

__Abb. 43__: Optimale Versicherungsabdeckung

      Quelle: HEIDINGER, Jan Lubmoir: Computer-Mißbrauch-Ver-
           sicherung, S. 135.

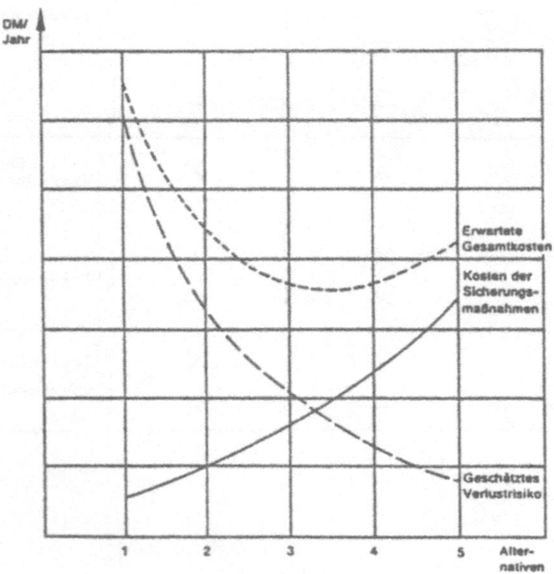

__Abb. 44__: Erwartete Gesamtkostenkurve eines Sicherheitssystems

      Quelle: LINDEMANN, P.; NAGEL, K.; HERRMANN, G.: Auswir-
           kungen, S. 83.

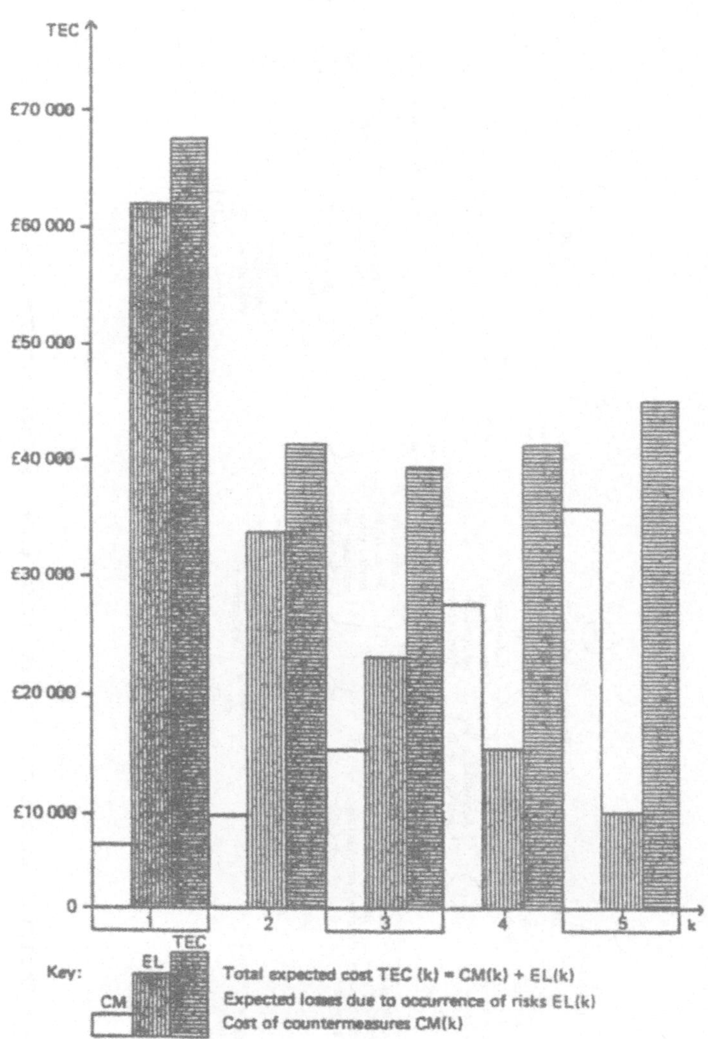

Abb. 45: Histogramm der Gesamtkosten mehrerer Maßnahmenalternativen

Quelle: PRITCHARD, John, Arthur Thomas: Risk manangement,
p. 76.

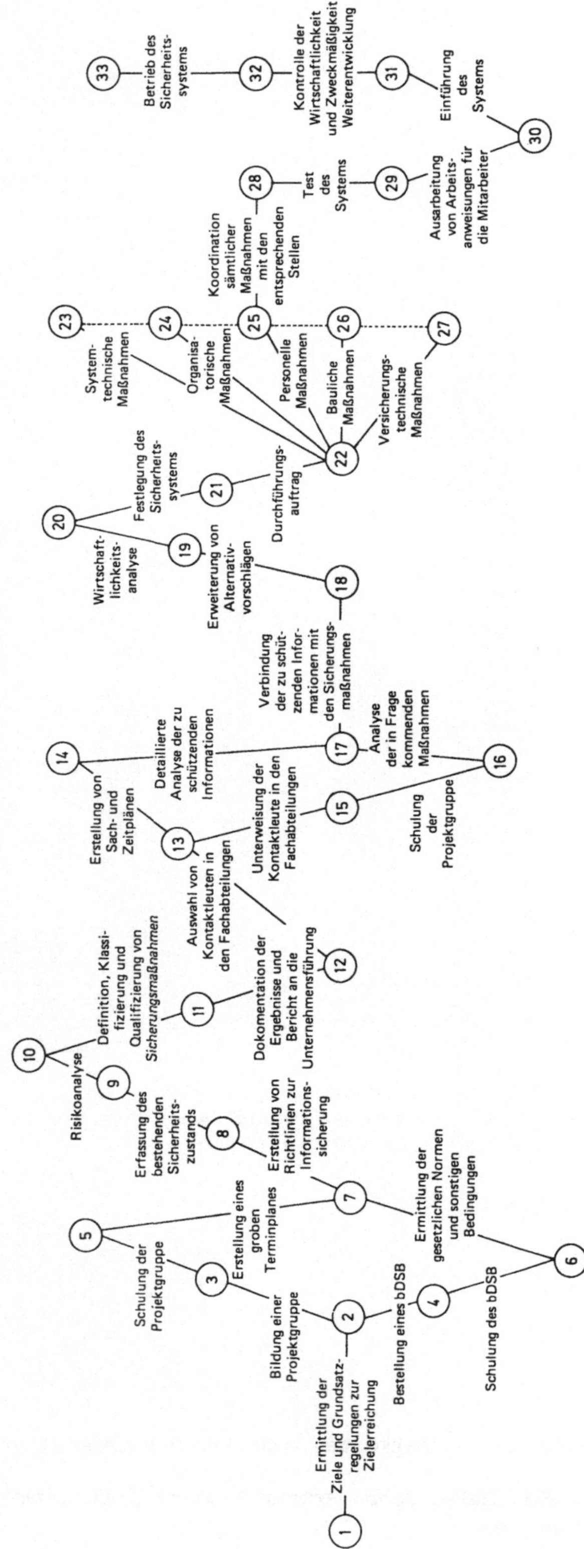

Abb. 46: Aktivitäten bei der Realisierung eines Sicherheitssystems

In Anlehnung an FUTH, Horst: Rationalisierung, Bd. VII, Beilage.

Abb. 47 besteht aus zwei Zuordnungsmatrizen. In beiden bilden die Funktionen (Geschäftsleitung, Datenschutzausschuß, Datenschutzbeauftr., Organisation, Programmierung, Revision, Datenverarbeitung, Werksicherung, Personalabteilung, jeweilige Fachabt.) die Zeilen und die Aufgaben die Spalten.

Obere Matrix (3. Organisation), Teil 1

Zuständige Funktion für / Aufgaben	Mittelplanung	Personalplanung	Schulungsplanung	Kostenplanung	3. Organisation	Bildung eines Projektteams	Aufstellung einer Projektbeschreibung	Unterrichtung des Managements und der Mitarbeiter über das Projekt
jeweilige Fachabt.		M		M		M		
Personalabteilung		D	D	M				
Werksicherung	D	M		M				
Datenverarbeitung	D	M	M	M	M/D	M	M	
Revision	K	K	K	K	M/K	M		
Programmierung					D			
Organisation	D	D	D	D	D	D	D	
Datenschutzbeauftr.	A	A	A	A	A	A/E	A	D
Datenschutzausschuß	E	E	E	E	E/K	K		E
Geschäftsleitung						K		K

Obere Matrix (3. Organisation), Teil 2

Zuständige Funktion für / Aufgaben	Auswahl der Projektmitarbeiter	Schulung des Projektteams	Festlegen der Vorgehensmethode und des zeitl. Ablaufs	Aufstellung eines Netzplanes zur Projektvert.	Systemanalyse	Datenstrukturanalyse	Kommunikationsanalyse	Erstellung einer Sollkonzeption	Definition der zu schützenden Daten
jeweilige Fachabt.	M		M	M	M	M	M	M	D
Personalabteilung	D								
Werksicherung				M				M	
Datenverarbeitung	M	M	M	M		M		M	M
Revision	M	M	M	D	K	K	K	M	M
Programmierung	M		M	D				M	D
Organisation	D	D	D	D	D	D	D	D	D
Datenschutzbeauftr.	A/E	A/E	A/E	A/E	A/E	A/E	A/E	A	A/E
Datenschutzausschuß	K	K	K	D	K	K	K	E	K
Geschäftsleitung								K	

Untere Matrix (1. Zielsetzung / 2. Planung), Teil 1

Zuständige Funktion für / Aufgaben	1. Zielsetzung	Bildung eines Datenschutzausschusses	Ernennung eines Datenschutzbeauftragten	Analyse und Formulierung der internen Schutzbedürfnisse und der externen Forderungen für den Datenschutz	Ermittlung und Festlegung der Ziele	Erstellung von Grundsatzregeln für die Zielerreichung	2. Planung
jeweilige Fachabt.		M					
Personalabteilung				M		M	
Werksicherung			M		M	M	
Datenverarbeitung							
Revision		M	M	M	M	M	M/K
Programmierung							
Organisation		M		M	M	D	D
Datenschutzbeauftr.		D	D	D	D	D	D
Datenschutzausschuß	D	A/E	A	A/E	A/E	A/E	A/E
Geschäftsleitung	D	D	A/E	K	K	E/K	E/K

Untere Matrix (1. Zielsetzung / 2. Planung), Teil 2

Zuständige Funktion für / Aufgaben	Aufstellung von Richtlinien für die Definition, Klassifikation und Quantifizierung schutzbedürftiger Tatbestände und Daten	Konzeption des Datenschutzplanes	Aufstellung von Richtlinien für die Datensicherung	Konzeption eines organisatorischen Durchführungsplanes mit	– Planung der funktionalen Zuordnung	– Zeitplanung
jeweilige Fachabt.				M	M	M
Personalabteilung					M	M
Werksicherung					M	M
Datenverarbeitung				M	M	D
Revision	M	M		M	K	K
Programmierung				M		
Organisation	D	D	D	D	D	D
Datenschutzbeauftr.	D	D	A	A	A	A
Datenschutzausschuß	A/E	E	E	E	E	E
Geschäftsleitung	K	K	K	K	K	K

Dabei bedeuten A = Anordnung, D = Durchführung, E = Entscheidung, M = Mitwirkung, K = Kontrolle.

<u>Abb. 47:</u> Zuordnung von Aufgaben und Funktionen

Quelle: LINDEMANN, P.; NAGEL, K.; HERRMANN, G.: Organisation, S. 119/120/121/124

Zuordnung in der Wirkungsphase

Zuständige Funktion für / Aufgaben	Geschäftsleitung	Datenschutzausschuß	Datenschutzbeauftr.	Organisation	Programmierung	Revision	Datenverarbeitung	Werksicherung	Personalabteilung	jeweilige Fachabt.
Handbuch des Sicherungssystems		K	A/E			M	D	D	D	D
Durchführung der Datensicherungsmaßnahmen										
– Hardware			E	M		K	D			
– Software			E		M	K	D			
– Orgware			E			K		D	D	D
Definitorische und klassifikatorische Einordnung neu auftretender Daten			E	M		K				D
Laufende kritische Überwachung des Sicherungssystems hinsichtlich seiner Funktion und Zweckmäßigkeit		E	K	M		D	M	M		
Kontrolle des Systems hinsichtlich der gesetzl. Vorschriften			K			D				
Anpassung des Systems an neue Notwendigkeiten oder Zweckmäßigkeiten		K	A/E	D	D	M		M		M
Laufende Mitarbeiterschulung		K	A/E						D	
Vertretung des Unternehmens in Sachen Datenschutz nach außen		E	D							

Zuständige Funktion für / Aufgaben	Geschäftsleitung	Datenschutzausschuß	Datenschutzbeauftr.	Organisation	Programmierung	Revision	Datenverarbeitung	Werksicherung	Personalabteilung	jeweilige Fachabt.
Klassifikation der zu schützenden Daten		K	A/E	D		M	M			D
Quantifizierung der zu schützenden Daten		K	A/E	D		M	M			D
Definition der Vorkehrungen und Methoden		K	A/E	D	D	M	M	M		
Klassifikation der Vorkehrungen und Methoden		K	A/E	D	D	M				
Quantifizierung der Vorkehrungen und Methoden		K	A/E	D	D	M				
Verknüpfung der Daten mit den Vorkehrungen und Methoden		K	A/E	D	D	M				M
Wirtschaftlichkeitsanalyse		K	A/E	D		K	M	M	M	M
Bericht an Geschäftsleitung		K	A/E	D		M				
Aufbau des Sicherungssystems		K	A/E	D		M				
– Hardware			A/E	D		K	D			
– Software			A/E	D	D	K	D			
– Orgware			A/E	D		K		D		
Test des Systems		K	A/E	D	D	M	D			
Zuordnung der Aufgaben bei Systemeinführung auf die Funktionsträger		K	A/E	D		M	M	M		
Erstellung der Arbeitsanweisungen für Mitarbeiter, die im Sicherungssystem Aufgaben zu erfüllen haben		K	A/E	D	M	D	M			
Schulung der Mitarbeiter in der Systemnutzung		K	A/E	D	M	K	M	M	D	
Einführung des Systems	E	K	A	D		M	M			M

Fortsetzung von Abb. 47.

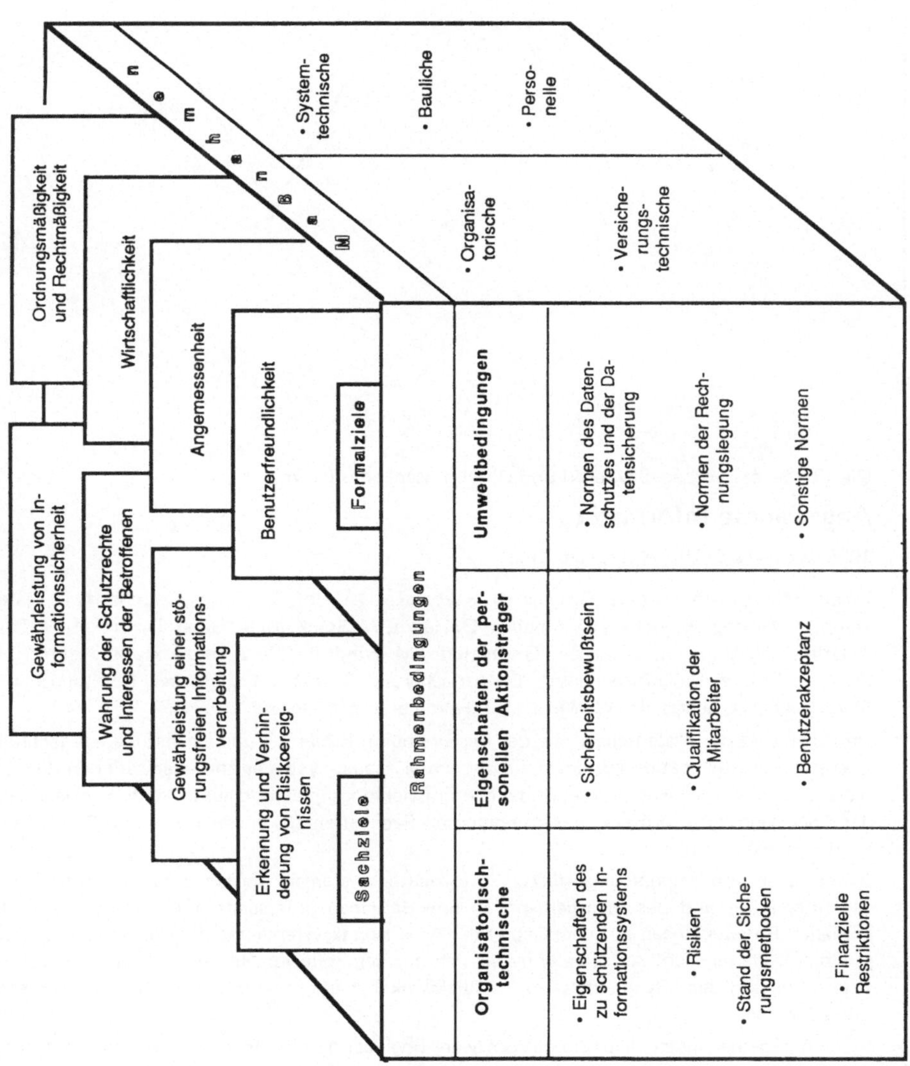

Abb. 48: Komponenten des Sicherheitssystems

In Anlehnung an GROCHLA, E.; WEBER, H.; ALBERS, F.; WERHAHN, Th.: Informationsschutzsystem, S. 191

Dietrich Seibt, Norbert Szyperski und Ulrich Hasenkamp (Hrsg.)

Angewandte Informatik

1985. XII, 412 S. 16,2 X 22,9 cm. Geb.

Inhalt: Mit Beiträgen von E. Grochla, N. Szyperski, D. Seibt, G. Krüger, J. Scherff, U. Hasenkamp, K. Höring, H. Weber, W. Ameling, D. Haupt, W. Brack, M. A. Graef, D. Krekel, W. Trier, J. Griese, H. Bons, R. v. Megen, G. Obelode, M. Windfuhr, W. Ziolkowski, M. Timm, H. G. Pärli, H. Strunz, R. Gunzenhäuser, E. Horlacher, M. Twardy, Th. Ellinger, R. Kranüchel, P. Stahlknecht, A. Schönlein, W. Wirtz, H. J. Hummel und W. Sodeur.

Informatik ist die Wissenschaft, die der Beschreibung, Erklärung und Gestaltung von technologiegestützten Informationssystemen als Mensch-Maschine-Systemen in Organisationen dient. In diesem Sammelwerk werden grundsätzliche Entwicklungslinien und ausgewählte Spezialaspekte der Angewandten Informatik von kompetenten Fachleuten aus Wissenschaft und Praxis dargestellt und diskutiert.

Grundfragen von technologiegestützten Informationssystemen werden unter Berücksichtigung der Integration und des Managements in drei Beiträgen untersucht. Fünf Beiträge sind den aktuellen Entwicklungen auf dem Gebiet der Arbeitsplatzsysteme und der Bürokommunikation gewidmet. Weitere fünf Aufsätze befassen sich mit der Rolle von Rechenzentren, den Rechnerstrukturen und dem Rechnerbetrieb im Blickwinkel heutiger Anforderungen und technischer Entwicklungen.

Vier Beiträge behandeln Aspekte des Software-Engineering mit einem Schwerpunkt auf der in neuerer Zeit als eminent wichtig erkannten Software-Qualitätssicherung. Zwei Kenner der Software-Industrie ziehen Resumees aus der bisherigen Entwicklung der Branche und charakterisieren den heutigen Stand und die Entwicklungstrends.

Besondere Bedeutung gewinnt in Zukunft der computerunterstützte Unterricht, der im Mittelpunkt von zwei Beiträgen steht. Der letzte Teil des vielseitigen Buches untersucht die Rolle von quantitativen Verfahren und OR-Modellen, insbesondere die Rolle von rechnergestützten Lösungen solcher Modelle. Fünf Beiträge befassen sich jeweils mit einem Aspekt dieses Bereichs.

Mit diesen Beiträgen wird insgesamt ein Überblick über aktuelle Forschungs-, Entwicklungs- und Anwendungsschwerpunkte der Angewandten Informatik gegeben. Das Buch wendet sich an Wissenschaftler und Praktiker, die sich mit der Anwendung der Informatik befassen.